T0156465

أخبار وأشعار وآداب ونوادر وحكم

أخبار وأشعار وآداب ونوادر وحكم

تأليف ياقوت المستعصمي وبخطه
المتوفى سنة 698 هـ

ويليه الكتاب موسعاً
تأليف ناصر بن بزرجمهر
المتوفى بعد سنة 795 هـ

د. يحيى الجبوري

الطبعة الأولى

2010 – 2011م

المملكة الأردنية الهاشمية رقم الإيداع لدى دائرة المكتبة الوطنية (1861/5/2010)

818

الجبوري، يحيى وهيب

أخبار وأشعار وآداب ونوادر وحكم/ يحيى وهيب الجبوري .- عمان: دار مجدلاوي للنشر والتوزيع، 2010

( ) ص.

ر.أ: (1861 / 6 /2010)

الواصفات:/ المنوعات الأدبية // الشعر العربي   /الأدب العربي//النكات

* أعدت دائرة المكتبة الوطنية بيانات الفهرسة والتصنيف الأولية
* يتحمل المؤلف كامل المسؤولية القانونية عن محتوى مصنفه ولا يعبّر هذا المصنف عن رأي دائرة المكتبة الوطنية أو أي جهة حكومية أخرى.

ISBN 978 - 9957 - 02 - 413 - 0 (ردمك)

Dar Majdalawi Pub.& Dis.
Telefax: 5349497 - 5349499
P.O.Box: 1758 Code 11941
Amman- Jordan
www.majdalawibooks.com
E -mail: customer@majdalawibooks.com

دار مجدلاوي للنشر والتوزيع
تليفاكس : ٥٣٤٩٤٩٧ – ٥٣٤٩٤٩٩
ص . ب ١٧٥٨ الرمز ١١٩٤١
عمان - الاردن

➤ الآراء الواردة في هذا الكتاب لا تعبّر بالضرورة عن وجهة نظر الدار الناشرة.

الفهرس

المقدمة

1 - المؤلف:

ياقوت المستعصمي

أبوالدر جمال الدين ياقوت بن عبد الله المستعصمي الطواشي البغدادي، الملقب بِقِبْلَة الكُتَّاب، يكنى بأبي الدر وأبي المجد[1]، وياقوت من أصل رومي، كان من مماليك المستعصم بالله آخر الخلفاء العباسيين ببغداد فانتسب إليه، وكان المستعصم قد اشتراه صغيراً ورُبِّي بدار الخلافة، واعتنى بتعليمه الخط صفي الدين عبد المؤمن، ثم كتب على ابن حبيب، وتميز ياقوت بالأدب والشعر وجودة الخط، وهو آخر من انتهت إليه رئاسة الخط المنسوب، كان يكتب على طريقة ابن البواب، وقال ابن رافع: "كتب عليه خلق من أولاد الأكابر، وكان محترماً معظماً[2]، ولم ينبغ بعد ابن البواب كاتب غير ياقوت المستعصمي، على الرغم من أن ما بين الرجلين ما يقرب من ثلاثة قرون (285 سنة).

تعلق ياقوت بالخط العربي منذ صباه، وبرع فيه، وأظهر من المهارة والبراعة ما جعله في مصاف عظماء الخطاطين، وبقي ياقوت يتملى خطوط الأئمة المجودين ممن سبقوه في هذا المضمار حتى بلغ الغاية في جمال الخط وحسنه، وضبط قواعده وأصوله، وفاق ابن البواب في جمال الخط وحسن تنسيقه، والإبداع في تراكيبه، حتى لُقِّبَ بِقِبْلة الكتَّاب[3].

قيل إنه أخذ الخط عن ابن البواب بالواسطة، إذ ولع بخطه فعكف على قطعة يقلدها ويحاكيها مدة طويلة، حتى برع ومهر في الكتابة بضروب الأقلام كلها، وخاصة

---

(1) ابن العماد: شذرات الذهب 443/5، ابن كثير: البداية والنهاية 6/14، الفاسي: منتخب المختار: 233، حاجي خليفة: كشف الظنون 711/1.

(2) الكتبي: فوات الوفيات 4/ 623، الفاسي: منتخب المختار: 233.

(3) كشف الظنون 466/1، العزاوي: تاريخ العراق بين احتلالين 384/1، مرزوق: العراق مهد الفن الإسلامي: 44.

الثلث، وبلغ خطه أروع ما بلغه الخط العربي من جمال، وكتب الكثير من المصاحف وانتشر خطه في الآفاق، وقيل إنه أحد علماء المستنصرية، وقيل: إن أول من نقل الخط الكوفي إلى الطريقة العراقية ابن مقلة، ثم جاء ابن البواب فزاد في تعريب الخط وإبداعه، ثم جاء ياقوت وختم في الخط وأكمله، وما زال حتى يومنا هذا يقلده الخطاطون المحدثون وينسجون على منواله[1]. أخذ ياقوت صناعة الخط عن الشيخ صفي الدين عبد المؤمن أحد فقهاء المدرسة المستنصرية، وأشهر كتاب زمانه[2]، وأخذ كذلك عن شهدة بنت الأبري، وهي زينب بنت أبي نصر إحمد بن الفرج بن عمر الإبري، فقيهة شهيرة ولدت سنة 482 هـ أصلها من الدينور ووفاتها ببغداد سنة 574 هـ روت الحديث وسمع عليها خلق كثير، عرفت بالكاتبة لجودة خطها، أخذت الخط عن محمد بن منصور بن عبد الملك، وممن أخذ عنها أمين الدين ياقوت بن عبد الله بن محمد الموصلي النوري الملكي، وهو غير ياقوت المستعصمي، وقد وقع في هذا الوهم ابن العماد الذي خلط بين الاثنين[3] تصدر ياقوت لتعليم فن الخط، وبلغت شهرته الآفاق، حتى وصفه طاش كبري زادة بقوله: "ثم ظهر أبو الدر ياقوت الرومي المستعصمي، وهو الذي طبق الأرض شرقاً وغرباً اسمه، وسار مسير الأمطار في الأمصار، وأذعن لصنعته الكل واعترفوا بالعجز عن مداناة رتبته، فضلاً عن الوصول إليها، لأنه سحر في الكتابة سحراً لو رآه السامري لقال: إن هذا سحر حلال"[4]، وقصده الناس وبالغوا في اقتناء خطوطه، وأخذ عنه أبناء الأكابر في بغداد، وممن أخذ عنه: مظفر الدين علي بن علاء الدين الجويني صاحب الديوان، وكتب عليه أولاده وأولاد أخيه، وشرف الدين هارون زوج حفيدة الخليفة المستعصم، ونجم الدين البغدادي النحوي العروضي

---

(1) المصرف: مصور الخط العربي: 328.

(2) ناجي معروف: تاريخ علماء المستنصرية 80/2، مرزوق: الفن الإسلامي تاريخه وخصائصه: 173.

(3) شذرات الذهب 5/ 83، 443.

(4) مفتاح السعادة 1/ 84.

القارىء، وأبو المعالي محمد نجل ابن الفوطي المؤرخ، وعلم الدين سنجر بن عبد الله الرومي[1].

ومن الخطاطين الذين ساروا على طريقة ياقوت في القرن الثامن الهجري بعد سقوط بغداد: عبد الله الصيرفي الذي اشتهر بإجادة خط النسخ، وعبد الله أرغون الذي اشتهر بإجادة الخط المحقق عام 742 هـ ويحيى الصوفي تلميذ الصيرفي الذي اشتهر بإجادة خط الثلث عام 739هـ ومبارك شاه قطب الذي اشتهر بإجادة خط التواقيع عام 710هـ ومبارك شاه السيوفي الذي اشتهر بإجادة الخط الريحاني عام 735هـ والشيخ أحمد السهروردي الذي اشتهر بإجادة خط الرقاع عام 720هـ وكانت إمارة الخط وولايته بعد ياقوت إلى الخطاط الولي العجمي[2].

عمل ياقوت خازناً بدار الكتب في المدرسة المستنصرية، بإشراف المؤرخ الكبير ابن الفوطي[3]، وقد أفاد ياقوت من دار الكتب في تثقيف نفسه وتنمية مواهبه، وكان يجتمع بالأدباء والشعراء والعلماء والوزراء، فعرفوا فضله وقدروا فنه، ونال رعايتهم وتشجيعهم، وعُزل ياقوت عن خزانة كتب المستنصرية عند سقوط بغداد على يد هولاكو، وفوَّض أمر خزائن الكتب إلى موفق الدين أبن أبي الحديد وأخيه عز الدين ابن أبي الحديد[4] لقد بلغ ياقوت القمة في الخط، وصار يضرب المثل بحسن خطه، فكان الناس إذا استحسنوا خطاً قالوا: (خط ياقوتي)، وكان لياقوت الفضل في تطوير الخط وتهذيبه، وبفضل جهوده صارت مدرسة بغداد الخطية هي السائدة في العالم الإسلامي، وقد دأب الخطاطون في الآفاق على

---

(1) الكتبي: فوات الوفيات 624/4، ناجي معروف: تاريخ علماء المستنصرية 86/2.

(2) محمد مرتضى الزبيدي: حكمة الإشراق: 89.

(3) ناجي معروف: تاريخ علماء المستنصرية 2/ 136، بغداد عرض تاريخي مصور: 141، 149.

(4) بغداد عرض تاريخي مصور: 147.

تقليد خطه ويمشقون على قاعدته التي لا تزال حتى يومنا هذا تمتاز بخصائصها عن المدرسة العثمانية التي أعقبتها[1].

2- آثاره الخطية:

كتب ياقوت سبعة مصاحف بخطه، وهناك من يبالغ فيقول: "يقال إنه كتب ألف مصحف ومصحف"[2]، وتشتمل خزائن الكتب في استانبول على مصاحف كثيرة كتبها ياقوت بخط النسخ والثلث والمحقق وقلم المصاحف، وزخرفت بزخارف جميلة، وبخطه كذلك مؤلفات بدار الكتب المصرية في القاهرة، وهناك خطوط كثيرة لياقوت في خزائن الكتب في أنحاء العالم، من ذلك[3]:

ديوان المثقب العبدي، ديوان شعر الحادرة، ديوان أبي محجن الثقفي، ديوان المتنبي، ديوان جرير برواية السكري، وغير ذلك.

أما مؤلفاته، فله مؤلفان هما:

1- أخبار وأشعار وملح وحكم ووصايا منتخبة، طبع في الأستانة سنة 1302 هـ[4].

2- أسرار الحكماء، طبع في الأستانة سنة 1300 هـ[5].

وينسب إليه كتاب في النوادر، لعله أحد هذين الكتابين، لأنه وصل بعناوين مختلفة بعدة روايات[6].

روايات[6].

---

(1) وليد الأعظمي: تراجم خطاطي بغداد: 127.

(2) المصرف: مصور الخط العربي: 328.

(3) بروكلمان: تاريخ الأدب العربي، الملحق 598/1، سزكين: تاريخ التراث العربي، الترجمة العربية مجلد 2 جزء 2 ص 143، 186، 187، 334، وجزء 4 ص 40.

(4) لم نحصل عليه، مفقود.

(5) جرجي زيدان: تاريخ آداب اللغة العربية 131/3، سزكين 143/1.

(6) بروكلمان، الملحق 1/ 598، سزكين 143/1.

أما وفاته فلم تكن موضع خلاف، فقد توفي ياقوت ببغداد سنة ثمان وتسعين وستمائة للهجرة، رحمه الـلـه تعالى[1].

3- شعره:

عرف ياقوت باهتمامه بالأدب والشعر، وقد ذكرت له كتب الأدب والتاريخ طرفاً من شعره، نذكر بعضاً منه، من ذلك قوله في الموت وزوال نعيم الدنيا[2]: (الوافر)

أتعتـقدون أنَّ المُلْكَ يبقى ... وأنَّ العيشَ في الدنيا يدومُ
ولا يجري الزوالُ لكم ببالٍ ... كأنَّ الموتَ ليس له هجومُ
فهَبْكمْ نلتمُ ما نـالَ كِسرى ... وقيصَرُ والتبابِعةُ القُرومُ
ومُتِّعتمْ بذلك عمرَ نـوحٍ ... وحفَّتْكم بأسعَدِها النجومُ
أليسَ مصيرُ ذاكَ إلى زوالٍ لعَمْرِ أبي لقد هَفَتِ الحلومُ

قال الحافظ علم الدين البرزالي، قال أنشدني أبو شامة، قال أنشدني ياقوت لنفسه[3]:

(الطويل)

رعى الـلـهُ أياماً تقَضَّتْ بقربكم ... قِصاراً وحيَّاها الحَيَا وسقاهـا
فما قلتُ ايهٍ بعدَها لمسامرٍ ... من الـناسِ إلا قالَ قلبيَ آهَا

وله شعر عاطفي رقيق، فمـن ذلك قوله[4]: (الرمل)

يا خليلي والمنـــى ... كاذبةٌ والليـالي شأنها أنْ تسلبا
قُمْ بنا ما قعدتْ حادثـةٌ ... نقْضِ من حَقِّ الصِّبا ما وَجَبا
نَعْصِ مَنْ لامَ على دينِ الهوى ... هذهِ سُنّـةُ أيـامِ الصِّبـا

وقال في الغزل[5]: (الخفيف)

---

(1) ابن العماد: شذرات الذهب 443/5، الكتبي: فوات الوفيات 264/4، طاش كبري زادة: مفتاح السعادة 84/1.

(2) ابن الفوطي: الحوادث الجامعة: 500.

(3) ابن العماد: شذرات الذهب 443/5، الكتبي: فوات الوفيات 264/4.

(4) الكتبي: فوات الوفيات 623/4.

(5) السابق 264/4.

وعَدَتْ أنْ تزورَ ليلاً فـألوَتْ وأتتْ بالنهارِ تـسحَبُ ذيـلا

قلتُ هَلاّ صدَقْتِ في الوعدِ قالتْ هل توهَّمْتَ أنْ ترى الشمـسَ ليلا

4- نسخ الكتاب:

اعتمد هذا الكتاب على ثلا ث نسخ تحمل العنوان نفسـه في كـل النسـخ، النسـختان الأولى والثانيـة لياقوت المستعصمي وبخطه، أما النسخة الثالثة وهي في العنـوان والمضـمون نفسـه لنـاصر بـن بزرجمهـر، وهي أوسع من النسختين الأوليين.

1- نسخة المتحف البريطاني رقم ADD 23475 تاريخ نسخها سـنة 694 هــ/ 1295 م، وتقـع في 38 ورقة، تأليف ياقوت المستعصمي وبخطه.

خطها نسخ جميل مشكول شكلاً كاملاً وبحرف كبير نسبياً، وموضـوع النسـخة يمثـل عنوانهـا أخبـار وأشعار ونوادر وحكم وأحاديث، وكل نسخة تتفق في عنوانها وفحواها وتختلف في مادتها ومختاراتها.

تبدأ النسخة بعد البسملة بقوله: "قال علي رضي اللـه عنه وكرم اللــه وجهـه: مـن أبصر عيـب نفسـه اشتغل عن عيب غيرة". وتنتهي بقوله: "تم المجمـوع بحمـد اللــه تعـالى وحسـن توفيقـه، كتبـه وجمعـه ياقوت المستعصمي في شهر رجب من سنة أربع وتسعين وستمائة، حامداً اللـه تعالى عـلى نعَمِـهِ، ومُصَـلياً على نبيه محمد وآله الطاهرين ومسلماً.

2- النسخة الثانية نسخة مكتبة ليدن بهولندا، صورها معهد المخطوطات العربية بالقاهرة، النسخة تأليف يـاقوت المستعصـمي وبخطـه، وتقـع في عشر ورقـات وبخـط صـغير، جـاء في صـفحة الغلاف:

منتخب الأشعار والآثار بخط ياقوت المستعصمي

وتحتها العنوان في وسط مستطيل:

أخبار وأشعار ونوادر وآثار وحكم وملح وفِقَر منتخبة

رقم المخطوطة في مكتبة ليدن 4306. تبدأ المخطوطة بعد البسملة:

"وما توفيقي إلا بالله، قال رسول اللـه صلى اللـه عليه وسلم : ما اكتسـب أحـد أفضـل مـن عقـل يهديه إلى هدى ويرده عن ردًى".

وتنتهي بقوله: "قيل ينبغي للعاقل أن لا يُرى إلا في إحدى ثلاث؛ تزوُّد لمعاد، أو مرمَّة لمعاش، أو لذة في غير محرم". ثم خاتمة الكتاب وذكر تاريخه ومؤلفه، يقول:

"تم المجموع بحمد الله تعالى وحسن توفيقه في العشر الأُوَّل من ذي القعدة سنة سبع وسبعين وستمائة، كتبه ياقوت بن عبد الله المستعصمي، حامداً لله تعالى على نعمه ومصلياً على نبيه محمد وآله ومسلماً".

3- نسخة ناصر بزرجمهر بالعنوان السابق نفسه.

وهي نسخة أيا صوفيا رقم 4809، وتقع في 73 ورقة، وكتبت بخط نسخ جميل والشكل فيها كامل.

عنوان الكتاب على صفحة الغلاف:

مجموع مبارك

أخبار وأشعار وآداب ونوادر وحكم وفِقَر ووصايا

وفي أسفل الصفحة: لله الشكر

صاحبه كاتبه أقل عباد الله تعالى

ناصر بن بزرجمهر أصلح الله حالهما وغفر ذنوبهما

تبدأ المخطوطة كما في بداية النسخة الثانية، وبعد أربعة أسطر تأتي الزيادة وعدم التشابه، فيقول:

"قال رسول الله صلى الله عليه وسلم : من أتاه جداً أعاره عقلاً، وإذا سلب جدَّه استرجع عقله".

وتستمر النسخة بمفردات جديدة لا صلة لها بمضمون النسختين السابقتين من عمل ياقوت المستعصمي، كما تمتاز بالزيادة والطول إذ تبلغ 73 ورقة، وتنتهي بقوله:

"قال النبي صلى الله عليه وسلم : كلٌّ مُيَسَّرٌ لما خُلِق له".

ثم خاتمة الكتاب في قوله:

"والحمد لله، تم المجموع بحمد الله تعالى وحسن توفيقه في رابع محرم الحرام من سنة خمس وتسعين وسبعمائة للهجرة المحمدية، كتبه أقل عباد الله تعالى ناصر بن بُزُرجمُهر، حامداً الله على جميع نعمه، ومصلياً على نبيه محمد وآله وصحبه ومسلماً، بمدينة القاهرة حماها الله تعالى عن الآفات بمَنِّه وكرمه".

والملاحظ أن بين تأليف النسخة الأولى والثانية لدي ياقوت سبعة عشر عاماً، وأما نسخة بزرجمهر فقد ألفت بعدهما بقرن كامل، وهي أوسع من الاثنتين وإن كان هناك شبه في الموضوعات والاختيارات، وفي بعضها تكرار لموضوعات سلفت في نسختي ياقوت، والمرجح أن ناصر بن بزرجمهر قد اطلع على عمل ياقوت، فألف في الموضوع نفسه، وأخذ العنوان ثم توسع في تأليف الكتاب بعد أن أفاد من الاختيارات السابقة.

5- مضمون الكتاب:

يتضمن الكتاب مختارات من موضوعات كثيرة ومتنوعة، ففيه الآيات القرآنية، والأحاديث النبوية، والحكم والمواعظ، والأخبار التاريخية، وسير العظماء والخلفاء، وأخبار الحكماء والأدباء والشعراء، من العرب والأمم الأخرى، وهذه الأخبار والأشعار والنوادر والحكم لا تقتصر على زمن واحد بل تشمل ما قيل في العصور القديمة البائدة، والجاهلية، والإسلامية منذ البعثة حتى زمن الخلفاء الراشدين، ثم الأمويين والعباسيين حتى زمن المؤلف، وهذه الأشعار والأخبار والحكم والنوادر، تأتي لتوثيق الحدث والاستطراد إلى ما حوله، وتتضمن سير العلماء والحكماء والخلفاء والأدباء والشعراء وأخبارهم، وتدور هذه المختارات النثرية والشعرية، بعد أحاديث الرسول صلى الله عليه وسلم وخلفائه وصحابته، تدور وتشمل مجموعة كبيرة من العلماء والحكماء والشعراء، يظهر منهم على سبيل التمصيل والاختصار، بعد خلفاء وأمراء وقادة الأمويين والعباسسين: أكثم بن صيفي، وقس بن ساعدة، ولقمان الحكيم، والأحنف بن قيس وأبوذر الغفاري، وسلمان الفارسي، والحسن البصري، والأصمعي وخالد بن صفوان

وأبو عمرو بن العلاء، وعلى بن الجهم، ويحيى البرمكي، ويحيى بن أكثم، وثابت بن قرة، وسهل بن هارون، ومحمود الوراق، وعبد الله بن المعتز، والعتَّابي، وبشار بن برد، وأبو تمام، وأبو نواس، وابن الرومي، وغيرهم كثير، بالإضافة إلى أخبار وحكم أعلام الأمم الأخرى من مثل: سقراط، وكسرى بن قباذ، وبزرجمهر، وأنو شروان، وقيصر، وغيرهم.

وبعد، فقد وجدت في هذا الكتاب بأقسامه وتتمته التي جاءت بتأليف ناصر بن بزرجمهر، وجدت ثروة علمية وأدبية وحضارية، وفي تحقيقها ونشرها خدمة للتراث، وإحياء للفكر والأدب، آمل أن ينهل منها أدباء العربية وعلمائها، وطلاب العلم ومحبو التراث العربي الإسلامي الذي يعزز اللغة العربية الفصحى، هذه اللغة التي تجمع شمل العرب والمسلمين على تباعد أقطارهم وأمصارهم.

نسأل الله سبحانه الهداية والتوفيق، والحمد لله أولاً وآخراً.

د. يحيى الجبوري

بسم الـلـه الرحمن الرحيم

[1 أ]

قال علي رضي الـلـه عنه وكرم الـلـه وجهه[1]: من أبصر عيب نفسه اشتغل عـن عيـب غـيره، ومـن رضي بقَسمِ الـلـه لم يحزن على ما فاته، ومن حفر لأخيه بئراً وقع فيها، ومَن نسي خطيئتَهُ استعظم خطيئةَ غيره، ومن أُعجب برأيه ضلَّ، ومن استغنَى بعقله زَلَّ، ومَن تكبَّر على الناس ذلَّ، ومن خالطَ الأنذال احتقر، ومن جالس العلماء وقَّرَ.

[1 ب]

.... ولا إيمـان كالحيـاء والصبرِ[2]، ولا حسَـبَ كالتواضـع، ولا شرفَ كـالعِلم، ولا مظـاهرة أوفـق مـن المشورة، فاحفظْ الرأسَ وما حوى، والبطن وما وعَى، واذكر الموتَ وطولَ البِلى.

قال بعض الحكـماء: ذلِّـلوا أخلاقَكـم للمحاسـن، وقودوهـا للمحامـد، وعلِّموهـا المكـارم، وعوِّدوهـا الجميل، واصبروا على الإيثار على أنفسكم فيما تحمدون غِبَّهُ، ولا تُكافوا الناسَ وزناً بوزنٍ، وتكرَّمـوا بالغَنـاءِ [3 أ] عن الاستقصاء، وعظِّموا أقـدارَكم بالتغافـلِ عـن دَنيٍّ الأمـور، وامسـكوا رَمَـقَ الضـعيف بالمعونـة، ولا تكونوا بحَّاثينَ عن مُغَيَّباتِ الأفعال فيكثرُ عَتْبُكم، خرِّجوا عقولكم بأدبِ كلِّ زمـان، واجـروا مـع أهلـهِ عـلى مناهجِهم يقِلُّ مَن يُناويكم، وتسلمُ أعراضُكم، وضعوا عنكم مؤونـةَ الخِـلاف والمماحكـة في المنازعـة، فربَّمـا أورَثَـتِ السَّـخائمَ، ونقضـتْ مُـبْرَمَ المـودَّة، واتَّسِـعوا لعِشْرِةِ العـوام فإنَّـهُ أكـثر مـا تـديرون بـه أمـورَكم. [3 ب]

قال عليٌّ رضي الـلـه عنه : كم مستَدْرَجٍ بالإحسان إليه، وكم مغرورٍ بالسترِ عليه، وكم مفتونٍ بحسن القول فيه، وما ابتلى الـلـهُ أحداً بمثلِ الإملاء له.

---

* أخبار وأشعار، لياقوت المستعصمي، نسخة المتحف البريطاني ADD 23475.

(1) هذه الصفحة لياقوت من كتاب له عن علي بن أبي طالب، ولا صلة لها بكتاب أخبار وأشعار.

(2) من هنا تبدأ المخطوطة، وناقص ما قبلها.

روى الأصمعي قال: قال أكثم بن صيفي[1]: أيها العرب مَن أصاب من الدنيا حظّاً فأصاره ذلك إلى كِبْرٍ وترفُّعٍ، فقد أعلم أنَّهُ نال فوقَ ما يستحقُّ، ومَنْ تواضع وغادرَ الكِبْرَ فقد أعلم أنه نالَ دونَ ما يستحقُّ، ومَنْ أقام على حاله، فقد أعلمَ أنَّهُ نالَ ما يستحقُّ.

[4 أ]

قيل: الصديق الذي أنت منه في وضيعةٍ[2]، عدوٌ ظاهر العداوة.

قال أكثم بن صيفي: المسألة مفتاح البؤس، ومن العجز والتواني تكون الهَلَكة، ولكل شيءٍ ضراوةٌ، والناسُ محترِسٌ ومُحْتَرَسٌ منه، وعِيُّ الصَّمْتِ أحمَدُ من عِيِّ المنطقِ، والحزمُ حِفْظُ ما كُلِّفْتَ، وكَثْرَةُ النُّصْحِ يهجمُ بالإنسانِ على سوْءِ الظِنَّةِ، ومَنْ ألحَفَ في المسألةِ فقد ثَقَّلَ، ومَنْ سألَ فوقَ قدرِهِ استحَقَّ [4 ب] الحِرْمانَ، وخيرُ السَّخاءِ ما وافقَ الحاجةِ، وأفضلُ العَفْوِ عند القُدْرَةِ، والرِّفْقُ يُمْنٌ، ومن الخُرْقِ منشأةُ الهلاكِ.

قال الأصمعي: سمعتُ أعرابياً يصفُ قوماً، فقال: ما كانت النعمةُ على آل فلان إلاّ طيفاً لها [فلما][3] انتبهوا لها، ولَّتْ عنهم.

قال الأصمعي: سمعتُ أعرابياً يقول: أحضَرُ الناسِ جواباً، مَنْ لم يغْضَبْ.

قال أكثم بن صيفي في وصيتهِ لولَدِهِ: يا بَنيَّ، اعلموا [5 أ] أنَّ المودَّةَ أشْبكُ الأنساب، وإنَّ العلمَ أشرفُ الأسباب، ومَنْ أبطَرَتهُ النعمةُ، أصلحَتْهُ النِّقْمة، ومَنْ لا خيرَ فيه لنفسه، فلا ينبغي أنْ يُرجى لغيرِهِ.

---

(1) أكثم بن صيفي بن رياح بن الحارث التميمي: حكيم العرب في الجاهلية، وأحد المعمرين، عاش زمناً طويلاً، وأدرك الإسلام وقصد المدينة في مئة من قومه يريدون الإسلام، فتُوفيَ الطريق، وأسلم من بلغ المدينة من أصحابه، كانت وفاته سنة 9هـ. الإصابة 1/ 113، أسد الغابة، جمهرة الأنساب: 200، بلوغ الأرب للألوسي في أكثر من موضع.

(2) الوضيعة: الحطيطة والخسارة.

(3) زيادة يقتضيها السياق.

سَمِعَ أعرابيٌّ رجلاً يقعُ في السُّلطان، فقال له: ويحَكَ إنَّكَ لغُفْلٌ لم تنجدك التجاربُ، وفي بعض القول لَسْبُ العقارب[1]، وكأني بالضاحك إليك، باكياً عن قليل عليك.

قال أعرابيٌّ: يسارُ النفسِ أفضلُ من يسار [5 ب] المال، ومَنْ لم يُرْزَقْ غِنىً، فلا يُحْرَمَنَّ تقوى، فرُبَّ شبعانَ من النِّعَمِ، غرْثانَ من الكرمِ.

وقال عبد الله بن جعفر[2] رضوان الله عليهما: إنَّ الرجلَ ليسألني الحاجة فأبادِرُ إلى قضائها مخافةَ أن يستغني عنها. وقال أكثم بن صيفي: السؤالُ وإنْ قَلَّ، ثَمَنٌ لكلِّ نَوالٍ وإنْ جَلَّ.

قال خالد بن صفوان[3]: إنَّ فوتَ الحاجة، خيرٌ من [6 أ] طلبها إلى غير أهلها، وأشدُّ من المصيبة سوءُ الخَلَفِ عليها.

قال أبو بكر الصدِّيق رضي الله عنه لخالد بن الوليد: احرِصْ على الموتِ توهبُ لك الحياةُ، وفُرَّ من ذكر الشَّرفِ يتبَعْكَ الشرَفُ.

شاعر[4]: (الكامل)

هشٌّ إذا نزلَ الوفودُ ببابهِ سَهْلُ الحجابِ مؤدَبُ الخُدَّامِ[5]

(1) لسب العقارب: لسعها.

(2) عبد الله بن جعفر بن أبي طالب بن عبد المطلب الهاشمي القرشي: صحابي ولد بأرض الحبشة لما هاجر أبوه إليها، وهو أول من ولد بها من المسلمين، كان كريماً يسمى بحر الجود، وللشعراء فيه مدائح، كان أحد الأمراء في جيش علي يوم صفين، توفي بالمدينة سنة 80 هـ الإصابة ترجمة 4582، فوات الوفيات 1/ 209، المحبر: 148 ذيل المذيل: 23، تهذيب ابن عساكر 7/ 325.

(3) خالد بن صفوان بن عبد الله بن عمرو بن الأهتم التميمي المنقري: من فصحاء العرب المشهورين، كان يجالس عمر بن عبد العزيز، وهشام بن عبد الملك، وله معهما أخبار، ولد ونشأ بالبصرة، وكان أيسر أهلها مالاً، ولم يتزوج، وكان لفصاحته أقدر الناس على مدح الشيء وذمه، كان يُرمى بالبخل، كف بصره وتوفي سنة 133 هـ وفيات الأعيان 1/ 243، معجم البلدان 4/ 387، 1036 ط أوربا، أمالي المرتضى 4/ 172، نكت الهميان: 148، منهاج اليقين في أدب الدنيا والدين 1/ 120.

(4) البيتان لمحمد بن خارجة في أمالي المرتضى 2/ 291.

(5) أمالي المرتضى: سهل الفناء إذا حللتَ ببابه طلقُ اليدين مؤدَّبُ الخدام

فـــإذا رأيـــتَ صـــديقَهُ وشـــقيقَهُ   لم تَـــدْرِ أيُّهـــما أخـــو الأرحـــامِ

قيل لأبي عقيل بن درست: كيف رأيتَ عثمان بن الحكم؟ [6 ب] قال: رأيتُ رجلاً رغبته في شكري فوق رغبتي في إنعامه عليَّ، وحاجته إلى قضاء الحاجة أشدُّ من صاحب الحاجة، ورجلاً نشيطاً للآستماع، نهَّاضاً بالأثقال، يُلَقِّنُ الشفيعَ البكِيَّ[1]، ويبسطُ السائلَ الغبيَّ، ويُعَنِّفُ مَنْ يلتمسُ له أبوابَ العُذْرِ عندَ تأخُّرِ ما ضَمِنَ، وإغفالِ ما نسيَ، وأحَبُّ إخوانهِ إليه مَنْ نبَّهَهُ عند زَلَلِهِ، وتقصيرِهِ، وعَذْلِهِ عندَ سوءِ صنيعِهِ.

شاعر[2]:   (المتقارب)

بدى حين أثرى بإخــوانهِ   ففَلَّلَ عنهم شَباةَ العَدَمْ   [7 أ]

وخَوَّفَهُ الحَزْمُ صَرْفَ الزمان   فبادرَ بالعُرْفِ قبلَ النَّدَمْ[3]

وقال عليٌّ رضي اللـه عنه : لا يُزْهِدَنَّكَ في معروفٍ مَنْ لم يشكر لك، فقد يشكرُكَ على ذلك المعروف مَنْ لم يستمتع منه بشيءٍ.

قال رسول اللـه صلى اللـه عليه وسلم : (اتَّقوا في خَوَلكم، فإنهم أشِقَّاؤكم، لم يُنْحَتوا من حَجَرٍ، ولم يُنْشَروا من شجرٍ، اطعموهم ما تأكلون، واكسوهم ما تلبسون، واستعينوا بهم في أعمالكم، فإنْ عجَزوا [7 ب] فأعينوهم، وإنْ كرهتموهم فبيعوهم، ولا تُعَذِّبوا خَلْقَ اللـهِ)[4].

---

(1) البكِيّ: الذي يكثر البكاء.

(2) البيتان لابراهيم بن العباس الصولي في مجموع شعره في الطرائف الأدبية: 137.

(3) الطرائف الأدبية: وذَكَّرهُ الحزمُ غِبَّ الأمور فبادر قبل انتقال النِّعَم.

(4) لم أجد الحديث بهذا اللفظ، وجاءت أحاديث بمعناه في: كنزالعمال 14983، اتحاف السادة المتقين 5/ 352، الدر المنثور 2/ 124، 2/ 160.

قال أبو عمرو بن العلاء: لما أَسَنَّ دريد بن الصِّمَّة[1] اجتمع إليه أهلُ بيته، فقالوا: إنَّا حاجبوك ومانعوك من كلام الناس، قال: ولِمَ؟ قالوا: نخاف أنْ يُروى عنك عيبٌ، قال: فاجمعوا إليَّ قومي، قال: فلما فعلوا قال: اسمعوا مني، فإني أرى أمري بعد اليوم لغيري، أولُ ما أنهاكم عنه محاربة الملوك، فإنهم كالسيل بالليل [8 أ] لا يُدرَى كيف يأتي، وإذا أجدبتم فلا ترعَوا حِمى الملوك، فإنَّ مَنْ رعاهُ غانماً، لم يرجعْ سالماً، فلا تحقروا الشرَّ، فإنَّ قليلَهُ كثيرٌ، ومَنْ خرَّقَ لكم ستراً فارفقوا به، فإنَّ الرفقَ خيرٌ من العُنْف، ومَنْ حاربتموه فلا تُغْفلوه، وانحوا بجدِّكم عليه، ومَنْ أسدى إليكم يداً، فاضعفوها له، وإلاَّ فلا تعجزوا أنْ تكونوا مثلَه، وعلى كلِّ رجلٍ منكم الأقرب ليَكُفَّ كلُّ رجلٍ منكم ما يليه، وما أظهرتم من خيرٍ فاجعلوه كثيراً، ومَنْ كانت [8 ب] له مروءةٌ فليُظْهِرْها، فقومُهُ أعلمُ به، وأوسعوا الخيرَ وإنْ قَلَّ يتَّسِعْ، وادفنوا الشرَّ يَمُتْ، ولا تُنْكِحوا دَنِيّاً من غيركم، ولا يَتَجَنَّبَنَّ شريفٌ أنْ يرفَعَ وضيعَهُ، فإنَّما هي إصبَعاك، وإنْ كانتْ إحداهُما أطولَ من الأخرى، وإيَّاكم وفاحِشَةَ النِّساء، فإنَّها عارٌ لا يُرْحَضُ[2]، وعليكم بصلةِ الرَّحِم فإنهُ يُديمُ النِّعَم، ولا تَلِجُوا في الباطلِ فيَلِجَّ بكم.

قال عتبة بن أبي سفيان[3]: كان أبونا لا يرفع [9 أ] المواعظَ عن أسماعنا، فلمَّا أراد الخروجَ إلى مصر قال لنا: يا بَنيَّ، تألَّفوا النِّعَمَ بحُسْنِ مُجاوَرَتِها، والتمسوا المزيدَ فيها بالشكر عليها، فإنَّ النفوسَ أقبَلُ شيءٍ لِما أُعطِيَتْ، وأعطى شَيْءٍ لِما

---

(1) دريد بن الصمة الجشمي البكري: من هوازن، أحد الشعراء المعمرين الأبطال في الجاهلية، كان سيد بني جشم وفارسهم وقائدهم، غزا نحو مئة غزوة لم يهزم في واحدة منها، أدرك الإسلام ولم يسلم، عاش طويلاً وعمي، أخرجته هوازن تيمناً به يوم حنين فقتل سنة 8 هـ. الأغاني 10/ 3-40 ط دار الكتب، المحبر: 298، 299، شرح الشواهد: 317، خزانة الأدب 4/ 446، الروض الأنف: 287.

(2) لا يرحض: لا يغسل.

(3) عتبة بن أبي سفيان صخر بن حرب بن أمية بن عبد شمس: أمير مصر، وليها قبل أخيه معاوية فقدمها سنة 43 هـ ثم خرج إلى الإسكندرية مرابطاً، فابتنى داراً في حصنها القديم، كان عاقلاً فصيحاً مهيباً، شهد مع عثمان يوم الدار، وشهد يوم الجمل مع عائشة، وفقئت عينه، قال الأصمعي: الخطباء من بني أمية عتبة بن أبي سفيان، وعبد الملك بن مروان، توفي سنة 44 هـ. نسب قريش: 125، 153، النجوم الزاهرة 1/ 122-124، السيرة الحلبية 2/ 138، رغبة الآمل 4، 33، 8/ 159، 217.

سُئِلتْ، فاحملوها على مطيَّةٍ لا تُبْطِىءُ إذا رُكِبَتْ، ولا تُسْبَقُ وإنْ تُقدِّمَتْ، يا بَنيَّ؛ نجا مَنْ هَرَبَ من النار، وأدرَكَ مَنْ سابَقَ إلى الجنَّةِ.

قال الأصمعي، سمعت أعرابياً يقول لابنه: يا بُنَيَّ اغتنم مسالمة مَنْ لا يُدانِ لك لمحاربتهِ، وليكُنْ هَرَبُك [9 ب] من السلطان بحيثُ تأمنُ من سعاية الساعي، وطمعِ الطامعِ فيك، ولا تغُرنَّكَ بشاشةُ امرىءٍ حتى تعلمَ ما وراءها، فإنَّ دفائنَ الرجالِ في صدورهم، وخُدَعَهم في وجوههم، ولتَكُنْ شِكايَتُكَ الدهرَ إلى ربِّ الدَّهْرِ، واعلم أنَّ اللـهَ إذا أراد بك خيراً أو شرَّاً أمضاهُ فيك، على ما أحَبَّ الناسُ أو كَرِهوا، فأرِحْ نفسَكَ من القالِ والقِيْلِ، فإنَّ كلمةَ الخيرِ تُنْبِتُ في القلبِ المحبَّةَ، وكلمةُ الشَّرِّ تُنْبِتُ في القلبِ العداوةَ.

[10 أ]

قال عبد الملك بن مروان يوماً لمعلم أولاده: أين بلغتَ من أدب ولدي؟ قال: المنزلة العالية، أعلى اللـهُ كعبهم، فقال: يا معلم، خذهم بإحراز ما أقبل، والتَّعزي عمَّا أدبرَ، وكتمان ما في النفس عن الخُلصان، فقال المعلم: أنا و اللـه يا أمير المؤمنين أحوجُ منهم إلى ذلك، فقال: خُذْهم ونفسَكَ بذلك.

قال عبد الملك يوماً لجلسائه: أيُّكم يصفُ الناسَ فيجمعُ وصْفَهم في كلمتين، فقال عبد اللـه بن [10 ب] يزيد بن معاوية: هم أخوان طمعٍ، وأعداءُ نِعَمٍ، وأعبُدُ جَزَعٍ، والنُّبْلُ مؤاخاةُ الأكفاءِ، ومداجاةُ الأعداءِ.

كتب هِشام بن عبد الملك إلى خالد بن عبد اللـه القسري[1]: إنَّ النعمـةَ إذا طالـت بالعبـد، ممتـدَّةً عليه، أبطَرَتهُ فأساءَ حملَ الكرامةِ، واستَثْقَلَ النِّعْمَةَ، ولم يتخَيَّلْ وقوعَ

---

(1) خالد بن عبد اللـه بن يزيد بن أسد القسري: من بجيلة، أمير العراقين، وأحد خطباء العرب وأجوادهم من أهل دمشق، ولي مكة سنة 89 هـ للوليد بن عبد الملك، ثم ولاه هشام العراقين (الكوفة والبصرة) سنة 105هـ فطالت مدته إلى أن عزله هشام سنة 120هـ وولى مكانه يوسف بن عمر الثقفي وأمره أن يحاسبه، فسجنه يوسف وعذبه بالحيرة، ثم قتله في أيام الوليد بن يزيد، وكان خالد يرمى بالزندقة، كان مقتله سنة 126 هـ. تهذيب ابن عساكر 5/ 67-80، وفيات الأعيان 1/ 169، الأغاني 19/ 53-64، ابن الأثير 4/ 205، 5/ 101.

النِّقْمة، ونسَبَ ما في يده إلى حيلَتهِ وقُدرَتهِ، ورهْطهِ وعشيرتهِ، فإذا نزلت به العِبَرُ والغِيَرُ، وانكشفتْ عنهُ غَمامةُ الغِنى والسلطان، ذلَّ منقاداً، ونَدِمَ حسيراً، [11 أ] وتمكن منه عدوه قادراً عليه، قاهراً له.

قيل: إنَّ رجلاً استطال على عليِّ بن الحسين[1]، فتغافل عنه، فقال له الرجل: إياك أعني، فقال له عليٌّ: وعنك أُغْضي.

قال الأصمعي، كان يقال: الصفحُ عن الإخوان مكرمةٌ، ومكافأتهم على الذنوب بالإساءةِ دناءةٌ.

قال الأصمعي: سمعت أعرابيةً تستَطْعُمُ، فأعطاها بعضُنا شيئاً، فقالت: كبَتَ اللهُ كلَّ عدوٍ لكَ إلا [11 ب] نفسَكَ.

قال الأحنف بن قيس[2]: العِتابُ مفتاح التقالي[3]، والعِتابُ خيرٌ من الحقد.

سمع أعرابي رجلاً يقعُ في الناس فقال: قد استدلَلْتُ على عيوبِكَ بكثرةِ ذكركَ لعيوب الناس، لأنَّ الطالبَ لها يطلُبُها بقَدْرِ ما فيه منها.

قيل لبِشْر بن سعيد: ما لك لا تهني فلاناً على ولايتهِ؟ فقال: و الله ما سرَّتني فأهنيهِ، ولا ساءتني فأعزيه. [12 أ]

---

(1) زين العابدين: علي بن الحسين بن علي بن أبي طالب الهاشمي القرشي، رابع الأئمة الأثني عشر عند الإمامية، وأحد من كان يضرب بهم المثل في الحلم والورع، يقال له علي الأصغر للتمييز بينه وبين أخيه علي الأكبر، أحصي بعد موته عدد من كان يقوتهم سراً فكانوا نحو مئة بيت، ولد بالمدينة وتوفي بها سنة 94 هـ. طبقات ابن سعد 5/ 156، اليعقوبي 45/3، وفيات الأعيان 1/ 320، صفة الصفوة 52/2، حلية الأولياء 133/3.

(2) الأحنف بن قيس بن معاوية السعدي المنقري التميمي: سيد تميم وأحد العظماء الدهاة الفصحاء الشجعان، يضرب المثل به في الحلم، أدرك النبي صلى الله عليه وسلم ولم يره، وفد على عمر بن الخطاب في خلافته فاستبقاه عمر عاماً، ثم عاد إلى البصرة فكتب عمر إلى أبي موسى الأشعري أن يدني الأحنف ويشاوره ويسمع منه، شهد الفتوح في خراسان، واعتزل الفتنة يوم الجمل، ثم شهد صفين مع علي بن أبي طالب، أخباره كثيرة، توفي سنة 72 هـ. وفيات الأعيان 1/ 230، طبقات ابن سعد 66/7، تهذيب ابن عساكر 10/7، جمهرة الأنساب: 206، تاريخ الإسلام للذهبي 129/3.

(3) التقالي: التباغض، القلى: البغض والهجر.

قال رسول الـلـه صلى الـلـه عليه وسلم : (رأسُ العملِ الإيمانُ بالله، ورأسُ العقلِ مُداراة الناسِ) [1].

مرَّ عمران بن حطَّان بالفرزدق وهو ينشد، فقال عمران [2]: (الخفيف)

أيها المادحُ العبادَ ليُعْطى   إنَّ للهِ ما بأيدي العبــادِ

فاسألِ الـلـهَ ما طلبتَ إليهم   وارْجُ فَضْلَ المقَسِّمِ العَوَّادِ

لا تقُل للجوادِ ما ليسَ فيهِ   وتُسَمٍّ البخيلَ باسمِ الجَوادِ [3]

فقال الفرزدق: لولا أنَّ الـلـه شغل هذا عنَّا برأيه للقينا منه شرّاً. [12 ب]

قال أمير المؤمنين علي بن أبي طالب (كرم الـلـه وجهـه): المدة وإن طالـت قصـيرة، والماضي للمقـيم عبرةٌ، والميت للحي عِظة، وليس لأمسِ إذ مضى عودة، ولا المرءُ من غده على ثقة، وكلٌّ لكلٍّ مفارق،

وكلٌّ بكلٍ لاحق، واليوم الحائل لكلٍ آزف، وهو اليوم الـذي لا ينفـع فيـه مـالٌ ولا بنـون، إلا مَـنْ أتى الـلـهَ بقلبٍ سليم، اصبروا على عملٍ لا غِنى بكم عن ثوابِهِ، وارجعوا إلى عملٍ لا صَبْرَ لكـم عـلى عقابـه، إنَّ الصبرَ على طاعة الـلـه أهونُ [13 أ] من الصبرِ على عـذاب الـلــهِ، واعلمـوا أنَّكـم في نفَـسٍ معـدودٍ، وأمـلٍ ممدودٍ، وأجلٍ محـدود، ولا بُـدَّ للأجـلِ أنْ يتنـاهى، وللـنَّفَسِ أن يُحْصَى، وللسـببِ أن يُطـوى، وإنَّ علـيكم لحافظين، كِراماً كاتبين.

قال بزرجُمِهْر: الركون إلى الدنيا مع ما يُعايَنُ من الموتِ جهْلُ، والتقصيرُ في أحسنِ الأعمالِ إذا عرفْنا فضيلةَ الثواب عجْزٌ، والطُّمَأنينةُ إلى كلِّ أحدٍ قبلَ الاختبارِ حُمْقٌ.

[13 ب]

---

(1) ورد الحديث بلفظ: "رأس العقل بعد الإيمان بالله مداراة الناس"، في: الدر المنثور 3/ 256، مصنف ابن أبي شيبة 8/ 361، قضاء الحوائج لابن أبي الدنيا: 17، تهذيب تاريخ دمشق 2/ 301، الضعفاء للعقيلي 2/ 244.

(2) الأبيات في: الكامل 2/ 744، الأغاني 18/ 119، وانظر شعر الخوارج: 158.

(3) في الأصل: وتسمي البخيل باسم الجواد.

قال بعضُ النُسَّاكِ: عجِبْتُ مِمَّنْ لا يملُكُ أجَلَهُ، كيفَ يبْسُطُ أمَلَهُ، ومَنْ يعجزُ عن دفعِ ما عَراهُ، كيفَ يقعُ له الأمانُ مِمَّا يخشاهُ.

وأنشد: (الطويل)

وإنَّ امرأً دنياهُ أكبرُ هَمِّهِ ... لَمُسْتَمْسِكٌ منها بحبلِ غُرورِ

قال أعرابيٌّ: اللَّهُمَّ إنَّكَ كَفَلْتَ لنا بالرزقِ، وأمَرْتَنا بالعبادةِ، فاكْفِنا ما شَغَلْتَنا بهِ، عَمَّا خَلَقْتَنا لهُ، فإنَّ ما عندَنا يفنِى، وما عندَكَ يبْقَى. [14 أ]

قال مروان: إذا انقضَتْ المُدَّةُ، لم تنْفعِ العُدَّةُ.

قال بعض الزُّهاد: مَنْ بلغَ أقصى أملِهِ فليتوقعْ أدنى أجلِهِ.

قال كسرى: مَنْ قدَرَ أنْ يحترسَ من أربعِ خِصالٍ لم يكن في تدبيرِهِ خلَلٌ؛ الحِرْصُ، والعُجْبُ، واتباعُ الهوى، والتواني، فالحِرْصُ يسلبُ الحياءَ، والعُجْبُ يجلبُ المَقْتَ، واتِّباعُ الهوى يورثُ الفضيحة، [14 ب] والتواني يكسبُ النَّدامةَ.

قيل لعلي بن الجهم[1] بعد ما أُخِذَ جميعُ ماله: أما تفكِّرُ في ذهاب نِعْمَتِكَ؟ فقال: لابُدَّ من الزوالِ، فزوالُ نعمتي وأبقى خيرٌ من زوالي وتبقى.

قال الأحنف[2]: رُبَّ بعيدٍ لا يُفْقَدُ خيرُهُ، وقريبٍ لا يُؤمَنُ شَرُّهُ. قال المتوكل لأبي العيناء[3]: إلى متى تمدحُ الناسَ وتذمُّهم؟ قال: ما أحسنوا وأساؤوا. [15 أ]

---

(1) علي بن الجهم بن بدر: من لؤي بن غالب، شاعر رقيق الشعر، أديب من أهل بغداد، كان معاصراً لأبي تمام، وخص بالمتوكل، ثم غضب عليه فنفاه إلى خراسان، فأقام مدة وانتقل إلى حلب، ثم خرج منها بجماعة يريد الغزو، فاعترضه فرسان من بني كلب فقاتلهم، وجرح ومات من جراحه سنة 249 هـ. وفيات الأعيان 1/ 349، الطبري 11/ 86، الأغاني 10/ 203 - 234، سمط اللآلي: 526، تاريخ بغداد 11/ 367.

(2) الأحنف بن قيس بن معاوية السعدي المنقري التميمي: سبقت ترجمته.

(3) أبو العيناء: محمد بن القاسم بن خلاد الهاشمي بالولاء: أديب فصيح من الظرفاء ومن أسرع الناس جواباً، أشتهر بنوادره ولطائفه، كان ذكياً حسن الشعر، جيد الكتابة، خبيث اللسان في سب الناس، كف بصره بعد الأربعين، توفي سنة 283 هـ. نكت الهميان: 265، وفيات الأعيان 1/ 504، لسان الميزان 5/ 344، تاريخ بغداد 3/170.

قال ابن المبارك[1]: طلبتُ العلمَ للدنيا فدَلَّني على تركها.

قال ابن المقفع[2]: تعلموا العلم، فإن كنتم ملوكاً فُقْتم، وإنْ كنتم وسَطاً سُدتم، وإنْ كنتم سوقاً عِشتم. [15 ب]

نظر رئيس إلى أبي هفَّان[3] يَسارُّ آخر، فقال: فيمَ تكذبان؟ فقال: في مدحك.

قَدِمَ بريد من الشام على عمر بن عبد العزيز فقال له: كيف تركتَ الشام؟ قال: تركتُ ظالمهم مقهوراً، ومظلومهم منصوراً، وغنيَّهم موفوراً، وفقيرَهم محبوراً، فقال عمر: اللهُ أكبر، لو كانت لا تتمُّ خَصْلَةٌ من هذه إلا بفَقْدِ عُضْوٍ من أعضائي، لكان ذلك يسيراً.

قال قبيصةُ بن هانىء بن مسعود بن هانىء الشيباني يوم ذي قار [16 أ] يُحَرِّضُ قومه: الحَذَرُ لا يُغْني من القَدَر، والدنيَّةُ أغلَظُ من المَنيَّة، واستقبالُ الموتِ خيرٌ من استدبارِهِ والطعنُ في الثُّغَرِ خيرٌ وأكرمُ منهُ في الدُّبُرِ، يا بني بكرٍ حاموا عن أحسابكم، فما من المنايا بُدٌّ، هالكٌ معذورٌ خيرٌ من ناجٍ فَرُور.

---

(1) ابن المبارك: عبد الله بن المبارك بن واضح الحنظلي التميمي الحافظ، شيخ الإسلام المجاهد، صاحب التصانيف والرحلات، أفنى عمره في الأسفار حاجاً ومجاهداً وتاجراً، جمع الحديث والفقه والعربية وأيام الناس والشجاعة والسخاء، له كتاب في "الجهاد" و"الرقائق"، كان من سكان خراسان، توفي بهيت (على الفرات) منصرفاً من غزو الروم سنة 181 هـ. تذكرة الحفاظ 1/ 253، مفتاح السعادة 2/ 112، حلية الأولياء 8/ 162، ذيل المذيل: 107، تاريخ بغداد 10 / 152.

(2) عبد الله بن المقفع: أصله من الفرس، وأسلم، أول من عني بترجمة كتب المنطق، له كتب كثيرة، اتهم بالزندقة، وقتله أمير البصرة سفيان بن معاوية المهلبي سنة 142 هـ. أخبار الحكماء: 148، أمالي المرتضى 1/ 94، البداية والنهاية 10/ 96، أمراء البيان: 99 - 158، دائرة المعارف الإسلامية 1/ 282.

(3) أبوهفان: عبد الله بن أحمد بن حرب المهزمي، راوية عالم بالشعر والأدب، من الشعراء، من أهل البصرة، سكن بغداد، وأخذ عن الأصمعي وغيره، وكان متهتكاً، فقيراً يلبس ما لا يكاد يستر جسده، له من المؤلفات: "أخبار الشعراء"، و"صناعة الشعر"، و"أخبار أبي نواس"، توفي سنة 257 هـ. اللباب3/ 194، سمط اللآلي: 335، تاريخ بغداد 9/ 370، نزهة الألبا: 267، معجم الأدباء 4/ 288.

كان الحجّاجُ يستثْـقِلُ زيادَ بن عَمْرو العَتَكي،، فلما قدِمَ الوفدُ على عبد الملك، وفيهم زيادٌ، فقـال: يـا أميرَ المؤمنين، الحجاجُ سيفُكَ الذي لا ينبو، وسَهْمُكَ الذي لا يطـيشُ، [16 ب] وخادمُـكَ الـذي لا تأخـذُهُ في فيك لومةُ لائمٍ. فلم يكنْ على قلبهِ بعدَ ذلكَ أخَفُّ منه.

قال بقراط: الإقلالُ من الضَّار، خيرٌ من الإكثار من النافعِ. أبو تمام[1]:

(الكامل)

فلأشكُرَنَّكَ حُسْنَ ما أوليتَني | شكراً تحُلُّ به المطيُّ وتَرحَلُ
شكراً يكونُ لكم بدائِعُ حسنه | مبذولةً ولغيـركم لا تُبْـذَلُ

أبو ربيعة الضَّبي: [17 أ] (الكامل)

وإذا تُباعُ كريمةٌ أو تُشْترى | فسواكَ بائعُها وأنتَ المشتري
وإذا بدأتَ صنيعةً أتمَمْتَـها | بيدَيْنِ ليس نداهُمـا بمُـكَدَّرِ

قال الأصمعي، سمعتُ أعرابياً يقول: ما رأيتُ ظالمـاً أشْبَهَ بمظلومٍ من الحاسدِ، حُزنٌ لازمٌ، ونفَـسٌ دائمٌ، وعقلٌ هائمٌ، وحَسْرَةٌ لا تَـنقَضي.

قال هِشامُ بن عبد الملكِ لأبي حازم[2]: ارفع إليَّ حوائجَكَ، قال: قد رفعتـُها إلى مَنْ لا يعظمُ عندَهُ قَدْرُ ما سألتُ، فما أعطاني منها قبِلْتُ، وما قنَّعَني به [17 ب] منها قَنِعْتُ.

قال الأصمعي، سمعتُ أعرابياً يقول في دعائه: اللَّهُمَّ أفِضْ عليَّ رزْقاً واسعاً، واجعَلني قانعاً.

---

(1) لم أجد البيتين في ديوانه.

(2) أبو حازم الأعرج: سلمة بن دينار المخزومي، عالم المدينة وقاضيها وشيخها، فارسي الأصل، كان زاهداً عابداً، بعث إليه سليمان بن عبد الملك ليأتيه، فقال: إن كانت له حاجة فليأتِ، قال عبد الرحمن بن زيد بن أسلم: "ما رأيت أحداً الحكمة أقرب إلى فيه من أبي حازم" أخباره كثيرة، توفي سنة 140 هـ. تاريخ ابن عساكر 6/ 216-228، صفة الصفوة 2/ 88، حلية الأولياء 3/ 229، تذكرة الحفاظ 1/ 125، تهذيب التهذيب 4/ 143.

قِيلَ للقمان الحكيم: من أينَ تأكلُ؟ قال: من حيثُ تُكفِّلَ لي بهِ. قال زياد بن أبيه[1] لرجل: و اللـه لأقتـُلَنَّكَ بأخيك، قال الرجل: فإنْ جئتُكَ من أمير المؤمنين، هل ينفعُني ذلك عنـدك؟ قـال: نعـم، قـال: قـد جِئتُكَ بكتابٍ من العزيز الجبَّار، [18 أ] الواحد القهَّار، عليهِ شاهدا عدلٍ؛ موسى وإبراهيم الذي وفَّى، الاَّ تزِرَ وازِرَةٌ وِزْرَ أخرى، فقال زياد: لُقِّنَ حُجَّتَـهُ، أطْلِقوه.

قال الحجاج لرجلٍ: كيف تلقى اللـهَ وأنتَ مقتولٌ؟ قال: ألقاهُ بعملي، وتلقاهُ بدَمي، فعفا عنهُ.

علي بن الجهم[2]: (الطويل)

أطاهرُ إنِي عن خراسانَ راحلٌ ومستَـخْبَرٌ عنها فما أنا قائلُ

أأشكوكَ أم أُثْـني عليكَ وأيُّما تخَيَّرْتَ أدَّتـهُ إليكَ المحافِل[3]

[18 ب]

قال الاسكندر لحكماء الهند: أيُّـما أفضلُ، العدلُ أم الشـجاعةُ؟ قـالوا: إذا اسـتُعْمِلَ العـدلُ، استُغـْنـيَ عن الشجاعةِ.

حكى اليزيدي: أنَّ كسرى بن قُباذ، رفع إليهِ رجلٌ من أصحابه أنَّ في بِطانةِ الملكِ جماعةٌ قـد فسَـدَتْ نِيَّاتـُها، وخَبُثتْ ضمائرُها، وقد هَمُّوا بما لم يفعلوا، وهم

(1) زياد بن أبيه: ولدته سمية جارية الحارث الثقفي، وادَّعاه أبو سفيان،أسلم في عهد أبي بكر، وكان كاتباً للمغيرة بن شعبة، ثم ولاه علي بن أبي طالب إمرة فارس، ولما توفي علي ادعاه معاوية على أنه أخوه من أبي سفيان وألحقه بنسبه، وولاه البصرة والكوفة وسائر العراق، كان فارساً خطيباً جباراً من الدهاة، توفي سنة 53 هـ. تاريخ الطبري 6/ 162، ابن الأثير/ 195، تهذيب ابن عساكر 4/ 406، لسان الميزان 2/ 493 خزانة الأدب 2/ 517.

(2) البيتان من قصيدة في ديوانه 166، يخاطب طاهربن عبد اللـه بن طاهر بن الحسين أمير خراسان، لما أطلقه من السجن وكان قد سجنه بأمر المتوكل.

(3) الديوان:

أأصدقُ أم أكني عن الصدق أيُّما تخيَّرتَ أدَّتـهَ إليك المحافلُ.

غير مأمونين على الملك، فوَقّعَ: أنا ملكُ الأجسادِ، لا النيّات، وأحكمُ بالعَدْلِ لا بالرِّضا، وأفحصُ عن [19 أ] الأعمالِ، لا عن السّرائرِ.

قال العُتْبي[1]، سمعت أعرابياً يقول: الحمد لله حمداً لا يَبلى جديدُهُ، ولا يُحْصى عديدُهُ، ولا تُبْلَغُ حدُودُهُ.

قيل لسقراط: متى أثّرتْ فيك الحكمة؟ قال: مُذْ حقَرْتُ نفسي.

دعا أعرابي فقال: اللّهمّ قد استحصَدَ زَرْعُ الباطلِ، وبلغَ نهايتَهُ، وزَخْرَفَ وليدُهُ، واستجْمَعَ [19 ب] طريدُهُ، وضربَ بجِرانِه[2]، اللهمّ فأتِحْ له يداً من الحقِّ حاصدةً، تُبدِّدُ شَمْلَهُ، وتُفَرِّقُ أمرَهُ، ليظهَرَ الحَقُّ في أحسَنِ صُوَرِهِ، وأتَمِّ نورِهِ.

قيلَ لأعرابيٍّ: ما بُغْيَتُكَ؟ فقال: السلامةُ في الدنيا، والكرامةُ في الآخِرة.

كتب الرشيدُ إلى الفضلِ بن يحيى[3]: أطال الله يا أخي مُدَّتَكَ، وأدامَ نعمَتَكَ، و الله ما منعني من إتيانِكَ إلا التَّطَيُّرُ من عيادتكَ، فاعذرْ أخاكَ، [20 أ] فواللهِ ما قلاكَ، ولا سلاكَ، ولا استبدلَ بكَ سِواكَ.

قيل لأبي عون[1] وقد جرى ذكرُ الأرزاق: ما تتمَنّى منها؟ فقال: إني لأسْتَحيي من الله تعالى أن أتمنى عليه ما ضَمِنَهُ لي.

---

(1) العتبي: محمد بن عبيد الله بن عمرو، من بني عتبة بن أبي سفيان، أديب كثير الأخبار، حسن الشعر، من أهل البصرة، له تصانيف منها: "أشعار النساء اللاتي أحببن ثم أبغضن"، "الأخلاق"، و"أشعار الأعاريب" و"الخيل"، قال ابن النديم: كان العتبي وأبوه سيدين أديبين فصيحين، توفي سنة 228 هـ. وفيات الأعيان 522/1، المعارف: 234، شذرات الذهب 2/ 65، تاريخ بغداد 2/ 324، الفهرست لابن النديم 1/ 121.

(2) الجران: باطن العنق من البعير وغيره، ويقال: ألقى فلان على هذا الأمر جرانه: وطّن نفسه عليه، وضرب الإسلام بجرانه: ثبت واستقر. المعجم الوسيط: جرن.

(3) الفضل بن يحيى بن خالد البرمكي: وزير الرشيد العباسي، وأخوه في الرضاع، كان من أجواد الناس، استوزره الرشيد مدة قصيرة وأقام إلى أن فتك الرشيد بالبرامكة سنة 187هـ قال ابن الأثير: كان الفضل من محاسن الدنيا، لم يُرَ في العالم مثله،توفي الفضل في السجن بالرقة سنة 193 هـ. تاريخ ابن الأثير 6/ 69، الطبري 10/ 62، 69، 109، وفيات الأعيان 1/ 408، تاريخ بغداد 12/ 334.

قال علي رضي الـلـه عنه : إلى كم أغضي الجفونَ على القذى، وأسحبُ ذيلي على الأذى، وأقول لعلَّ وعسى. [20 ب]

قال بعض النُسَّاك: إمارةُ الاغترارِ باللهِ، الإصرارُ على سَخَطِ الـلـهِ. قيل لفيلسوفٍ: ما أشدُّ الأشياءِ نفعاً؟ قال: فَقْدُ الأشرارِ. يقال: إذا كان لك فِكْرةٌ، ففي كلِ شيءٍ عِبْرةٌ.

خطب معاوية الناسَ فقال: إنَّ الـلـهَ تعالى يقول في كتابه: ﴿وَإِنْ مِنْ شَيْءٍ إِلَّا عِنْدَنَا خَزَائِنُهُ وَمَا نُنَزِّلُهُ إِلَّا بِقَدَرٍ مَعْلُومٍ﴾[2]، [21 أ] فلا تلومونني إذا قصَّرْتُ في أعطياتكم، فقام الأحنف فقال: إنَّا و الـلـهِ ما نلومُكَ يا مُعاوية على خزائنِ الـلـه، ولكنْ على ما أنزلَهَ لنا من خزائنه، فجعَلتَهُ في خِزانتكَ، وحُلْتَ بيننا وبينَهُ. قال: فكأنَّما ألقَمَهُ حَجَراً.

قال بزرجمهر: من عجائب الدنيا انَّها لا تعطي أحداً استحقاقَهُ، بل إمَّا أنْ تزيدَهُ، وإمَّا أنْ تنقصُهُ. [21 ب]

قال مسلمة[3]، لنُصَيبٍ[4]: أمدحتَ فلاناً؟ قال: نعم، قال: فما فعل؟ قال: حرمني، فقال: هلاَّ هجوتَه؟ قال: لا أفعل، قال: ولِمَ؟ قال: لأني أحقُّ بالهَجْوِ منهُ، إذ رأيته أهلاً لمدحي، فأُعجبَ به، وقال: سَلني، قال:

---

(1) لعله عون بن عبد الـلـه بن عتبة بن مسعود الهذلي: خطيب راوية ناسب شاعر، كان من آدب أهل المدينة، وسكن الكوفة فاشتهر فيها بالعبادة والقراءة، صحب عمر بن عبد العزيز في خلافته، توفي حوالي سنة 115 هـ. حلية الأولياء 4/ 240، تهذيب التهذيب 8/ 171، البيان والتبيين 1/ 178.

(2) سورة الحجر 21.

(3) مسلمة بن عبد الملك بن مروان بن الحكم: أمير قائد من بني أمية في دمشق، يلقب بالجرادة الصفراء، له فتوحات مشهورة، غزا القسطنطينية في دولة أخيه سليمان بن عبد الملك، وبنى مسجد مسلمة بالقسطنطينية، ولاه أخوه يزيد إمرة العراقين ثم أرمينية، وغزا الترك والسند، توفي بالشام سنة 120 هـ. نسب قريش: 165، دول الإسلام 62/1، تهذيب التهذيب 10/ 144، نهاية الأرب: 339.

(4) نصيب بن رباح: أبو محجن، مولى عبد العزيز بن مروان، شاعر مقدم في النسيب والمدائح، كان عبداً أسود، اشتراه عبد العزيز بن مروان وأعتقه، له أخبار مع عبد العزيز بن مروان، وسليمان بن عبد الملك، والفرزدق وغيرهم، كان له بنات من لونه امتنع عن تزويجهن للموالي، توفي سنة 108 هـ. الأغاني 1/ 324-377، 12-324، معجم الأدباء 7/ 212، النجوم الزاهرة 1/ 262، الشعر والشعراء: 153، تاريخ الإسلام للذهبي 5/ 11.

كفُّكَ بالعَطيَّةِ أبسَطُ من لساني بالمسألة، فأمر له بألفِ دينارٍ.

قيل لملكٍ: ما السرور؟ فقال: إكرامُ ودودٍ، وإرغامُ حسودٍ.

وقيلَ لشجاعٍ: ما السرور؟ فقال: طرفٌ سريعٌ، وقَرنٌ صريعٌ. وقيل لعاقلٍ: ما السرور؟ فقال: [22 أ] عدوٌّ تداجيهِ، وصديقٌ تُناجيهِ. وقيل لأكَّارٍ: ما السرور؟ فقال رفع....[1] وسد خلَّة. وقيل لعابد: ما السرور؟ فقال: عبادةٌ خالصةٌ من الرياء، ترضي النَّفسَ بالقضاءِ.

كتب بعض الحُكماء إلى أخٍ له: إنَّك قد أوتيتَ علماً، فلا تُطفِئَنّ نورَ علمكَ بظُلمةِ الذنوبِ، فتبقى في الظُّلمةِ يومَ يسعى أهلُ العلمِ بنورِهم. قال ابن مسعود[2] رضي الله عنه : كونوا جُدَدَ القلوبِ، خُلقانَ الثيابِ، تخفونَ في الأرضِ، وتُعرَفونَ [22 ب] في السماء. شاعر:

(السريع)

عِشْ موسراً إنْ شئتَ أو معسِراً　　لابُدَّ في الدنيا من الغَمِّ

فكلما زادَكَ في نعمةٍ　　زاد الذي زادكَ في الهَمِّ

مدح رجلٌ رجلاً عند خالد بن عبد الله القسري، فقال: و اللهِ لقد دخلتُ إليهِ، فوجدتُهُ أسرى الناسِ داراً وفُرْشاً وآلةً وخدماً، فقال خالد: و اللهِ لقد ذَمَمْتَهُ، هذهِ حالُ مَنْ لم تدَعْ شهوتُهُ فيه للمعروفِ فضلاً، ولا للكرمِ موضِعاً. [23 أ]

قال بعضُ السَّلَفِ: لصانعِ المعروفِ إجلالُ القلوبِ، وثناءُ الألسُنِ، وحُسْنُ الأحدوثةِ، وذُخْرُ العاقِبةِ، وفخرُ الأعقابِ.

---

(1) ما بعده عبارة في الحاشية لم تظهر في التصوير.

(2) عبد الله بن مسعود بن غافل بن حبيب الهذلي: أبو عبد الرحمن، صحابي من أكابرهم فضلاً وعقلاً وقُرباً من رسول الله صلى الله عليه وسلم ، من السابقين إلى الإسلام، وأول من جهر بقراءة القرآن بمكة، وكان خادم رسول الله الأمين، وصاحب سره، ورفيقه في حله وترحاله، ولي بعد وفاة النبي بيت مال الكوفة، له 848 حديثاً، توفي في المدينة سنة 32 هـ. الإصابة، ترجمة 4955، غاية النهاية 1/ 458، صفة الصفوة 1/ 154، حلية الأولياء 1/ 124، البدء والتاريخ 5/ 97.

رُفِعَ إلى أنو شروان: أنَّ العامة تؤنِّبُ الملِكَ على تقديمِهِ فلاناً، وليس له شرفٌ أصيلٌ، ولا نسَبٌ، فوقَّعَ: اصطناعُنا إيّاهُ له نسَبٌ.

قال: وَهْبٌ (1): الدنانيرُ والدراهمُ خواتيمُ اللهِ في الأرضِ، فمَنْ ذهَبَ بختمٍ منها قُضِيَتْ حاجَتُـهُۥ.

[23 ب]

قال قيصر لقُسِّ بن ساعدة (2): ما أفضل الحكمةِ؟ قال: معرفة الإنسان بقَدْرِهِ، قال: فما أكمُلُ العقلِ؟ قال: وقوفُ الإنسان عند علمِهِ، قال: فما أوفرُ الحِلمِ؟ قال: حلمُ الإنسان عند شَتمِهِ، قال: فما أصونُ العِرْضِ؟ قال: استبقاءُ الإنسانِ ماءَ وجهِهِ، قال: فما أكملُ المالِ؟ قال: ما أُعطِيَ الحقُّ منهُ، قال: فما أحسنُ السَّخاءِ؟ قال: البَذْلُ قبلَ المسألةِ، قال: فما أنفعُ الأشياءِ؟ قال: تقوى اللهِ، وإخلاصُ العملِ لهُ، قال: فأيُّ الملوكِ خيرٌ؟ قال: [24 أ] أقرَبُهم من الحِلمِ عندَ القُدْرَةِ، وأبعَدُهم من الجهلِ عند الغَضَبِ، ومَنْ يرى أنَّهُ لا يملِكُ أمرَهُ إلا بالعَدْلِ بينَ رعيتِهِ.

قال أعرابيٌّ: زَلَّةُ الجبانِ في التقصيرِ، وزَلَّةُ الشجاعِ في التَّغريرِ، وزَلَّةُ البخيلِ في التَّقتيرِ، وزَلَّةُ السَّخيِّ في التبذيرِ.

قال أعرابيٌّ: لا يزالُ الوَجْهُ كريماً ما بقِيَ حياؤُهُ، والغُصْنُ نضيراً ما بقِيَ لِحاؤُهُ.

[24 ب]

_____

(1) لم نقف على حقيقة وهب هذا، لعله وهب بن منبه الصنعاني، مؤرخ كثير الإخبار عن الكتب القديمة، يعد من التابعين، توفي سنة 114 هـ. تاريخ الإسلام للذهبي 5/ 14-16، شذرات الذهب 1/ 150، وفيات الأعيان 2/ 180.

(2) قس بن ساعدة بن عمرو بن عدي الإيادي: أحد حكماء العرب وخطبائهم في الجاهلية، كان أسقف نجران، كان يفد على قيصر الروم زائراً، فيكرمه ويعظمه، وهو معدود في المعمرين، ويقال: إنه أول عربي خطب متوكئاً على سيف أو عصا، وأول من قال في كلامه "أما بعد"، توفي سنة 23 قبل الهجرة. البيان والتبيين 1/ 27، الأغاني 14/ 40، خزانة الأدب 1/ 267.

لمَّا وَلِيَ يحيى بن أكثم[1] قضاءَ البصرة، استصغَروا سِنَّهُ، فقال له رجلٌ: كم سِنُّ القاضي أعزَّهُ اللهُ؟

قال: سِنُّ عتَّابِ بن أسِيْد[2] حين ولاَّهُ رسولُ الله صلى الله عليه وسلم قضاءَ مكَّةَ، فجعَلَ جوابَهُ احتجاجاً.

مدح أعرابيٌّ قوماً فقال: أدَّبَتْهمُ الحكمةُ، وأحكمتهم التجاربُ، ولم تغرُرْهم السلامةُ المنطويةُ على الهَلكةِ، وتمهلَ عنهم التسويفُ الذي قطعَ الناسُ شأفةَ آجالهم، فأحسنوا المقالَ، وشَفعوهُ بالفَعالِ. [25 أ]

شاعر[3]: (الوافر)

أحِنُّ إليكمُ إنْ غِبْتُ عنكم وما أنا إنْ دنوتُ بمُسْتَرِيحِ

وآتيكمْ على عِلمٍ بأنِّي أعودُ بحسْرَةِ القلبِ القريحِ[4]

قال علي بن أبي طالب رضي الله عنه : أعجبُ ما في الإنسان قلبُه، وله موادٌّ من الحكمة، وأضدادٌ من خلافها، فإنْ سنَحَ له الرجاءُ أذلَّهُ الطمعُ، وإنْ هاجَ به الطمعُ أهلكَهُ الحِرْصُ، وإنْ ملكَهُ اليأسُ قتلهُ الأَسَفُ، وإنْ عرَضَ له الغضبُ، اشتدَّ به الغَيظُ، وإنْ

(1) يحيى بن أكثم بن محمد التميمي: قاض رفيع القدر، من نبلاء الفقهاء، يتصل نسبه بأكثم بن صيفي حكيم العرب ولد بمرو، واتصل بالمأمون أيام مقامه بها، فولاه قضاء البصرة، ثم قضاء القضاة في بغداد، وأضاف إليه تدبير مملكته، كان حسن العشرة حلو الحديث، أمر المامون أن لا يحجب عنه ليلاً أو نهاراً، له غزوات ضد الروم عاد منها مظفراً، وبعد وفاة المأمون عزله المعتصم عن القضاء، وصادر المتوكل أمواله، فرحل إلى مكة مجاوراً، توفي سنة 242 هـ وفيات الأعيان 2/ 217، أخبار القضاة لوكيع 2/ 161 - 167، طبقات الحنابلة 1/ 410، الجواهر المضية 2/ 210، ثمار القلوب: 122.

(2) عتّاب بن أسِيد بن أبي العيص بن أمية بن عبد شمس: والأموي قرشي، من الصحابة، كان شجاعاً عاقلاً، من أشراف العرب في صدر الإسلام، أسلم يوم فتح مكة، واستعمله النبي صلى الله عليه وسلم عليها عند مخرجه إلى حنين سنة ثمان للهجرة، وكان عمره 21 سنة، وأقره أبوبكر إلى أن توفي سنة 13 هـ تاريخ الإسلام للذهبي 1/ 380، الإصابة ترجمة 5393، اللباب 2/ 118، شذرات الذهب 26/1.

(3) البيتان دون نسبة في البصائر والذخائر 3/ 63.

(4) البصائر والذخائر: أؤوب بحسرة القلب القريح.

سَعِدَ بالرضا نسي التحَفـُّظَ، وإنْ [25 ب] نالهُ الخوفُ، شغلهُ الحزنُ، وإنْ اتـَّسَعَ له الأمنُ، استلبتهُ العِـزَّةُ، وإنْ أفادَ مالاً، أطغاهُ الغِنى، وإنْ عارضَتْهُ فاقةٌ فضحَهُ الجَزَعُ، وإنْ جَهَدَهُ الجوعُ، قعَدَ بـه الضَّعْفُ، وإنْ أفرَطَ به الشـِّبَعُ، كظَّتـْهُ البِطْنَةُ، فكلُّ تقصيرٍ بِهِ مُضِرٌّ، وكلُّ إفراطٍ لهُ مفسدٌ.

جاء رسولَ الـلـه صلى الـلـه عليه وسلم رجلٌ فقال: أوصني، فقال: (أُوصيكَ باليأسِ مـما في أيـدي الناس، وإيـَّاكَ والطـَّمَعَ، فإنهُ فَقْرٌ حاضرٌ، وإذا صَلَّيتَ فصَلِّ صلاةَ مودِّعٍ، وإيـَّاكَ [26 أ] وما يُعتَذَرُ منـهُ)، فقال الرجلُ: زِدْني يا رسولَ الـلـهِ، فقال: (حُسْنُ الخُلـُقِ وصِلـَةُ الـرَّحِمِ، وبِـرُّ القرابَـةِ تزيـدُ في الأعمـارِ، ويَعْمُرُ الديار، وإنْ كان القومُ فُجَّاراً)[1]. قال كسرى: أيُّ شيءٍ أضَرُّ بابنِ آدَمَ؟ فقالوا: الفَقْرُ، قال كسرى: الشـُّحُ أضَرُّ منه، لأنَّ الفقيرَ إذا وجدَ اتَّسَعَ، والشحيحُ لا يتـَّسِعُ أبـداً. أرسلَ عـثمانُ بـن عفـان إلى أبي ذَرٍّ[2] رضوان الـلـه عليهما، صُـرَّةً فيها نفقةٌ على يدِ عبْدٍ لهُ وقال: إنْ قَبِلها[3] فأنتَ حُرٌّ [26 ب] فلم يقبَلْها، فقال له: اقبلْها يرحمكَ الـلـهُ، فإنَّ فيها عِتْقي، فقال: إنْ كان فيها عِتْقُكَ، فإنَّ فيها رِقِّي.

---

(1) لم أجد الحديث بهذا اللفظ، وهناك أحاديث بهذا المعنى.

(2) أبو ذر الغفاري: جندب بن جنادة بن سفيان بن عبيد، من بني غفار من كنانة بن خزيمة، صحابي من كبارهم قديم الإسلام، يضرب به المثل في الصدق، وهو أول من حيَّا رسول الـلـه صلى الـلـه عليه وسلم بتحية الإسلام، هاجر بعد وفاة النبي إلى بادية الشام، فسكن دمشق وجعل ديدنه تحريض الفقراء على مشاركة الأغنياء في أموالهم، فشكاه معاوية والي الشام إلى عثمان، فأمره بالرحلة إلى الربذة من قرى المدينة فسكنها إلى أن مات، ولم يكن في داره ما يكفن به، له 281 حديثاً، ألفت عنه عدة كتب، كانت وفاته سنة 32 هـ. طبقات ابن سعد 4/ 161-175، الإصابة 7/ 60، حلية الأولياء 1/ 156، صفة الصفوة 1/ 238، الذريعة 1/ 316، الكنى والأسماء 1/ 28.

(3) في الأصل: إن قبلتها، وهو تحريف.

عزَّى سلمان الفارسي[1] رسول الله صلى الله عليه وسلم عن ابنة تُوفيت له، فقال: يا رسول الله، القبرُ خيرٌ لها منك، وثوابُ الله خيرٌ لك منها، أعظمَ اللهُ الأجرَ، فنِعمَ الصِّهْرُ القبرُ، فتبسَّمَ صلى الله عليه وسلم ، وقال: هذه التعزيةُ التي عزَّاني بها جبريل عليه السلام.

قال ثابت بن قُرَّة[2]: راحة الجسم في قِلَّةِ الطعام، [27 أ] وراحة الروح في قِلَّةِ الآثام، وراحةُ القلبِ القلبِ في قلة الاهتمام، وراحةُ اللسان في قِلَّةِ الكلام.

قال أمير المؤمنين علي رضي الله عنه : الحلمُ صاحبٌ[3] لا ينبو، ومن أفضلِ عُدَّةٍ صَبْرٌ في شِدَّةٍ، ومَنْ جعلَ الصَّبْرَ لهُ والياً لم يُلْفَ بحَدَثٍ مُبالياً.

قيل لأعرابي: إنَّ فلاناً أفادَ مالاً، قال: فهل أفادَ أياماً يُنْفِقُهُ فيها.

حدَث رجلٌ من أهلِ مَنْبِج[1] قال: قدِمَ علينا [27 ب] الحَكَمُ[2] فأغنانا وهو مملق لا شيءَ معه، فقيل: كيف أغناكم ولا شيءَ معه؟ قال: علَّمنا المكارمَ، فعادَ غنيُّنا على فقيرنا، فغنينا كُلُّنا.

---

(1) سلمان الفارسي: صحابي من مقدمي الإسلام، سمى نفسه سلمان الإسلام، أصله من مجوس أصبهان، عاش عمراً طويلاً، نشأ في قرية جيان، ورحل إلى الشام فالموصل فنصيبين فعمورية، قرأ كتب الفرس والروم واليهود، وقصد بلاد العرب، فلقيه ركب من بني كلب فاستخدموه ثم استعبدوه، وباعوه إلى رجل من قريظة فجاء به إلى المدينة، ولما علم بخبر الإسلام قصد الرسول وأسلم، علت مكانته في الإسلام واعتز به المهاجرون والأنصار، قال عنه النبي: سلمان منا أهل البيت، كان غزير العلم صالحاً جُعل أميراً على المدائن، كان زاهداً يتصدق بعطائه، ويأكل من كسب يده، كُتب عنه أكثرمن كتاب، توفي سنة 36 هـ. طبقات ابن سعد 4/ 53-67، الإصابة ت 3350، تهذيب ابن عساكر 6/ 188، حلية الأولياء 1/ 185، صفة الصفوة 1/ 210، المسعودي 1/ 320.

(2) ثابت بن قرة بن زهرون الحراني الصابيء: طبيب حاسب فيلسوف، نشأ في بحرّان بين دجلة والفرات، وحدثت له مع أهل مذهبه الصابئة أشياء أنكروها عليه في المذهب، فخرج من حران وقصد بغداد فاشتغل بالفلسفة والطب فبرع، واتصل بالمعتضد الخليفة العباسي فكانت له عنده منزلة رفيعة، صنف نحو 150 كتاباً في الطب والهندسة والفلك والموسيقى، ترجمت أكثر كتبه إلى العربية، توفي في بغداد سنة 288 هـ. طبقات الأطباء 1/ 215 - 220، حكماء الإسلام: 20، الفهرس التمهيدي: 477 - 478، 503، وفيات الأعيان 1/ 100، تاريخ البيهقي: 736.

(3) في الأصل كلمة صاحب مكررة مرتين.

محمود الوراق[3]: (الكامل)

إسْعَدْ بمالِكَ في الحياةِ فإنَّما ... يبقى خِلافَكَ مُصْلِحٌ أو مُفْسِدُ

فإذا جمعْتَ لمُفْسِدٍ لم يُبْقِهِ ... وأخوالصَّلاحِ قليلُهُ يتَزَيَّدُ[4]

وإنْ استطَعْتَ فكُنْ لنَفْسِكَ وارِثاً ... إنَّ المُوَرِّثَ نفسَهُ لَمُسَدَّدُ[5]

يقال: العجزُ عجزان؛ التقصيرُ في طلبِ الأمرِ إذا أمكنَ [28 أ] والحِرْصُ على طلبهِ وقد فاتَ.

قال عبد الله بن يحيى لأبي العيناء[6]: كيف الحالُ؟ فقال له: أنتَ الحالُ، إذا صَلحْتَ صَلَحْنا.

كانت أعرابيةٌ تسألُ بالبصرةِ وتقولُ: قَلّ مِنّا الشكرُ، فعَثَرَ بنا الدَّهْرُ، فرَحِمَ اللهُ امرأً فَهِمَ بعَقْلٍ، وأعطى من فضلٍ، وآثَرَ من كَفافٍ، وأعانَ على عفافٍ.

قيلَ لحكيمٍ: نراك تكثِرُ البشاشةَ للعامَّةِ، فقال: دَفْعُ ضغينةٍ بأيسَرِ مؤونةٍ، واكتسابُ [28 ب] حَمْدٍ بأيْسَرِ بَذْلٍ.

كان أعرابيٌّ يقول: اللهُمَّ إنْ كان رزقي نائياً فقَرِّبْهُ، وإنْ كان قريباً فيَسِّرْهُ، أو مُيَسَّراً فعَجِّلْهُ، أو قليلاً فكثِّرْهُ، أو كثيراً فثمِّرْهُ.

---

(1) منبج: مدينة في الشام قرب حلب، وهي بلدة البحتري وأبي فراس الحمداني وغيرهم. معجم البلدان: منبج.

(2) لم يتضح من هو الحكم، لعله الحكم بن أيوب بن الحكم الثقفي المتوفى سنة 97 هـ او الحكم بن أبي العاص الصحابي القرشي الأموي المتوفى سنة 32 هـ.

(3) ديوان محمود الوراق: 76.

(4) الديوان: فإذا تركت لمفسد لم يبقه.

(5) الديوان: فإذااستطعت فكن لنفسك وارثاً.

(6) سبقت ترجمته.

وكان المأمون يقول في دعائِه: اللهمَّ إني أحْمَدُكَ على النِّعَمِ التي لا يُحصيها غيرُكَ، وأسْتَغْفِرُكَ من النوبِ التي لا يُحيطُ بها إلا عَفْوُكَ.

وقع الفضلُ[1] في رقعة مُعتذرٍ: التوبةُ للمذنبِ كالدواءِ [29 أ] للمريض، فإنْ صَحَّتْ توبتُهُ كمَّلَ اللهُ شِفاءَهُ، وإنْ فسَدَتْ نيَّتُهُ أعادَ اللهُ داءَهُ.

جاء رجلٌ إلى مطيع بن إياس[2] وقال: قد جِئتُكَ خاطِباً، قال: لمَنْ؟ قال: لمودَّتِكَ، فقال: قد أنكَحْتُكَ إياها، وجعلتُ الصَّداقَ ألاَّ أقبلَ فيكَ مقالةَ لائمٍ.

سألَ رجلٌ عبد الله بن جعفر[3] حاجةً فقضاها له، فقال: لا ابتلاكَ اللهُ ببلاءٍ يعجَزُ عنه صبرُكَ، وأنعمَ [29 ب] عليكَ نعمةً يعجِزُ عنها شُكرُكَ.

شاعر: (الكامل)

ذهبَ الذين إذا عَرتْهمْ حاجةٌ ... فرِحوا بها وتلَذَّذوا بقضائها
وإذا أناخَ مُؤمِّلٌ بفِنائها أعطَوهُ ... عَفْواً والوجوهُ بمائها
وأتتْ صُروفُ زمانِنا بمعاشِرٍ ... يُنْسيْكَ ما أضمَرْتَ سُوْءَ لِقائها
إعدامُها كثَرائها ومديحُها ... كهِجائها وبقاؤها كفَنائها

كان ابن الجهم[4] في مجلس فيه قَيْنَةٌ، فعاتبها وجَمَّشها[1]، فباعَدَتْهُ عنها، وأعرَضَتْ عنهُ، فقال لها[2]: (الطويل) [30 أ]

---

(1) الفضل بن سهل السرخسي: وزير المأمون وصاحب تدبيره، كان مجوسياً واتصل به في صباه وأسلم على يده، وصحبه قبل أن يلي الخلافة، فلما وليها جعل له الوزارة وقيادة الجيش معاً، ولذلك لقب بذي الرياستين (السياسة والحرب)، كان حازماً عاقلاً فصيحاً، قتل في الحمام سنة202 هـ. وفيات الأعيان 1/ 413، الكامل لابن الأثير 6/ 85، 118، تاريخ بغداد 2/ 339، الوزراء والكتاب، ينظر فهرسته.

(2) مطيع بن إياس الكناني: شاعر من مخضرمي الدولتين الأموية والعباسية، كان ظريفاً مليح النادرة ماجناً، متهماً بالزندقة، مدح الوليد بن يزيد ونادمه في العصر الأموي، وانقطع إلى جعفر بن المنصور في الدولة العباسية، فكان معه إلى أن مات، وكان صديقاً لحماد عجرد، وحماد الراوية، أقام ببغداد زمناً، وولاه المهدي العباسي الصدقات بالبصرة، أخباره كثيرة، وكان يُغنَى ببعض شعره، توفي سنة 166 هـ. الأغاني 12/ 75-104، أمالي المرتضى 1/ 98، المرزباني: 480، تاريخ بغداد 13/ 225، الديارات: 159 - 166، رغبة الآمل 8/ 248.

(3) عبد الله بن جعفر بن أبي طالب، سبقت ترجمته.

(4) علي بن الجهم: تقدمت ترجمته.

خَفِـي اللـهَ فـيمَنْ قـد سـلبْتِ فـؤادَهُ وغادَرْتِـهِ نِضْـواً كـأنَّ بـهِ وَقـْرا[3]

دعـي البُخْـلَ لا أسـمَعْ بيومِـكِ إنَّمـا سـألتُكِ أمـراً لـيس يُعْـري لكـم ظَهْـرا[4]

فقالت له: صدقتَ يا أبا الحسن، هذا أمرٌ ليس يعري لنا ظهرا، ولكنه يملاءُ مِنَّا بَطْنا.

قال عبد اللـه بن المعتز: القلمُ مُجَهِّزٌ لجيوشِ الكلامِ، يخدمُ الإرادةَ، ولا يَمَلُّ الاستزادَةَ، ويسكتُ واقفاً، وينطق ُسائراً، على أرضٍ بياضُها مُظلمٌ، وسوادُها مُضيءٌ، فكأنَّهُ يُقَبِّلُ بِساطَ سُلطانٍ، أو يفتَحُ نَوْرَ بُستانٍ. [30 ب]

قال العَتَّابي[5]: ببكاء الأقلام تضحك الكتب.

ابن المعتز[6]: (الطويل)

عليمٌ بأعجازِ الأمورِ كأنَّـهُ بمُختَلساتِ الظَّنِّ يسمعُ أو يرى[7]

إذا أخذَ القِرطاسَ خِلْتَ يمينَهُ تُفَتِّحُ نَوْراً أو تُنَظِّمُ جَوْهَرا

يُقالُ: حُسْنُ الخَطِ أحدُ البلاغتينِ، ورداءَةُ الخَطِّ أحدُ الزَّمانتينِ[8].

دخل عبد الملك بن صالح[1] على الرشيد وقد وُلِدَ له ولدٌ ومات له آخر في تلك الليلة، ولم يعلمْ [31 أ] بالقضية، إلى أنْ مَثَلَ بين يديه، فعرَّفَهُ الحاجبُ ذلك،

---

(1) جمشها: غازلها بقرص أو ملاعبة.

(2) علي بن الجهم: 140.

(3) الديوان: وتيمته حتى كأن به سحرا.

(4) الديوان: دعي البخل لا أسمع به منك.

(5) العتّابي: كلثوم بن عمرو بن أيوب التغلبي، كاتب حسن الترسل، وشاعر مجيد، يتصل نسبه بعمرو بن كلثوم، وهو من أهل الشام، سكن بغداد ومدح هارون الرشيد وآخرين، ثم اختص بالبرامكة، وصحب طاهر بن الحسين، له كتب منها: فنون الحكم، والآداب، والخيل، والأجواد، والألفاظ، توفي سنة 220 هـ معجم الأدباء 6/ 212، فوات الوفيات 2/ 139، المرزباني: 351، تاريخ بغداد 12/ 488، الشعر والشعراء: 360، الموشح: 293 -295.

(6) ديوان ابن المعتز 1 / 482 - 483.

(7) الديوان: عليم بأعقاب الأمور كأنه.

(8) الزمانة: مرض يـدوم.

فقال: يا أميرَ المؤمنينَ، سَرَّكَ اللـهُ فيما ساءَكَ، ولا ساءَكَ فيما سَرَّكَ، وجعلَ هذهِ بهذِهِ ثواباً للصابرِ، وجزاءً للشاكرِ.

قال ابن المعتز: النُّصحُ بين الملأ تقريعٌ، وأنشد[2]: (الوافر)

تعَمَّدْني بنصحكَ في انفرادي وجَنِّبْني النصيحةَ في الجماعَهْ

فإنَّ النُّصْحَ بينَ الناسِ ضَرْبٌ من التَّقريعِ لا أهوى سَماعَهْ

فإنْ خالفْتَني طلباً لنَقْصي فلا تغضَبْ إذا لم أُعْطِ طاعَهْ [31 ب]

قال بعضُ السَّلَف: مكتوبٌ في الصُّحُفِ الأولى: إذا أغنَيتُ عبدي عن طبيبٍ يسْتَشْفيهِ، وعمّا في يَدَيْ أخيهِ، وعن باب سُلطانٍ يستعْديْهِ، وعن جارٍ يؤْذيْهِ، فقد أنعَمْتُ عليهِ.

وقَّعَ الفضلُ[3] في رقعة مُعْتَذرٍ: التوبةُ للمذنِبِ كالدواءِ للمريض، فإنْ صَحَّتْ توبَتُهُ كمَّلَ اللـهُ شِفاءَهُ، وإنْ فسَدَتْ نِيَّتُه أعادَ اللـهُ داءَهُ.

قال بزرجُمِهر: إخدِمْ الملوكَ بحَسَبِ [32 أ] أخلاقِهِم تَحْظَ عندَهم، ولا تخدُمْهُمْ بحَسَبِ أخلاقِكَ، فتَسْقُطَ من أعيُنِهم.

---

(1) في الأصل صالح بن عبد الملك، والصواب: عبد الملك بن صالح بن علي بن عبد اللـه بن عباس، أمير من بني العباس، ولاه الهادي إمرة الموصل، وعزله الرشيد، ثم ولاه المدينة والصوائف، وولاه دمشق، وبلغه أنه يطلب الخلافة، فحبسه ببغداد، ولما مات الرشيد أطلقه الأمين وولاه الشام والجزيرة، فأقام بالرقة إلى أن توفي، كان فصيحاً خطيباً له مهابة، توفي سنة 196هـ. النجوم الزاهرة 90/2، فوات الوفيات 12/2، ابن الأثير 6 /85، رغبة الآمل 85/6.

(2) ليس الشعر لابن المعتز ولم يرد في ديوانه.

(3) هناك أكثر من فضل، الفضل بن سهل، والفضل بن الربيع، وقد سبقت ترجمة ابن سهل، وهذه ترجمة ابن الربيع: وهو وزير أديب حازم، كان أبوه وزيراً للمنصور، واستحجب الفضل لما ولي أبوه الوزارة، فلما جاء الرشيد واستوزر البرامكة، كان الفضل أشد خصومهم، فلما نكب الرشيد البرامة آلت الوزارة إلى الفضل فعمل على استئصال البرامكة، وبقي وزيراً حتى وفاة الرشيد، ولما حكم الأمين أقره على الوزارة، فلما حكم المأمون استتر منه، ثم عفا عنه واستبعده، توفي الفضل بن الربيع سنة 208 هـ. وفيات الأعيان 1/ 412، البداية والنهاية 10/ 263، تاريخ بغداد 12/ 343، المرزباني: 312.

يُقال: مَنْ طابَ رِيحُهُ زادَ عقلُهُ، ومَنْ نَظُفَ ثوبُـهُ قـلَّ هَمُّهُ.

قال بعضُ العقلاء لابنه: يا بُنَيَّ، لا يغلِبَنَّ عليكَ سُوْءُ الظَّنِ، فإنـَّهُ لا يتركُ بينَكَ وبينَ حبيبٍ صُلْحاً.

قال أكثم بن صَيفي[1]: مَنْ سَرَّهُ بَنـُوهُ، ساءَتـْهُ نَفْسُهُ. [32 ب]

قال إسحاقُ المَـوْصِلِّيُّ[2]: سمعتُ العباس بن الحسن[3] يقولُ لرجلٍ: لو أرادَ الخيرُ أنْ يلتبِسَ بلـَبوسٍ، ما تلـَبَّسَ بأحسنَ منكَ.

قال الأصمعي: دخل عِقالُ بنُ شُبَّةَ على المنصور فسلَّمَ، ثم قال: إنَّ اللـهَ سُبحانَهُ وتعالى لم يجعلْ أحَـداً من خَلْقِهِ فوقَكَ، فلا ينبغي أنْ يكونَ عبدٌ من عبادِهِ أشْكَرَ لهُ منكَ.

قال العَتـَّابي[4]: المُـداراةُ سياسةٌ رَفيْقَـةٌ [33 أ] تجلبُ المنـْفعةَ، وتدفعُ المَضَرَّةَ، لا يستغني عنهـا ملِكٌ ولا سُوقَـةٌ، ولم يَدَعْ أحَـدٌ حظَّـهُ منها إلا غَمَرَتـْهُ ضُروبُ المكارِهِ.

قال عليٌّ رضي اللـه عنه : قـُرِنـَتْ الهَيـْبَـةُ بالخَـيْبَةِ، والحياءُ بالحِرْمانِ.

قال المأمون: اشربْ النبيذَ ما استـَبْشَعْتَهُ، فإذا سَهُل عليك فدَعْـهُ.

قال محمد بن حَرْب[5]: أحقُّ الناسِ بالهَـوانِ [33 ب] المُحَـدِّثُ الذي لا يستمِعُ حديثَـهُ، والـداخلُ في سِرِّ اثنينِ فلم يُدْخِلاهُ فيهِ، والآتي دَعْـوَةً لم يُـدْعَ

---

(1) سبقت ترجمته.

(2) إسحاق بن إبراهيم بن ميمون التميمي الموصلي ابن النديم: من أشهر ندماء الخلفاء، تفرد بصناعة الغناء، وكان عالماً بالموسيقى واللغة والتاريخ وعلوم الدين، راوياً للشعر حافظاً للأخبار شاعراً، نادم الرشيد والمأمون والواثق العباسيين، ألف كتباً كثيرة، وعمي قبل وفاته بسنتين، توفي سنة 235 هـ. وفيات الأعيان 1/ 65، سمط اللآلىء: 137،209، 509، الفهرست 1/ 140، الأغاني 5/ 268-435، تاريخ بغداد 6/ 338 نزهة الألبا: 227.

(3) العباس بن الحسن بن أيوب الجرجرائي، من وزراء الدولة العباسية، توفي سنة 296 هـ.

(4) مضت ترجمة العتابي.

(5) محمد بن حرب الخولاني الحمصي: من حفاظ الحديث الثقات، كان كاتب محمد بن الوليد الزبيدي، وولي قضاء دمشق، حديثه في الكتب الستة، توفي سنة 194هـ. تذكرة الحفاظ 1/ 285، تهذيب التهذيب 9/ 109.

إليها، وملتَمِسُ الخيرِ من أعدائـهِ، وطالبُ الفَـضْلِ من اللّـئام، والمُتَحَمِّـقُ بالدالّـةِ على السُّـلطانِ.

قيل: أُتِيَ الحجَّاجُ بدَوابِّ ابن الأشْعَثِ[1]: فوجد سِمَتها: "عُـدَّةً"، فأمرَ أن يُكتَبَ تحتَها: "للفرَّارِ".

قال سَهْلُ بن هارون[2]: في مفاوضةِ الصديقِ راحةٌ، وإنْ لم تُدْرِكْ بها البُغْيَة.

[34 أ]

ويقال: أشرفُ شَرَفٍ يكونُ عِرْضٌ مصونٌ.

قال بزرجمهر: مَنْ عَدِمَ الغِنَى وافتَقَرَ من الأدَبِ، كانَ مِمَّنْ جَـرَتْ عليه الشِدَّةُ بالشِّقْـوةِ.

قيل لأعرابي: ألا تزوَّجْتَ؟ فقال: مُكابَدَةُ العِفَّةِ أيسَرُ من الاحتيالِ لمصلحَةِ العِيالِ.

---

(1) ابن الأشعث: عبد الرحمن بن محمد بن الأشعث بن قيس الكندي، أمير من القادة الشجعان الدهاة، وهو صاحب الوقائع مع الحجاج الثقفي، أرسله الحجاج بجيش لغزو بلاد رتبيل ملك الترك فيما وراء سجستان، فغزا بعض أطرافها وأخذ منها حصوناً وغنائم، وكتب إلى الحجاج يخبره بترك التوغل في بلاد الترك، فاتهمه الحجاج بالضعف والعجز، واستشار ابن الأشعث أصحابه فرأوا عدم طاعة الحجاج، ورأوا خلعه وخلع عبد الملك بن مروان، وزحف ابن الأشعث عائداً إلى العراق لقتال جيش الحجاج، فاستولى على سجستان وكرمان والبصرة، وحدثت بينه وبين الحجاج معارك في موقعة دير الجماجم التي دامت مدة طويلة انتهت بمقتل ابن الأشعث سنة 85 هـ. تاريخ الطبري 8/ 39، ابن الأثير 4/ 192، الأخبار الطوال: 306.

(2) سهل بن هارون بن راهبون الدستميساني: كاتب بليغ حكيم من واضعي القصص، يلقب" بزرجمهر الإسلام "فارسي الأصل اشتهر في البصرة واتصل بخدمة هارون الرشيد وارتفعت مكانته عنده، ثم خدم المأمون ففوضه رياسة "خزانة الحكمة" ببغداد، له مجموعة كتب في السياسة والأدب، توفي سنة 215هـ البيان والتبيين 1/ 30، 50، فوات الوفيات 1/ 181، معجم الأدباء 258/4، العقد الفريد 200/6، أمراء البيان 1/ 159 - 190.

قيل لمالك بن دينار[1] رحمة اللـه عليه: هلاَّ تزوجْتَ؟ فقال: لو استَطَعْتُ لطَلَّقْتُ نفسي.

مدح رجلٌ هِشامَ بن عبد الملك في وجههِ، فقال [34 ب] هشام: إنَّا لا نُحِبُّ أنْ نُمْدَحَ في وجوهِنا، فقال الرجلُ: لستُ أمدَحُكَ، ولكنْ أحمَدُ اللـهَ فيكَ.

دخل المأمونُ على أم الفضلِ بن سهل فعَزَّاها بابنِها، فجعلتْ تبكي، فقال المأمونُ: ما هذا البُكاءُ، أما ترْضَينَ أنْ أكونَ ابنَكِ بعْدَهُ؟ قالتْ: أفلا أبكي على ابنٍ أكسَبَني ابناً مثلَكَ.

قال هِشامُ بن عبد الملكِ لخالد بن صفوان[2]: عِظْني وأوجِزْ، فقال: يا أميرَ المؤمنين، ما رأيتُ [35 أ] وجْهاً أحسنَ من وَجْهِكَ، فإنْ استَطَعتَ ألاَّ يكونَ حَطَباً للنَّارِ فافْعَلْ.

قيلَ لخالد بن صفوان: أيُّ إخوانِكَ أحَبُّ إليكَ؟ فقال: الذي يسُدُّ خَلَلي، ويَغْفِرُ زَلَلي، ويقْبَلُ عِلَلي.

وأنشد[3]: (الرمل)

وإذا صاحَبْتَ فاصحَبْ ماجِداً ذا حياءٍ ووفاءٍ وكَرَمْ[4]

قولُهُ للشيءِ لا إنْ قلتَ لا وإذا قلتَ نعم قالَ نعمْ

كان يحيى البرمكي[1] يقول لأولاده: إنه لا بُدَّ لكم من [35 ب] كُتَّابٍ وعُمَّالٍ وأعوانٍ، فاستعينوا بالأشرافِ، وإيَّاكم وسَفِلَةَ الناسِ، فإنَّ النِّعْمَةَ على الأشرافِ أبقى، وهي بهم أحسنُ، والمعروفُ عندَهم أثْمَرُ، والشكرُ منهم أكثرُ.

---

(1) مالك بن دينار البصري: من رواة الأحاديث، كان ورعاً، يأكل من كسبه، ويكتب المصاحف بالأجرة، توفي بالبصرة سنة 131 هـ. وفيات الأعيان 1/ 440، حلية الأولياء 2/ 357، تهذيب التهذيب 10/ 14 - 15.

(2) تقدمت ترجمته.

(3) البيتان في الدر الفريد 5/ 214، قال: أنشد ابن الأعرابي، وقال: وكان عبد اللـه بن المبارك رحمه اللـه ينشدهما كثيراً.

(4) في الدر الفريد: ذا عفاف وحياء وكرم.

قال المأمون: وَدِدْتُ أنَّ أهلَ الجرائمِ عرفوا رأيي في العَفوِ، فسَلِمَتْ لي قلوبُهم.

دخل بعضُ الخوارجِ على المأمونِ، فقال له المأمون: ما حمَلكَ على الخِلافِ؟ قال: كتابُ اللـه [36 أ] إذْ يقول: ﴿ إِنَّا أَنزَلْنَا التَّوْرَاةَ فِيهَا هُدًى وَنُورٌ يَحْكُمُ بِهَا النَّبِيُّونَ الَّذِينَ أَسْلَمُوا لِلَّذِينَ هَادُوا وَالرَّبَّانِيُّونَ وَالْأَحْبَارُ بِمَا اسْتُحْفِظُوا مِن كِتَابِ اللَّهِ وَكَانُوا عَلَيْهِ شُهَدَاءَ فَلَا تَخْشَوُا النَّاسَ وَاخْشَوْنِ وَلَا تَشْتَرُوا بِآيَاتِي ثَمَنًا قَلِيلًا وَمَن لَّمْ يَحْكُم بِمَا أَنزَلَ اللَّهُ فَأُولَٰئِكَ هُمُ الْكَافِرُونَ ﴾المائدة: ٤٤[2]، قال: وما دليلُكَ انها مُنزلةٌ؟ قال: الإجماعُ، قال: فكما رضيتَ بالإجماع في التنزيل، فارْضَ به في التَّأويلِ، فقال: السلامُ عليكَ يا أميرَ المؤمنينَ.

دخل المأمونُ الديوانَ يوماً، فرأى الحسَنَ بنَ رجاءٍ واقفاً على أُذُنِهِ قلمٌ، فقال له: مَنْ أنتَ يا غُلام؟ قال: الناشىءُ في دولتِكَ، المُتَقَلِّبُ في نعمَتِكَ، المؤَمِّلُ لخِدْمَتِكَ [36 ب] الحسنُ بن رجاء خادِمُكَ، فقال المأمونُ: أحسَنْتَ يا غلام، وبالإحسانِ في البديهَةِ تفاضَلتِ العقولُ.

التقى أخوان، فقال أحدُهُما لصاحِبِهِ: ما بلغَ موقعي من قلبكَ؟ قال: وُدُّكَ مُتوشِّحٌ بفؤادي، وذِكرُكَ سميرُ سُهادي، فقال الآخرُ: أمَّا أنا فأوْجِزُ لكَ في وصْفي، ما أُحِبُّ أنْ يقعَ على سِواكَ طَرْفي.

---

(1) يحيى بن خالد بن برمك: وزير سري جواد سيد بني برمك وأفضلهم، وهو مؤدب هارون الرشيد ومعلمه ومربيه، وأمره المهدي أن يلازم الرشيد ويكون كاتباً له، ولما ولي الرشيد أعطى خاتمه إلى يحيى وقلده أمره، اشتهر يحيى بجوده وحسن سياسته، ولما نكب الرشيد البرامكة سجنه في الرقة إلى أن مات، وحين مات قال الرشيد: مات أعقل الناس وأكملهم، كانت وفاته سنة 190 هـ. معجم الأدباء 7/ 272، وفيات الأعيان 2/ 243، الأغاني في مواضع كثيرة، البداية والنهاية 1/ 204، تاريخ بغداد 14/ 128.

(2) سورة المائدة 44.

كانت الحكماءُ تقولُ: قراءةُ الكتبِ اقتضاضُها[1]، واقتناؤها الإبتناءُ بها، وتَحَفُّظُ ما فيها [37 أ] استِنْتاجُها. كان يُقال: الكتابُ الحَسَنُ يُحَدِّثُ قاريهِ، ويُنَشِّطُ النَّاظِرَ فيهِ، لتحَفُّظِ ما فيهِ، ولا تَمَلَّ كثرةُ تَوَاليهِ، ويكادُ لا يَعْزُبُ[2] شيءٌ من معانيهِ.

قال: سُئلَ عبد الله بن عمر[3]: ما جَهْدُ البلاءِ؟ قال: كَثْرَةُ العِيالِ، وقِلَّةُ المالِ.

شاعر: (المتقارب)

ولا ترْكَبَنَّ الصَّنيعَ الذي تلومُ أخاكَ على مثلِهِ

ولا يُعْجِبَنَّكَ قولُ امرىءٍ يُخالِفُ ما قالَ في فِعْلِهِ [37 ب]

رُويَ عن النبيِّ صلى الله عليه وسلم ، قال: (السلطانُ يُفْسِدُ قليلاً، وما يُصْلِحُ أكثرُ، فإذا عَمِلوا فيكم بالعَدْلِ فلهمُ الأجرُ، وعليكمُ الشكرُ، فإذا عَمِلوا فيكم بالجَوْرِ، فعليهمُ الوِزْرُ، وعليكمُ الصَّبْرُ)[4].

قال بعض الحكماء: العافيةُ عشرةُ أجزاء، تسعةٌ منها في الصَّمْتِ، وواحدٌ في الهَرَبِ من الناسِ.

قال الحسن البصري رحمةُ الله عليه[1]: يومُكَ ضيفُكَ مُرْتَحِلٌ بحمدكَ أو بذمِّك.

[38 أ]

---

(1) اقتضاضها: أي الإتيان عليها بالقراءة جميعها، ومنه قولهم: بقضها وقضيضها أي بها أجمع، والقض: التراب والحصى. المعجم الوسيط: قضض.

(2) لا يعزب: لا يبعد ولا يخفى.

(3) عبد الله بن عمر بن الخطاب العدوي: صحابي من أعز بيوتات قريش في الجاهلية كان جريئاً جهيراً، نشأ في الإسلام وهاجر إلى المدينة مع أبيه وشهد فتح مكة أفتى الناس في لإسلام ستين سنة، ولما قتل عثمان عرضوا عليه الخلافة فأبى، كف بصره في آخر حياته، له في كتب الحديث 2630 حديثاً، توفي سنة 73 هـ الإصابة ت 4825، تهذيب الأسماء 1/ 278، معالم الإيمان 1/ 70، وفيات الأعيان 1/ 246، طبقات ابن سعد 4/ 105-138، صفة الصفوة 1/ 228، نكت الهميان: 183.

(4) لم أجد الحديث بهذا اللفظ.

شاعر: (الرجز)

أحسَنُ من كلٍّ حَسَنْ في كلٍّ وقْتٍ وزَمَنْ

صَنيعَةٌ مشكورَةٌ خاليَةٌ من المِنَنْ

(1) الحسن بن يسار البصري: أبو سعيد، تابعي كان إمام أهل البصرة، وحبر الأمة في زمنه، وهو أحد العلماء الفقهاء الفصحاء الشجعان النساك، ولد بالمدينة وشب في كنف علي بن أبي طالب، وعظمت هيبته في القلوب، فكان يدخل على الولاة فيأمرهم وينهاهم، لا يخاف في الحق لومة لائم، وله مع الحجاج مواقف، وقد سلم من أذاه، له كلمات سائرة وأخباره كثيرة، وله كتاب في "فضائل مكة"، توفي سنة 110 هـ. تهذيب التهذيب وفيات الأعيان: في مواضع كثيرة، ميزان الاعتدال 1/ 254، حلية الأولياء 2/ 131، ذيل المذيل: 93، أمالي المرتضى 1/ 106، ولإحسان عباس كتاب: الحسن البصري.

تمَّ المجموع بحمد اللـه تعالى وحسنِ توفيقـهِ
كتبهُ وجمعه ياقوت المستعصمي في شهر رَجَبٍ من سنة
أربعٍ وتسعين وستمائةٍ، حامداً للهِ تعالى على نعمه،
ومصلياً على نبيه محمد وآله الطاهرين ومسلمـاً

النسخة الثانية لياقوت وبخطه

نسخة مكتبة ليدن وتختلف مادتها عن نسخة المتحف البريطاني

وكلا المخطوطتين بعنوان واحد مع خلاف يسير

بسم اللـه الرحمن الرحيم

[2 أ]

قال رسولُ اللـه صلى اللـه عليه وسلم : (ما اكتسَبَ أحدٌ أفضلَ من عقلٍ يهديهِ إلى هُدىً، ويـرُدُّهُ عن رَدَى)[1].

قيل لبهلول[2]: أتعِدُّ المجانين؟ قال: هذا يطولُ، ولكني أعُدُّ العُقلاءَ.

قال ابن زرارة: جالسْ العقلاءَ، أعداءً كانوا أم أصدقاءَ، فالعقل يقعُ على العقلِ.

قيـلَ لحكـيمٍ: مَـنْ أنعَـمُ النـاسِ عَيْشـاً؟ قـال: مَـنْ كُفِـيَ أمـرَ دُنيـاهُ، ولم يهْتَـمَّ لآخرتـهِ.

[2 ب]

قال رسولُ اللـه صلى اللـه عليه وسلم : (الطِّيَرَةُ في الدارِ والمرأةِ والفَرَسِ)[3].

قيل: إن كسرى أراد كاتباً لأمرٍ أعجَلَهُ، فلم يوجد غير غلامٍ صغير يصحَبُ الكُتّـابَ، فـدعاهُ وقـال: مـا اسمك؟ فقال: مِهْرَماه، فقال: اكتبْ ما أملِ عليك، فكتب قائماً أحسَنَ من غـيرِهِ جالسـاً، ثـم قـال: اكتـبْ في نحوِ هذا الكتابِ من تلقاءِ نفسِكَ، ففعلَ، وضَمَّ إلى الكتابِ رُقعَةً فيها: إنَّ الحُرمةَ التي وصلتني بسيدي لـو وُكِّـلْـتُ فيها إلى نفسي لعَجَزْتُ أنْ أبلُغَ لها، فإنْ رأى سيدي أنْ لا يَحُطَّني إلى ما هو دونها فعـلَ، فقـال كسرى: لقد أحَبَّ مِهْرِماه أنْ لا يدَعَ في نفسهِ لهْفَـةً يتلَهَّفُ عليها بعدَ إمكانِ الفـرُصةِ، قـد [3 أ] أمرنـا لـه بما سألَ.

---

(1) الحديث مع خلاف في اللفظ في: تنزيه الشريعة 220/1، إتحاف السادة المتقين 1/ 456، المطالب العالية: 2765، المغني عن حمل الأسفار 1/ 83، المعجم الصغير للطبراني 1/ 241، مجمع الزوائد 1/ 121، الترغيب والترهيب 1/ 97.

(2) بهلول المجنون: بهلول بن عمرو الصيرفي، من عقلاء المجانين، له أخبار ونوادر وشعر، ولد ونشأ في الكوفة، واستقدمه الرشيد وغيره من الخلفاء لسماع كلامه، كان في منشئه من المتأدبين ثم وسوس فعرف بالمجنون، توفي سنة 190 هـ البيان والتبيين 2/ 230، فوات الوفيات 1/ 82، نزهة الجليس 1/ 380.

(3) مسند أحمد بن حنبل 6/ 240، التاريخ الكبيرللبخاري 7/ 174، مجمع الزوائد 5/ 104، كنز العمال: 28559، السلسلة الصحيحه: 993، المعجم الكبير 12/ 325.

سأل المأمون الحسن بن سهل[1] عن البلاغة، فقال: ما فهِمَهُ العامةُ ورَضِيَهُ الخاصَّةُ. سُئل جعفر بن يحيى[2] عن أوجز كلامٍ، فقال: قول سليمان عليه السلام في كتابه إلى سبأ: (إِنَّهُ مِنْ سُلَيْمَانَ وَإِنَّهُ بِسْمِ اللَّهِ الرَّحْمَنِ الرَّحِيمِ)[3] فجمع في ثلاثة أحرف العنوانَ والكتابَ والحاجةَ.

أمرالمأمون عمرو بن مسعدة[4] أنْ يكتب كتاباً موجَزاً في معْنِيٍّ به، فكتب: كتابي كتابُ واثقٍ بمن كتبتُ إليه، معنِيٍّ بمن كتبتُ له، ولن يضيعَ بين الثِّقة والعناية موصِلُهُ. [3 ب]

قال النبيُّ صلى الله عليه وسلم لحسان: "ما بقي من لسانك؟" فضرب به أرنبتَهُ وقال: و الله لو وضَعْتَهُ على شَعرٍ لحلقَهُ، أو على صخرٍ لفَلَقَهُ.

قال الحسن: لسان العاقل وراءَ قلبه، فإذا أراد الكلامَ رجع إليه، فإنْ كان تكلَّمَ به وإلا تَرَكَهُ، ولسانُ الجاهلِ أمامَ قلبه يتَكَلَّمُ بما عرَضَ لهُ.

قال المأمون لهاشميٍّ كان يناظرُ في مجلسه ويَشْغَبُ: (الرجز)

---

(1) الحسن بن سهل بن عبد الله السرخسي: وزير المأمون، وأحد كبار القادة والولاة في عصره، عرف بالذكاء والأدب والفصاحة والكرم وحسن التوقيعات، وهو والد بوران زوجة المأمون، توفي سنة 236 هـ وفيات الأعيان 141/1، تاريخ بغداد 7/ 319، ابن الوردي 1/ 217.

(2) جعفر بن يحيى بن خالد البرمكي، أبو الفضل، وزير هارون الرشيد، استوزره الرشيد وألقى إليه أزمة الملك، فانقادت له الدولة فكان يحكم بما يشاء، فلما نقم الرشيد على البرامكة، قتله وأحرق جثته، عُرف جعفر بالفصاحة والكرم وله توقيعات مشهورة، قتل ستة 187 هـ الطبري حوادث سنة 187 هـ البيان والتبيين 58/1، البداية والنهاية 1/ 189، 194، وفيات الأعيان 1/ 105، تاريخ بغداد 7/ 152، النجوم الزاهرة 2/ 132.

(3) سورة النمل 30.

(4) عمرو بن مسعدة بن سعد بن صول الصولي: وزير المأمون، وأحد الكتاب البلغاء، اتصل بالمأمون فرفع مكانته وأغناه، كان مذهبه في الإنشاء الإيجاز واختيار الجزل من الألفاظ، كان جواداً مُمدَّحاً نبيلاً، وفي كتب الأدب كثير من رسائله وتوقيعاته، توفي سنة 217 هـ تاريخ بغداد 12/ 203، معجم الأدباء 88/6-91، وفيات الأعيان 390/1 أمراء البيان: 191-217.

لا ترفَعَنْ صوتَك يا عبدَ الصَّمدْ　　إنَّ الصوابَ في الأسَدِّ لا الأشَدْ

كان يعقوب الخَطَّابي إذا جلس إليه أصحابُه يقول: اعفونا من ثلاثٍ، وخُوضُوا بعدُ فيمَ شِئتم: ذِكْرُ السَّلفِ، وأنْ تقولوا: فلانٌ خيرٌ من فلان، ومن ذكر القَدَرِ.

[4 أ]

حدَّثَ أبو الغِطْريف الأسدي عن جَدِّهِ قال: عُدْنا رسولَ الله صلى الله عليه وسلم في مرضِهِ الذي مات فيه، فسَمِعتُه يقول: (لا بأسَ بالشِّعرِ لمَنْ أراد انتصافاً من ظُلمٍ، واستغناءً من فَقْرٍ، وشُكراً على إحسان) [1].

قيلَ لنُصَيبٍ[2]: إنَّك لا تُحسنُ الهجاءَ، فقال: مَنْ لا يُحسنُ أن يقولَ مكان عافاه الله، أخزاه الله، ولكني رأيتُ الرجال ثلاثةً، رجلاً لم أسألْهُ، فلا ينبغي أنْ أهجوه، ورجلاً سألتُه فمنَحَني وهو الممدوحُ، ورجلاً سألتُهُ فحَرَمني، فنفسي أحَقُّ بالهِجاءِ، إذْ سَوَّلتْ لي سؤالَهُ.

حبيب بن أوس الطائي[3]:　　(الطويل)

ولولا خِلالُ سَنَّها الشِّعرُ ما درَتْ　　بُغاةُ النَّدى من أينَ تؤتى المكارمُ

[4 ب]

قال معنُ بن زائدة[1]: طلبني المنصور فهرَبْتُ مُتَنَكِّراً، فلقيني أسْوَدُ فتعَلَّقَ بي، وقال: أنتَ طَلِبَةُ أميرِ المؤمنينَ، فقلتُ: اتَّقِ اللهَ، فأنا غريبٌ، فقال:

---

(1) لم أجده في الأحاديث النبوية.

(2) نصيب: نصيب الأكبر، نصيب بن أبي رباح، مولي عبد العزيز بن مروان، شاعر فحل مقدم في التسيب والمدائح، كان عبداً أسود لراشد بن عبد العزى، اشتراه عبد العزيز بن مروان وأعتقه، له أخبار مع عبد العزيز بن مروان، وسليمان بن عبد الملك، والفرزدق وغيرهم، توفي سنة 108هـ. ونصيب الأصغر مولى المهدي العباسي، شاعر مجيد من الموالي السود، اشتراه المهدي العباسي وأعتقه، له أشعار وأخبار في المهدي والهادي العباسيين وغيرهما، توفي سنة 175 هـ معجم الأدباء 7/ 212، 216، سمط اللآلىء: 291، 825، الشعر والشعراء: 153، أمالي المرتضى 438/1، الأغاني 324/1.

(3) ديوان أبي تمام 89/2.

دَعْني من هذا، فقلتُ: إِنَّكَ إِنْ أَتَيتَهُ بي لم تَنْتَفِعْ منهُ بطائلٍ، فدونَكَ هـذهِ الجـواهِرَ فقيمَتُها ألـوفُ دنانير، فقال: دَعْني من هذا، أنتَ موصوفٌ بالجُودِ، هل أعطيتَ مالَكَ كُلَّهُ قطَّ، أو نِصْفَهُ، أو ثُلُثَهُ؟ فقلتُ: لا، فقال: أنا مُشاهَرَتي كُلَّ شَهرٍ عشرونَ دِرْهَماً، وما لي على وجهِ الأرضِ ما قيمَتُهُ مائةُ درهمٍ، هـا أنا قـد وهبْتُ لك هذا الجوهرَ، ووهَبْتُكَ نفسَكَ، لِتَعلمَ أَنَّ للهِ عباداً أسخى منكَ، ففارقْتُهُ، وأنا بعدُ أَطلُبُهُ.

قيلَ للمنصورِ: إِنَّكَ لَبخيلٌ، فقال: ما أَجْمِدُ في حَقٍّ، ولا أَذوبُ في باطلٍ.

[5 أ]

سألَ رجلٌ آخرَ شيئاً، فاعتذَرَ إِليهِ، فقال السائلُ: العُذْرُ الصَّدِقُ مـع النِّيَّـةِ الصَّـالحةِ يقومـانِ مقـامَ النُّجْحِ.

قيلَ لأبي العيناءِ[2]: كيف وجدتَ فلاناً لمَّا قَصَدْتَهُ؟ فقال: وجَدْتُهُ لا يعودُ إِليه جُنٌّ.

---

(1) معن بن زائدة بن عبد الله الشيباني: من أشهر أجواد العرب الشجعان الفصحاء، أدرك العصرين الأموي والعباسي، كان في الأول مكرماً يتنقل في الولايات، فلما صار الأمر إلى بني العباس طلبه المنصور فاستتر وتغلغل في البادية، حتى كان يوم الهاشمية وثار جماعة من أهل خراسان على المنصور وقاتلوه، تقدم معن وقاتل بين يديه حتى أفرج الناس عنه، فحفظها له المنصور، وأكرمه وجعله في خواصه، وولاه اليمن، ثم سجستان، فأقام فيها مدة وابتنى داراً، فدخل عليه أناس في زي الفَعَلة (العمال) فقتلوه غيلة، أخباره كثيرة وللشعراء فيه أماديح ومراث، كان مقتله سنة 151 هـ. وفيات الأعيان 2/ 108، تاريخ بغداد 13/ 235، ابن الأثير 5/ 224، أمالي المرتضى 1/ 161، خزانة الأدب 1/ 182، رغبة الآمل 8/ 168.

(2) تقدمت ترجمته.

الحَكَم بن عَبْدَل[1]: (المنسرح)

العبدُ لا يطلبُ العَلاءَ ولا يُعطيكَ شيئاً إلا إذا رَهِـبا

مثَلَ الحمارِ المُوَقَّعِ السوءِ لا يُحْسِنُ مَشْياً إلا إذا ضُـرِبا

شاعر[2]: (البسيط)

لا تمـدَحَنْ حسـناً في المجـدِ إنْ مطـرَتْ كـفَّاهُ يومـاً ولاتذمُمْـهُ إنْ رزمـا[3]

فلـيس يـبخلُ إبْـقاءً عـلى نشـبٍ ولا يجـودُ بفضـلِ المـالِ مُعْتـزِما[4]

لكنَّهـا خطَـراتٌ مـن وسـاوِسِهِ يُعْطـي ويمنَـعُ لا لؤْمـاً ولا كـرما[5]

[5 ب]

(1) الحكم بن عبدل الأسدي: من أهل الكوفة، ومن شعراء الدولة الأموية، اشتهر بالهجاء، وكان أعرج لا تفارقه العصا، وكان يكتب عليها حاجته ويبعث بها مع رسله إلى الملوك والأمراء، فلا تحبس عنه حاجة، نفاه ابن الزبير مع من نفى من عمال بني أمية، اتصل بعبد الملك بن مروان، توفي سنة 100 هـ الأغاني 2/ 359، المؤتلف والمختلف: 161، فوات الوفيات 1/ 145، أمالي القالي 2/ 260، تهذيب ابن عساكر 4/ 396.

والبيتان من قطعة في حماسة المرزوقي 3/ 1204، حماسة التبريزي 3/ 110.

(2) الأبيات لأبي القاسم الأعمى، معاوية بن سفيان في معجم الشعراء: 316، وفي وفيات الأعيان نقلاً عن معجم الشعراء، والبيت الثالث مع آخر لأبي بكر الخوارزمي في مدح ابن عباد في معجم الأدباء 2/ 696.

(3) في معجم الشعراء:

لا تحمدن حسناً في الجود إن مطرت كفاه غزراً ولا تذممه إن زَرِما

(5) في معجم الشعراء:

فليس يمنع إبقـاء على نشب ولا يجود بفضل الحمد مغتنما

(5) في معجم الشعراء: يعطي ويمنع لا بخلاً ولا كرما.

شاعر في المعنى[1]: (مجزوء الرمل)

لا يَغرُنَّكَ في مجلسهِ طولُ سكوتِ
ومسابيحُ أُديرَتْ في يديهِ بخفوتِ
لو يشا زَوَّجَ ضَبّاً حُسْنَ تأليفٍ بِحوتِ[2]
إنَّهُ طَبٌّ بإخراجِ قعيداتِ البيوتِ
ويقودُ الجَمَلَ الصَّعْبَ بنَسْجِ العنكبوتِ[3]

قال سهل بن هارون[4]: ثلاثةٌ يعودون إلى حالِ المجانين؛ السكران والغيرانُ والغضبانُ، فقال بعضُ أصحابه: فما تقولُ في المُنْعِظِ؟ فقال[5]:

(الوافر)

وما شرُّ الثلاثة أمَّ عَمرٍ بصاحبِكِ الذي لا تُصْبِحينا [6 أ]

ابن الرومي[6]: (البسيط)

لها حِرٌ تستعيرُ وَقْدَتَهُ من قلبِ صَبٍّ وصدْرِ ذي حَنَقِ[7]
يزدادُ ضَيْقاً على المِراسِ كما تزدادُ ضَيْقاً أنشوطَةُ الوَهَقِ

خرج عمر بن الخطاب رضي الله عنه يطوف بالمدينةِ ليلاً، فمرَّ بامرأةٍ من نساءِ جُنْدِهِ

---

(1) في البيتان الثالث والخامس لابن الرومي في التذكرة الحمد ونية 4/ 82، وليست في ديوان ابن الرومي..
(2) في الحمدونية: لو يشا أَلَّف ضبّاً.
(3) في الحمدونية: بخيط العنكبوتِ.
(4) تقدمت ترجمته
(5) البيت لعمرو بن كلثوم في معلقته، شرح المعلقات العشر: 88، شرح أحمد الشنقيطي.
(6) البيتان لابن الرومي من قصيدة في ديوانه 2/ 468.
(7) في الديوان: لها هَنٌ تستعير وقدته.

وهي تقول[1]: (الطويل)

تطاولَ هذا الليلُ وازوَرَّ جانِبُهْ وأرَّقَني ألاَّ ضـجيعٌ ألاعِـبُهْ[2]

فـوالله لولا الـلـهُ والـنارُ بعدَهُ لَحُرِّكَ من هذا السريرِ جـوانِبُهْ[3]

ثم تنفست وقالت: هان على ابن الخطاب وَحْشتي في بيتي، وغيبةُ زوجي عنـي. فلـما أصبحَ بعـث إليها نفقةً، وكتب إلى عامله بِرَدِّ زوجها، ثم سألَ ابنتَهُ حفصةَ: كم تصبرُ المرأةُ عـن الرجـل؟ فقالـت: أربعـةُ أشهرٍ.

[6 ب]

ابن أبي عُيينة[4]: (الطويل)

إذا نحنُ أُبنا سالمـين بأنفُسٍ كرامٍ رجَتْ أمراً فخابَ رجاؤها

فأنفُسُنا خيرُ الغنيـــمةِ إنها تؤوبُ وفيها ماؤهـا وحياؤها

قال ابن عباس[5] رضي الـلـه عنه : لو قنع الناسُ بأرزاقهم قنوعَهم بأوطانهم، ما شكا عبدٌ رزقَهُ.

قيل: ثلاثةٌ يُخَبِّلنَ العقلَ؛ الخصومةُ الدائمةُ، والدَّيْنُ الفادحُ، والمرأةُ السَّليْطَةُ.

---

(1) البيتان في التذكرة الحمدونية 8/ 137، والمستطرف 2/ 185.

(2) التكرة الحمدونية: وأرقني أن لا خليل ألاعبه.

(3) التذكر الحمدونية: فوالله لولا الـلـه لاشيء غيره لزعزع من هذا السرير جوانبه

(4) البيتان لابن أبي عيينة من قطعة في الشعر والشعراء: 557 ط ليدن، والبيتان دون نسبة في عيون الأخبار 1/ 177.

(5) عبد الـلـه بن عباس بن عبد المطلب القرشي الهاشمي: أبو العباس،حبر ألأمة الصحابي الجليل، ولد بمكة ونشأ في بدء عصر النبوة فلازم رسول الـلـه صلى الـلـه عليه وسلم ، روى عنه الأحاديث الصحيحة، وشهد مع على الجمل وصفين، قال ابن مسعود: نعم ترجمان القرآن ابن عباس، له في الصحيحين وغيرهما 1660 حديثاً، كان شديد الحفظ عالماً بالحلال والحرام والعربية والأنساب والشعر، كف بصره في آخر عمره، فسكن الطائف وتوفي بها سنة 68 هـ الإصابة ت 4772، صفة الصفوة 1/ 314، حلية الأولياء 1/ 314، المحبر: 289، نكت الهميان: 180.

قال حكيمٌ: مَنْ بلغ جسيماً فلم يَبْطَرْ، واتَّبَعَ الهوى فلم يعْطَبْ، وجاورَ النساءَ فلم يَفْتَتِنْ، وطلب إلى اللئامِ فلم يهُنْ، وواصلَ الأشرارَ فلم يندَمْ، وصَحِبَ السُّلطانَ فدامتْ سلامتُهُ.

[7 أ]

قال رسولُ اللـه صلى اللـه عليه وسلم : (منهومانِ لا يشبعانِ؛ طالِبُ علمٍ، وطالبُ دُنيا)[1].

قيل: ثلاثةٌ تضرُّ بأربابها؛ الإفراطُ في الأكلِ اتّكالاً على الصحة، والتفريطُ في العمل إتّكالاً على القدرة، وتكلفُ ما لا يُطاقُ اتّكالاً على القوة.

قيل: عشرةٌ تقبُحُ في عشرةٍ؛ ضيقُ الذَّرْعِ في الملوكِ، والغَدْرُ في الأشرافِ، والكَذِبُ في القُضاةِ، والخديعةُ في العلماءِ، والغَضَبُ في الأبرارِ، والحِرْصُ في الأغنياءِ، والسَّفَهُ في الشيوخِ، والمرَضُ في الأطِبَّاءِ، والتَّهَزِّي في الفقراءِ، والفخرُ في القُرَّاءِ.

قيل: أربَعٌ القليلُ منها كثيرٌ؛ الوجَعُ، والنَّارُ، والدَّيْنُ، والعداوةُ. [7 ب]

قال رسولُ اللـهِ صلى اللـه عليه وسلم : (مَنْ قَدرَ على ثَمَنِ دابَّةٍ فليَشْتَرِها، فإنَّها تأتيهِ برزْقِها، وتُعيْنُهُ على رِزْقِهِ)[2].

قال عليٌّ عليه السلام: عليكم بإناثِ الخيلِ، فإنَّ ظهورَها عِزٌّ، وبطونُها كَنْزٌ.

بعث ابن هُبيرة[3] إلى المنصور في الحرب، فقال: بارزني، فامتنعَ، فقال ابن هُبيرة: لأشهرَنَّك بامتناعِكَ ونكولِكَ عن مبارزتي، فقال المنصور: إنَّما مثلي ومثلُكَ

---

(1) الحديث في: العلل المتناهية 1/ 86 -87، تذكرة الموضوعات: 711، الدرر المنتثرة: 162، مستدرك الحاكم 1/ 92.

(2) لم أجد الحديث بهذا اللفظ.

(3) يزيد بن عمر بن هبيرة: أمير قائد من ولاة الدولة الأموية، أصله من الشام، ولي قنسرين للوليد بن يزيد، ثم جمعت له ولاية العراقين "الكوفة والبصرة"، ولما استفحل أمر الدعوة العباسية قاتل أشياعها مدة، وتغلبت جيوش خراسان على جيوشه، فرحل إلى واسط وتحصن بها، فوجه السفاح أخاه المنصور لحربه، فأعياه أمره، فكتب إليه بالأمان والصلح، فرضي ابن هبيرة وأطاع، وأقام بواسط، وعمل أبو مسلم الخراساني على الإيقاع به، فنقض السفاح عهده له، وبعث إليه من قتله بقصر واسط، وكان ان هبيرة خطيباً شجاعاً، طويلاً جسيماً، قتل سنة 132 هـ وفيات الأعيان 2/ 278،، فتوح البلدان:

في ذلك مثلُ خنزيرٍ قال للأسدِ: قاتلني، فقال الأسدُ لستَ بِكُفْءٍ لي، ومتى قاتلتُك فقتَلْتُكَ لم يكن لي بفخْرٍ، فقال الخنزير: لأخْبِرَنَّ السِّباعَ بنكولِكَ عَنِّي، فقال احتمالُ تعييرِكَ أيسَرُ من التَلَطُّخِ بدَمِكَ. [8 أ]

قال أعرابيٌّ لرجُلٍ: اكتبْ تعويذاً لابني، فقال: ما اسمه؟ فقال: فلان، قال: فما اسمُ أُمِّهِ؟ قال: ولِمَ عَدَلْتَ عن اسمِ أبيهِ؟ قال: لأنَّ الأمَّ لا يُشَكُّ فيها، قال: اكتب فإنْ كان ابني عافاهُ اللهُ، وإنْ لم يكنْ ابني فلا شفاهُ اللهُ.

قيل للحسن بن سهل[1]: ما بالُ كلامِ الأوائلِ حُجَّةٌ؟ قال: لأنَّهُ مَرَّ على الأسماعِ قبلنا، فلوكان زَلَلاً لما تأدّى إلينا، وما تنقلُ الرواةُ إلا صحيحاً مُسْتَحْسَناً.

عُرِضَتْ جاريةٌ شاعرةٌ على المهدي، فقال لبشَّارٍ: امتحِنْها، فقال:

أحمدُ اللهَ كثيرا، فقالت: حين أنشاك ضريرا

فقال بشار: اشترِ الملعونةَ فإنَّها حاذقَةٌ.

قيل: مَنْ هانتْ عليهِ نفسُهُ فلا تأمَنَنَّ شَرَّهُ. [8 ب]

قال معاوية لعقيل بن أبي طالب[2]: إنَّ فيكم لَشَبَقاً يا بني هاشم، فقال: أجل، هو مِنّا في الرجالِ، ومنكم في النساءِ.

رأى يحيى بن أكثم[1] جماعة من صِباحِ الغِلمانِ في دار المأمون، فقال: لولا أنتم لكُنَّا مؤمنينَ، فرُفِعَ ذلك إلى المأمون، فعاتبهُ، فقال: إنَّ درسي كان قد انتهى إلى هذا المكان.

295، تاريخ الإسلام للذهبي 5/ 315، خزانة الأدب 4/ 167-169، أسماء المغتالين، في نوادر المخطوطات 2/ 189-169 رغبة الآمل 3/ 73.

(1) تقدمت ترجمة الحسن بن سهل.

(2) عقيل بن عبد مناف (أبي طالب) بن عبد المطلب الهاشمي القرشي: أعلم قريش بأيامها ومآثرها ومثالبها وأنسابها، صحابي فصيح اللسان شديد الجواب، وهو أخو علي وجعفر لأبيهما، وكان أَسَنَّ منهما، أسلم بعد الحديبية وهاجر إلى المدينة سنة 8 هـ، كان الناس يأخذون عنه الأنساب والأخبار في مسجد المدينة، عمي في أواخر أيامه، وتوفي سنة 60 هـ الإصابة ت 5630، طبقات ابن سعد 4/ 28، البيان والتبيين 1/ 174، نكت الهميان: 201، التاج: 8/ 30، ذيل المذيّل: 23.

قيلَ لأبي نواس: زَوَّجكَ اللهُ الحورَ العِيْنَ، فقال: لستُ بصاحِبِ نساءٍ، بل بالوِلْدانِ المُخَلَّدينَ، وأنشد[2]: (الطويل)

أنا الماخرُ اللوطي دينيَ واحدٌ وإني في كسب المعاصي لراغِبُ

أدينُ بدينِ الشيخِ يحيى بن أكثمٍ وإنِّي لِمَنْ يهوى الزِّنا لَمُجانِبُ

قيلَ لشيخٍ تعاطى اللِّواطَ: ألا تسْتَحي؟ فقال: استحي وأشتهي. [9 أ] وأنشد[3]:

(مجزوء الوافر)

إنَّما الدنيا طعامٌ ومُدامٌ وغُلامُ[4]

فإذا فاتكَ هذا فعلى الدنيا السلامُ[5]

قيل لأبي مسلم[6] صاحب الدولة: لِمَ قدَّمْتَ الغُلامَ على الجارية؟ فقال: لأنه في الطريق رفيقٌ، وفي الإخوانِ نديمٌ، وفي الخلوةِ أهلٌ. الحسن بن هاني[1]: (البسيط)

---

(1) يحيى بن أكثم بن محمد التميمي: قاض رفيع القدر، من نبلاء الفقهاء، يتصل نسبه بأكثم بن صيفي حكيم العرب ولد بمرو، واتصل بالمأمون أيام مقامه بها، فولاه قضاء البصرة، ثم قضاء القضاة في بغداد، وأضاف إليه تدبير مملكته، كان حسن العشرة حلو الحديث، أمر المامون أن لا يحجب عنه ليلاً أو نهاراً، له غزوات ضد الروم عاد منها مظفراً، وبعد وفاة المأمون عزله المعتصم عن القضاء، وصادر المتوكل أمواله، فرحل إلى مكة مجاوراً، توفي سنة 242 هـ. وفيات الأعيان 2/ 217، أخبار القضاة لوكيع 2/ 161 - 167، طبقات الحنابلة 1/ 410، الجواهر المضية 2/ 210، ثمار القلوب: 122.

(2) لم يرد البيتان في ديوانه طبعة الغزالي.

(3) البيتان من قطعة لأبي نواس في عيون الأخبار1/ 298، ولم ترد في ديوانه.

(4) عيون الأخبار: إنما العيش سماع ومدام وندام.
عيون الأخبار: فإذا فاتك هنا فعلى العيش السلام

(5) عيون الأخبار: فإذا فاتك هذا فعلى العيش السلام.

(6) أبو مسلم الخراساني: عبد الرحمن بن مسلم أحد كبار القادة، ولد في ماه البصرة مما يلي أصبهان، كان أبو مسلم فصيحاً بالفارسية والعربية مقداماً داهية حازماً، فلما شب اتصل بإبراهيم بن الإمام محمد من بني العباس، فأرسله إبراهيم إلى خراسان داعية، فاستمال أهلها ووثب على والي نيسابور فقتله واستولى على نيسابور، وخطب باسم السفاح العباسي، ثم سيَّر الجيش لمقاتلة الأمويين، فانتصر وصفا الجو للسفاح، ولما مات السفاح خلفه أخوه المنصور، فرأى في أبي مسلم ما أخافه أن يطمع بالملك، فقتله

قال الوشاةُ بَدَتْ في الخَـــدِّ لحيَتُهُ فقلتُ لا تُكْثِروا ما ذاك عائبُهُ
الحُسْنُ منهُ على ما كنتُ أعْهَدُهُ والشَّعْرُ حِـرْزٌ لهُ مِمَّـنْ يُطالِبُه
وصارَ مَنْ كانَ يلحَى في محَبَّتِهِ إنْ سِيْلَ عَنِّي وعَنْهُ قال: صـاحِبُهُ[2]

قيل لرجلٍ حصلَ مع صَبيٍّ في منارةٍ وقد حَلاَّ سراويلَهما: ما تصنَعُ؟ فقال: أبَدِّلْ تِكَّتي بتِكَّتِه. [9 ب]

قال شقيقُ البَلْخي[3] رحمة الله عليه: عليكم بعملِ الأبطالِ، الاكتسابُ من الحلالِ، والإنفاقُ على العيالِ.

قال الجُنَيد[4] لرجل كان يجلس إليه: ما حِرْفَتُكَ؟ فقال: التوكل على ربِّي، والثِّقَة بما عندَهُ، فقال: الثِّقةُ بربِّكَ لم تُحَرِّمْ عليكَ إصلاحُ معيشَتِكَ، أو ما علمتَ أنَّ طلبَ ما تعُفَ بهِ من السؤالِ حَزْمٌ، والعَجَزُ عنهُ فشَلٌ، وأنَّ الفَقْرَ مَفْسَدَةٌ للتَّقيِّ، مَتْهَمَةٌ للبَري، فلا يرضَى بهِ إلاَّ الدَّنيُّ.

يُقالُ: خمسةٌ المالُ أحَبُّ إليهم من أنفُسِهِمْ؛ المُقاتلُ بالأجْرةِ، وراكِبُ البَحْرِ للتجارةِ، وحَفَّارُ الآبارِ والقُنيِّ[5]، والمُدِلُّ بالسِّباحةِ، والمخاطرُ على السَّمِّ.

برومة المدائن سنة 137 هـ. تاريخ الطبري 9/ 159، ابن الأثير 5/ 175، وفيات الأعيان 1/ 280، البدء والتاريخ 6/ 78 -95، تاريخ بغداد 10/ 207.

(1) القطعة في ديوانه: 346.

(2) الديوان: وصار من كان يلحى في مودته.

(3) شقيق بن إبراهيم بن علي الأزدي البلخي: زاهد صوفي من مشاهير المشايخ في خراسان، ولعله أول من تكلم في علم الأحوال (الصوفية) بكور خراسان، وكان من كبار المجاهدين، استشهد في غزوة كولان (بما وراء النهر) سنة 194 هـ. طبقات الصوفية: 61-66، فوات الوفيات1/ 187، الوفيات 226/1، حلية الأولياء 8/ 58، تهذيب ابن عساكر 6/ 327، النجوم الزاهرة 2/ 21، 146.

(4) الجنيد بن محمد بن الجنيد البغدادي الخزاز، صوفي من العلماء بالدين، قال أحد معاصريه: ما رأت عيناي مثله، الكتبة يحضرون مجلسه لألفاظه، والشعراء لفصاحته، والمتكلمون لمعانيه، وهو أول من تكلم في علم التوحيد في بغداد، أثنى عليه كثير من العلماء، توفي سنة 297 هـ. وفيات الأعيان 117/1، حلية الأولياء 10/ 255، صفة الصفوة 2/ 235، تاريخ بغداد 7/ 241.

(5) القني: جمع قناة.

قيلَ: لا يكسُدُ رئيسُ صناعةٍ إلا في شَرِّ زمانٍ، ومملكةِ أنْذَلِ سُلطانٍ. [10 أ] قال رسولُ اللـهِ صلى اللـه عليه وسلم : (مَنْ أسلَفَ فليُسْلِفْ في كيلٍ معلومٍ، وأجَلٍ معلومٍ)[1].

وقال صلوات اللـه عليه وسلامه: (يأتي على الناسِ زمانٌ لا يبقى فيه أحدٌ إلا أكلَ الرِّبا، فمَنْ لم يأكُلْهُ أصابَهُ من غُبارِهِ)[2].

وقال صلى اللـه عليه وسلم : (عملُ الأبرارِ من الرجالِ الخِياطةُ، وعملُ الأبرارِ من النساء المِغْزَلُ)[3].

قال رسول اللـه صلى اللـه عليه وسلم : (حِذْقُ المرءِ محسوبٌ من رِزْقِهِ)[4].

قال أنو شروان وعنده جماعة: ليتَكلَّم كلُ واحدٍ منكم بكلمةٍ نافعةٍ، فقال الموبذُ[5]: الصمتُ المُصيبُ المُصيبُ أبلغُ حكمةٍ. وقال مهبود: تحصينُ الأسرار أنفعُ رأيٍ، وقال مهادر: [10 ب] لاشيءَ أنفعُ للإنسان من المعرفة، بقَدْرِ ما عندَهُ من الفضلِ، وحُسْنِ الاجتهادِ في طلبِ ما هو له مستحقٌّ، وقال نرسي: الاحترازُ من كلِّ أحَدٍ أحزَمُ رأيٍ.

قال أنو شروان: كلٌّ حَسَنٌ، ولا صلاحَ لأحدٍ إلا بالتَّثَبُّتِ في الاختيارِ، والاعتقادِ للخِيَرَةِ.

---

(1) الحديث مع خلاف قليل في اللفظ في: مسند أحمد بن حنبل 1/ 282، صحيح مسلم المساقاة: 127، 128، سنن الدارقطني 3/ 4، سنن ابن ماجة: 2280، سنن الترمذي 1311.

(2) الحديث في: الكامل في الضعفاء لابن عدي 4: 1647، مستدرك الحاكم 4/ 454.

(3) الحديث مع خلاف يسير في اللفظ في: كنز العمال: 9347، تاريخ بغداد للخطيب البغدادي 9/ 15، الحاوي للفتاوي 1/ 577، تنزيه الشريعة 2/ 189، السلسلة الضعيفة: 109، الآلىء المصنوعة 2/ 85.

(4) لم أجد الحديث بهذا اللفظ.

(5) الموبذ والموبان: فقيه الفرس، وحاكم المجوس، فارسيته (موبد) وجمعه (موبدان). معجم الألفاظ الفارسية المعربة - أدي شير: 148.

قيلَ: ينبغي للعاقلِ أن لا يُرى إلا في إحدى ثلاثٍ؛ تزَوّدٍ لِمَعادٍ، أو مَرمَّةٍ لمعاشٍ، أو لذَّةٍ في غيرِ مَحْرَمٍ.

تمَّ المجموعُ بحمدِ اللـهِ تعالى وحُسْنِ توفيقهِ

في العشر الأوّل من ذي القِعْدة سنة سبعٍ وسبعين وستمائة

كتبه ياقوتُ بن عبد اللـه المستعصمي

حامداً للهِ تعالى على نِعَمِه،

ومُصَلِّياً على نبيِّهِ محمَّدٍ وآلهِ ومُسَلِّماً

أخبار وأشعار وآداب ونوادر وحكم

وفِقَر ووصايا

صاحبه كاتبه ناصر بن بُزُرجِمُهر

بسم اللـه الرحمن الرحيم [2 أ]

قال رسول اللـه صلى اللـه عليه وسلم : (ما اكتسب أحدٌ أفضلَ من عقلٍ يهديـه إلى هُـدىً، ويـرُدهُ عـن ردىً)[1] قيل لبهلول[2] أتعدُّ المجانين؟ قال: هذا يطول، ولكني أعدُّ العُقلاء.

قال حاجب بن زرارة[3]: جالس العقلاءَ، أعداءً كانوا أم أصدقاءً، فإنَّ العقلَ يقعُ على العقل.

قيل لحكيم: مَنْ أنعمُ الناس عيشاً؟ قال: مَنْ كُفي أمرَ دُنياه، ولم يهتم لآخرته.

قال رسول اللـه صلى اللـه عليه وسلم : (مَنْ أتاهُ اللـهُ جَدّاً أعـارَهُ عقـْلاً، وإذا سلـبَ جَـدَّهُ اسـترجعَ عقلَهُ)[4].

وقال صلى اللـه عليه وسلم : "اعصِ هواكَ والنساءَ، وافعل ما شئتَ"[5] وقـال عليـه أفضـل الصـلاة والسلام: (ثلاثٌ مُهلِكات: شُحٌ مطاع، وهوىً متَّبَع [2 ب] وإعجابُ المرْءِ بنفسه)[6].

---

(1) الحديث مع اختلاف يسير في الرواية في: إتحاف السادة المتقين للزبيدي 456/1، مجمع الزوائد للهيثمي 121/1، الترغيب والترهيب للمنذري 67/1.

(2) بهلول: هو بهلول بن عمرو الصيرفي، أبو وهيب، من عقلاء المجانين، له أخبار ونوادر وشعر، ولد ونشأ في الكوفة، وسوس فعرف بالمجنون، استقدمه الرشيد وغيره من الخلفاء لسماع كلامه، كان في منشأه من المتأدبين، توفي سنة 190 هـ البيان والتبيين 230/2، فوات الوفيات 82/1، نزهة الجليس 380/1.

(3) حاجب بن زرارة: ابن عدس الدارمي التميمي، من سادات العربفي الجاهلية، كان رئيس تميم، وهو الذي رهن قوسه عند كسرى على مال عظيم ووفى به، وحضر يوم شعب جبلة من أيام العرب في الجاهلية، أدرك الإسلام وأسلم، وبعثه النبي صلى اللـه عليه وسلم على صدقات بني تميم، توفي سنة 3 هـ الإصابة 1/ 273، الأغاني 11/ 150 ط الدار.

(4) لم أجد الحديث في كتب الحديث بهذه الرواية.

(5) الحديث في اللآلىء المصنوعة للسيوطي 1/ 151، جامع بيان العلم لابن عبد البر 143/1، حلية الأولياء لأبي نعيم 343/2، 3/ 21.

(6) لم أجد الحديث بهذا اللفظ.

بعث ملك إلى عابد: مالكَ لا تخدمني وأنت عبدي؟ فأجابه: لو اعتبرتَ لعلمتَ أنَّك عبدُ عبدي، لأنك تتبع الهوى، فأنت عبده، وأنا أملكه فهو عبدي.

قال رسول الله صلى الله عليه وسلم : (من أراد الله به خيراً فقههُ في الدين، وعرَّفَهُ معايبَ نفسه)[1].

قال عليٌّ عليه السلام: ما هلكَ امرؤٌ عرفَ قَدْرَهُ. قال رجلٌ لِمِسْعرٍ[2]: أتُحِبُّ أن تُهدى إليك عيوبُك؟ قال: أمَّا من ناصحٍ فنعم، وأما من شامتٍ فلا.

قيل: من أعجب الأشياء، جاهلٌ يسلمُ بالتَّهَوُّر، وعالمٌ يهلكُ بالتَّوَقِّي.

مرَّ الشَّعْبي[3] بإبلٍ قد فشا فيها الجَرَبُ، فقال لصاحبها: أما تداوي إبلَكَ؟ فقال: إنَّ لنا عجوزاً متَّكِلٌ على دعائها، فقال: لا بأس أن تجعلَ مع دعائها شيئاً من القَطِران.

[3 أ]

قال رسول الله صلى الله عليه وسلم : (ألا أخبركم بأشدِّكم؟ مَنْ ملكَ نفسَه عند الغضب)[4].

قال أبو عبيدة لعمر حين كرِهَ طواعين الشام ورجع إلى المدينة: أتفرُّ من قَدَرِ الله؟ قال: نعم، إلى قدر الله، فقال: أينفع الحذَرُ من القَدَر؟ قال: لسنا ممَّا هناك في شيءٍ، إنَّ اللهَ تعالى لا يأمر بما لا ينفع، ولا ينهى عمَّا لا يضر، وقد قال: (وَأَنفِقُوا فِي سَبِيلِ اللَّهِ وَلَا تُلْقُوا بِأَيْدِيكُمْ إِلَى التَّهْلُكَةِ وَأَحْسِنُوا إِنَّ اللَّهَ يُحِبُّ الْمُحْسِنِينَ) [5].

---

(1) الحديث مع خلاف يسير في الرواية في مسند الربيع بن حبيب 1/ 10، اللآلىء المصنوعة للسيوطي 61/1.

(2) هناك اثنان باسم مسعر، مسعر بن كدام الهلالي العامري، من ثقات أهل الحديث من أهل الكوفة توفي سنة 152هـ ومسعر بن مهلهل الخزرجي شاعر رحالة كثير الملح، توفي سنة 390 هـ.

(3) الشعبي: عامر بن شراحيل بن عبد ذي كبار، أبو عمرو، راوية من التابعين يضرب المثل بحفظه، استقضاه عمر بن عبد العزيز، وكان فقيهاً شاعراً، توفي سنة 103 هـ حلية الأولياء 310/4، تهذيب التهذيب 65/5، تاريخ بغداد 227/12، تهذيب ابن عساكر 7/ 138.

(4) لم أجد الحديث بها اللفظ، وفي معناه: "من ملك غضبه وقاه الله عذابه"، في إتحاف السادة المتقين للزبيدي 7/ 425، والمغني عن حمل الأسفار للعراقي 3/ 171.

(5) سورة البقرة آية 195.

وقال تعالى: ﴿يَا أَيُّهَا الَّذِينَ آمَنُوا خُذُوا حِذْرَكُمْ فَانْفِرُوا ثُبَاتٍ أَوِ انْفِرُوا جَمِيعًا﴾[1].

قيل: العَجْزُ عجزان؛ التقصير عن الأمر وقد أمكن، والجِدُّ في طلبه وقد فات. قال الأحنف: عجبت لمن طلب أمراً بخُرْقٍ، وهو يقدِرُ عليه برِفْقٍ.

مدح أعرابيٌّ قوماً فقال: أدَّبَتْهم الحِكْمةُ، وأحكمتهم التجاربُ، ولم تغرُّهمُ السلامة المنطوية على الهلكة.

قال عليٌّ عليه السلام: الهيبةُ مقرونةٌ بالخيبة [3 ب] والحياء مقرون بالحرمان، والفُرَصُ تمرُّ مرَّ السحاب.

قال رسول الله صلى الله عليه وسلم: (المشاورةُ حِصْنٌ من الندامة، وأمنٌ من الملامة)[2]. قيل: انتهز الفرصة قبلَ أنْ تعودَ غُصَّةً. قال عمر بن الخطاب رضي الله عنه: الرجالُ ثلاثة؛ رجلٌ ذو عقلٍ ورأي، ورجلٌ إذا حزبَهُ أمرٌ أتى ذا رأيٍ فاستشارهُ، ورجلٌ حائر بائرٌ، لا يأتمرُ رُشْداً ولا يُطيعُ مرشداً. قال رسولُ الله صلى الله عليه وسلم: (المستشارُ مؤتمن)[3].

قال الشعبي: أصابَ متمهلٌ أو كاد، وأخطأ مستعجلٌ أو كاد.

بشار بن بُرد:[4] (الطويل)

إذا بلغ الرأيُ المشورةَ فاسْتَعِنْ بحزمِ نصيحٍ أو نصيحة حازمِ
ولا تجعلِ الشورى عليكَ غضاضةً فريشُ الخوافي تابعٌ للقوادِمِ

قال هرم بن سنان: عليكم في المشاورة بالحديث ألسنَ الحديد الذهن.

[4 أ]

(1) النساء 71.
(2) لم أجده في كتب الحديث.
(3) لم أجده في كتب الحديث.
(4) ديوان بشار بن برد 193/4- 194 تحقيق محمد الطاهر ابن عاشور، ط تونس 1976.

قيل: عليكَ برأي الشيوخ، فقد تبدَّتْ لعيونهم وجوهُ الغِيَرِ، وتصَدَّتْ لأسماعهم آثار العِبَر.

قال ابن عباس رضي الله عنه : سمعتُ رسول الله صلى الله عليه وسلم يقول: (اللهمَّ ارحم خُلفائي، قلتُ: ومَنْ خلفاؤك؟ قال: الذين يروونَ الحديثَ بعدي)[1].

قيل: لم يقعد به نسبُه، مَنْ نهض به أدبُه. لما وقعت الفِتْنةُ بالبصرة، رضَوا بالحسن البصري، فأجمعوا عليه، وبعثوا إليه، فلما أقبلَ قاموا، فقال يزيد بن المهلب[2]: كاد العلماء يكونون أرباباً، ألا ترون هذا المولى كيف قام له سادةُ العَرَبِ.

نظر عمر بن الخطاب رضي الله عنه إلى رجل في هيئةٍ نفيسة، فقال له: ألستَ ابنَ قَيْنٍ بالبصرة ؟ فقال: بلى، ولكني كاتبٌ، فقال: للهِ دَرُّ العِلم ما زال يرفعُ أهلَه. قال رسول الله صلى الله عليه وسلم [4 ب] وسلامه: (طلبُ العلمِ فريضةٌ على كل مسلم)[3].

قال عليٌّ عليه السلام: قيمةُ كلِّ امريءٍ ما يُحسِنُهُ.

قال عبد الملك بن مروان: اطلبوا معيشةً لا يقدرُ سلطانٌ جائرٌ على أخذها وغصْبِها، فقيل: ما هي؟ قال: الأدبُ.

قال عليٌّ عليه السلام: عملٌ قليلٌ في علمٍ خيرٌ من كثيرٍ في جهلٍ.

علي بن عبد العزيز القاضي[4]: (الطويل)

ولم ابتذِل في خدمةِ العلمِ مُهْجَتي لأخدُمَ مَنْ لاقيتُ لكنْ لأخْدَما

---

(1) كنز العمال 29167، مجمع الزوائد 126/1، لسان الميزان 756، اتحاف السادة المتقين 1/ 118.

(2) يزيد بن المهلب بن أبي صفرة الأزدي: أمير من القادة الشجعان الأجواد، ولي خراسان سنة 83 هـ بعد وفاة أبيه، عزل مرات، وقاتل الحجاج وبني أمية، وقُتل سنة 102 هـ وفيات الأعيان 2/ 264، الطبري 151/8، التنبيه والإشراف: 277.

(3) المعجم الكبير للطبراني 10/ 240، مسند أبي حنيفة:20، البداية والنهاية 11/ 322.

(4) الأبيات من قطعة في معجم الأدباء 4/ 1798 تحقيق إحسان عباس والبيت الأول من قطعة في يتيمة الدهر 4/ 25.

ولو أنَّ أهلَ العلمِ صانوهُ صانهمْ   ولو عظَّموهُ في النفوسِ لعُظِّما

ولكنْ أهانوهُ فهانوا ودنَّسوا   مُحَيَّاهُ بالأطماعِ حتى تجهَّما

قال رسولُ اللهِ صلى اللهُ عليه وسلم : (ما منحَ والدٌ ولداً أفضلَ من أدبٍ حَسَنٍ)(1). قيل: بادروا بتأديبِ الأطفالِ قبل الاشتغالِ وتفرُّقِ البالِ. نظرَ رجلٌ إلى فيلسوفٍ يؤدِّبُ شيخاً، فقال: ما تصنعُ؟ قال: أغسلُ حَبَشِيَّاً [5 أ] لعلَّهُ يبيَضُّ.

قال سُقراط: ما أثبَتَتْهُ الأقلامُ، لم تطمعْ في دَرْسِهِ الأيامُ.

قيل: العلومُ ثلاثةٌ؛ علمُ الدينِ لمعادِكم، وعلمُ الطبِّ لأبدانكم، وعلمُ الهندسةِ لمعاشكم.

قال الجاحظ: لا يزالُ المرءُ في فُسْحَةٍ من عقلِهِ ما لم يقُلْ شعراً أو يصَنِّفُ كتاباً.

رُويَ عن ابن عباس رضي اللهُ عنه ، عن النبيِّ صلى اللهُ عليه وسلم أنه قال: (عَرامةُ الصَّبيِّ في صِغَرِهِ، زيادةٌ في عَقلِهِ)(2).

قال إبليس: ثلاثٌ مَنْ كُنَّ فيه أدركتُ حاجتي منه: مَنْ استكثر علمُهُ ونسيَ جُرْمَهُ وأُعْجِبَ برأيه.

قيلَ للاسكندر: إنَّكَ تُعظِّمُ مُؤدِّبَكَ أكثرَ من تعظيمِكَ لأبيكَ، فقال: إنَّ أبي سَبَبُ حياتي الفانية، ومُؤدِّبي سببُ حياتي الباقية.   [5 ب]

قال رسولُ اللهِ صلى اللهُ عليه وسلم : (ثلاثةٌ لا ينجو منه أحدٌ؛ الظنُّ والحسدُ والطِّيَرَة، فإذا ظنَنْتَ فلا تحقِّقْ، وإذا حسَدْتَ فلا تَبْغِ، وإذا تطَيَّرْتَ فامضِ)(3).

سأل الرشيدُ جلساءَه: مَنْ أكرمُ الناسِ خَدَماً؟ فقالوا: أميرُ المؤمنين، فقال: لا، بل الكِسائيُّ، فقد رأيتُهُ يخدُمهُ الأمينُ والمأمونُ، وليا عهدِ الخِلافة.

---

(1) لم أجده في كتب الحديث.

(2) كنز العمال: 30747.

(3) إتحاف السادة المتقين للزبيدي 8/ 51.

قال بُزُرجِمهر لكسرى، وعنده أولادُه: أيُّ أولادِكَ أحبُّ إليك؟ فقال: أرغَبُهم في الأدب، وأجـزَعُهم مـن العار، وأنظَرُهم إلى الطبقة العُليا.

دخل محمد بن عبد الملك بن صالح على المأمون حينَ قَبَضَ ضياعَهم وهو صبي أمرد، فقـال: السـلام عليك يا أمير المؤمنين، قال: مَنْ أنتَ؟ قال: سليلُ نعمتِكَ، وابنُ دولتِكَ، وغُصْنٌ من أغصـان دوحَتـكَ، أتـأذَنُ بالكلام؟ قال: نعم، فتكلَّمَ بكلامٍ حسَنٍ، فقضى حوائجَـهُ [6 أ].

قال النبيُّ صلى الـلـه عليه وسلم : (الطِّيَرةُ في الدار والمرأة والفَرَس)[1].

قيل إنَّ كسرى أراد كاتباً لأمرٍ أعجَلَهُ، فلم يوجد غيرُ غُلام صـغير يصـحبُ الكُتَّـاب، فـدعاه وقـال: مـا اسمُك؟ فقال: مِهْرماه، فقال: اكتبْ ما أمْلِ عليك، فكتب قائماً أحسنَ من غـيره جالسـاً، ثـم قـال: اكتـب في نحو هذا الكتاب من تلقاء نفسك، ففعل، وضمَّ إلى الكتاب رقعةً فيها: إنَّ الحُرمة التي وصلتني بسيدي، لو وكَّلْتُ فيها إلى نفسي لعجَزْتُ أنْ أبلغَ لها، فإنْ رأى سيدي أنْ لا يحُطَّني إلى ما هو دونَها فعل، فقال كسرى: لقد أحَبَّ مِهْرماه أنْ لا يدعَ في نفسه لهْفَةً يتلهَّـفُ عليها بعد إمكان الفـُرصة، قد أمرنا له بما سألَ.

سأل المأمونُ الحسنَ بن سهل[2] عن البلاغة، فقال: ما فهِمَهُ العامَّـة، ورضيَهُ الخاصَّـة.

سُئل جعفر بن يحيى[1] عن أوجز كلام، فقال: قـولُ [6 ب] سُـليمان عليـه السـلام في كتابـه إلى سـبأ: (إِنَّهُ مِنْ سُلَيْمَانَ وَإِنَّهُ بِسْمِ اللَّهِ الرَّحْمَنِ الـرَّحِيمِ)[2]، فجمـع في ثلاثـة أحـرف العنـوان والكتـاب والحاجة.

---

(1) الحديث في مسند أحمد بن حنبل 6/ 240، مجمع الزوائد للهيثمي 104/5، كنز العمال 28559.

(2) الحسن بن سهل بن عبد الـلـه السرخسي: وزير المأمون، وأحد كبار القادة والولاة في عصره، عرف بالذكاء والأدب والفصاحة والكرم وحسن التوقيعات، وهو والد بوران زوجة المأمون، توفي سنة 236 هـ وفياة الأعيان 141/1، تاريخ بغداد7/ 319، ابن الوردي 1/ 217.

أمر المأمون عمرو بن مسعدة[3] أنْ يكتبَ كتاباً موجزاً في معنِيٍ به، فكتب: كتابي كتابُ واثقٍ بمن كتبتُ إليه، معنِيٍّ بمن كتبتُ إليه، ولن يضيعَ بين الثقة والعناية موصِلُهُ.

قال النبيُّ صلى الله عليه وسلم لحسان: "ما بقي من لسانك؟" فضرب به أرنبتَهُ وقال: و الله لو وضعته على شَعْرٍ لحلقَهُ، أو على صَخْرٍ لفَلَقَهُ.

قال الحسن: لسان العاقل وراءَ قلبه، فإذا أراد الكلامَ رجع إليه، فإنْ كان تكلَّمَ به وإلا تركَهُ، ولسانُ الجاهلِ أمام قلبه يتكلم بما عرض له. قال المأمون لهاشميٍّ كان يناظرُ في مجلسه ويشغبُ: [7 أ]

لا ترفَعَنْ صوتَك يا عبد الصمدْ إنَّ الصوابَ في الأَسَدِّ لا الأشَدْ.

كان يعقوب الخطابي إذا جلس إليه أصحابُه يقول: اعفونا من ثلاث، وخوضوا بعدُ فيمَ شئتم: ذِكر السلف، وأن تقولوا فلان خيرٌ من فلان، ومن ذكر القَدَر.

حدَّثَ أبو الغِطْريف الأسدي عن جَدِّهِ قال: عُدْنا رسولَ الله صلى الله عليه وسلم في مرضِه الذي مات فيه، فسمعتُه يقول: (لا بأسَ بالشعر لمن أراد انتصافاً من ظلمٍ، واستغناءً من فقر، وشكراً على إحسان)[4].

---

(1) جعفر بن يحيى بن خالد البرمكي، أبو الفضل، وزير هارون الرشيد، استوزره الرشيد وألقى إليه أزمة الملك، فانقادت له الدولة فكان يحكم بما يشاء، فلما نقم الرشيد على البرامكة، قتله وأحرق جثته، عرف جعفر بالفصاحة والكرم وله توقيعات مشهورة، قتل ستة 187 هـ. الطبري حوادث سنة 187، البيان والتبيين 58/1، البداية والنهاية 1/ 189، 194، وفيات الأعيان 1/ 105، تاريخ بغداد 7/ 152، النجوم الزاهرة 2/ 132.

(2) النمل 30.

(3) عمرو بن مسعدة بن سعد بن صول الصولي: وزير المأمون، وأحد الكتاب البلغاء، اتصل بالمأمون فرفع مكانته وأغناه، كان مذهبه في الإنشاء الإيجاز واختيار الجزل من الألفاظ، وكان جواداً ممدحاً نبيلاً، وفي كتب الأدب كثير من رسائله وتوقيعاته، توفي سنة 217 هـ. تاريخ بغداد 12/ 203، معجم الأدباء 88/6 - 91، وفيات الأعيان 390/1 أمراء البيان: 191 - 217.

(4) لم أجده في الأحاديث النبوية.

قيلَ لنُصَيبٍ[1]: إنَّك لا تُحسنُ الهجاء، فقال: من لا يُحسنُ أن يقول مكان عافاه الله، أخزاه الله، ولكني رأيتُ الرجال ثلاثةً، رجلاً لم أسألْهُ، فلا ينبغي أنْ أهجوه، ورجلاً سألتُه فمنحني وهو الممدوح، ورجلاً سألتُهُ فحرمني، فنفسي أحقُّ بالهجاء إذْ سَوَّلتْ لي سؤالهُ. [7 ب].

حبيب بن أوس الطائي[2]: (الطويل)

ولولا خِلالٌ سَنَّها الشعرُ ما درَتْ بُغاةُ النَّدى من أينَ تؤتى المكارمُ

قيل لأنوشروان: ما بال الرجل يحملُ الحِمْلَ الثقيل فيحتملهُ ولا يحتملُ مُجالسةَ الثقيل؟ فقال: لأنَّ الحملَ يشترك فيه الأعضاءُ، والثقيل يَتَفَرَّدُ به الروح.

أبو فراس بن حمدان[3] (البسيط)

سكِرْتُ من لَحْظِهِ لا من مُدامَتِهِ ومالَ بالنومِ عن عيني تمايلُهُ

وما السُّلافُ دهَتْني بل سوالِفُهُ ولا الشَّمولُ ازدَهَتْني بل شمائلُهُ

لوى بعقلي أصداغٌ لوينَ لهُ وغالَ صبْرِيَ ما تحوي غلائلُهُ[4]

قيل لبعضهم: أيُّ المجالسِ أطيبُ؟ فقال: لولا أنَّ الشمسَ تُحرِقُ، والمطرُ يُغْرِقُ، لما كان في الدنيا أطيبُ من شُربٍ في الفضاء على وجه السماء. [8 أ]

قال الأحنف[5]: ما جلستُ مجلساً خِفْتُ أنْ أُقام منه لغيري.

---

(1) نصيب: نصيب الأكبر، نصيب بن أبي رباح، مولي عبد العزيبز بن مروان، شاعر فحل مقدم في النسيب والمدائح، كان عبداً أسود لراشد بن عبد العزى، اشتراه عبد العزيز بن مروان وأعتقه، له أخبار مع عبد العزيز بن مروان، وسليمان بن عبد الملك، والفرزدق وغيرهم، توفي سنة 108 هـ ونصيب الأصغر مولى المهدي العباسي، شاعر مجيد من الموالي السود، اشتراه المهدي العباسي وأعتقه، له أشعار وأخبار في المهدي والهادي العباسيين وغيرهما، توفي سنة 175 هـ معجم الأدباء 7/ 212، 216، سمط اللآلىء: 291، 825، الشعر والشعراء: 153، أمالي المرتضى 438/1، الأغاني 324/1.

(2) ديوان أبي تمام 89/2.

(3) ديوان أبي فراس الحمداني ص 161.

(4) الديوان: ألوى بعزمي أصداغ لوين له.

(5) الأحنف بن قيس بن معاوية السعدي المنقري التميمي: سيد تميم وأحد العظماء الدهاة الفصحاء الشجعان، يضرب المثل به في الحلم، أدرك النبي صلى الله عليه وسلم ولم يره، وفد على عمر بن الخطاب في خلافته

قال رسول اللـه صلى اللـه عليه وسلم : (لا يُقيمَـنَّ رجلٌ رجلاً مـن مجلسِـهِ ثـم يجلسُ فيـه، ولكـن تفَسَّحوا وتوسَّعوا)(1).

قال الشَّعْبي: لأنْ أُدعى من بعيدٍ أَحَبُّ إليَّ من أنْ أُقْصَى من قريب.

قال أرسطوطاليس للاسكندر: احفظ ما أقول لك، إذا كنتَ في مجلسِ الشُّرْبِ فليكنْ مذاكرتك الغـزل، فإنهم يأنسون إلى ذلك، وإذا جلسْتَ إلى خاصَّتكَ فاذكر الحِكمةَ، فإنهم لها أفهم، وإذا خلوتَ للنـوم فـاذكر العِفَّةَ، فإنها تمنعك أنْ تضعَ النُّطْفةَ فيما لا معنى له.

قال رسول اللـه صلى اللـه عليه وسلم : (لا حسدَ إلا في اثنتين، رجلٌ آتاهُ اللـهُ القـرآن فهـو يتلـوه آناءَ الليلِ وآناء النهار، ورجلٌ [8 ب] آتاهُ اللـهُ مالاً فهو يُنْفِقُهُ آناء الليلِ وآناء النهـار)(2) وصـف أحمـد بـن أبي صالح جاريةً كاتبة فقال: كأنَّ خطها أشكالُ صورتها، ومِـدادَها سـوادُ شـعرها، وقرطاسَـها أديـمُ وجههـا، وقلمـَها بعضُ أناملها، وبيانـَها سحرُ مقلتها.

لابن الحلاوي الموصلي: (الطويل)

كتبتَ فلولا أنَّ هذا محَـلَّـلٌ وذاكَ حرامٌ قِسْتُ خطَّك بالسِّحْرِ
فو اللـهِ ما أدري أزهرُ خميلةٍ بطِرْسِكَ أم دُرٌ يلوحُ على نَحْرِ
فإن كان زهْراً فهو حَوْكُ سحابةٍ وإنْ كان دُرّاً فهو من لُجَّةِ البحرِ

فاستبقاه عمر عاماً، ثم عاد إلى البصرة فكتب عمر إلى أبي موسى الأشعري أن يدني الأحنف ويشاوره ويسمع منه، شهد الفتوح في خراسان، واعتزل الفتنة يوم الجمل، ثم شهد صفين مع علي ابن أبي طالب، أخباره كثيرة، توفي سنة 72 هـ وفيات الأعيان 1/ 230، طبقات ابن سعد 66/7، تهذيب ابن عساكر 10/7، جمهرة الأنساب: 206، تاريخ الإسلام للذهبي 129/3.

(1) الحديث مع خلاف يسير في اللفظ في: مسند أحمد بن حنبل 2/ 124، السنن الكبرى للبيهقي 232/3، مصنف ابن أبي شيبة 8/ 396، شرح السنة للبغوي 296/12، الترغيب والترهيب للمنذري 51/4.

(2) الحديث مع خلاف يسير في اللفظ في: صحيح البخاري 189/9، مسند أحمد بن حنبل 2/ 9 إتحاف السادة المتقين 116/1، سنن الترمذي 1936، شرح السنة للبغوي 13/ 115، الترغيب والترهيب للمنذري 438/1.

قال رسولُ اللـه صلى اللـه عليه وسلم : (الهديَّةُ تُـذْهِبُ السَّمْعَ والبَصَـرَ)[1]. قـال الحسـنُ بـن عـلي عليهما السلام: من كتب بسم اللـه فحسَّنه، أحسنَ اللـه إليه.

قال الصولي لغلام كاتب: ليكن قلمكَ صُـلْباً بين الـدِّقَّةِ [9 أ] والغِلَظِ، ولا تَبْـرِهِ عنـد عَـقْدِهِ، فـإنَّ فيه تُعْقَـدُ الأمور، ولا تكْتُبَنَّ بقلمٍ مُلْتَـوٍ، ولا بـذي شِـقٍّ غيرِ مسْتَـوٍ.

عبد اللـه بن المعتز[2]: (الطويل)

عليمٌ بأعجازِ الأمـورِ كأنَّـهُ بمُخْتلساتِ الظَّنِّ يسمعُ أو يـرَى
إذا أخـذَ القِرْطاسَ خِلْتَ يمينَهُ تفَتَّحُ نَوْراً أو تُنَظِّمُ جوهـــرا

قال عبد اللـه بن المعتز: القلمُ مُجَهِّزٌ بجيـوش الكـلام، يخـدم الإرادة ولا يمَـلُّ الاسـتزادة، ويسـكت واقفاً، وينطقُ سائراً، على أرضٍ بياضُها مظلمٌ، وسوادُها مُضِيءٌ، كأنه يُقَبِّـلُ بِسـاطَ سُـلطان، أو يُفَـتِّحُ نَـوْرَ بُسْـتان.

سمع أعرابيٌّ الحسنَ يتكلم، فقال: هو فصيحٌ إذا لفظ، نصيحٌ إذا وَعَـظ.

قال رجل لابن سيرين[3]: رأيتُ كـأني آكلُ خَبيصاً في الصلاة، فقـال: الخبـيصُ حـلالٌ ولا يجـوزُ أكلُـهُ في الصلاةِ، أنت تُقَبِّلُ امرأتَـكَ صائماً. [9 ب]

قال رسول اللـه صلى اللـه عليه وسلم : (مَـنْ بورِكَ له في شيءٍ فليلزمْهُ)[4].

وقال صلى اللـه عليه وسلم : (أحَبَّ اللـهُ عبداً سَمِحاً، إذا باع سَمْحاً، إذا ابتاعَ سـمحاً، إذا قضى أو اقـتضَى)[1]. وقال صلى اللـه عليه وسلم : "ما أفلسَ تاجرٌ صدوقٌ"[2].

---

(1) مجمع الزوائد 151/4، المعجم الكبير للطبراني 17 / 183.

(2) ديوانه 482/1 - 483. الديوان: عليم بأعقاب الأمور.

(3) محمد بن سيرين البصري الأنصاري بالولاء، إمام وقته في علوم الدين بالبصرة، نشأ بزازاً في أذنه صمم، وتفقه وروى الحديث، واشتهر بتعبير الرؤيا، له كتاب تعبير الرؤيا، توفي سنة 110 هـ وفيات الأعيان 453/1، حلية الأولياء 263/2، تهذيب التهذيب 9/ 214.

(4) اتحاف السادة المتقين 287/4، الدرر المنتثرة 147، الأسرار المرفوعة 337، كشف الخفاء 2 /315، 329.

قال بعض الحُكَماء: الدَّيْنُ رِقٌّ، فلا تُبَدِّ لْ رِقَّكَ لمن لا يعرفُ حقَّك.

قال النبيُّ صلى الله عليه وسلم : (مَنْ أنْظرَ مُعْسِراً، أو وضَعَ عنه، أظَلَّهُ اللهُ في ظِلِّه، يومَ لا ظِلَّ إلا ظِلَّهُ)[3]. قال رسولُ الله صلى الله عليه وسلم : (اليمينُ الفاجِرة تدَعُ الدِّيارَ بلاقِعَ)[4].

قال عليٌّ عليه السلام: الحَلِفُ يُنفِقُ السِّلْعةَ ويمحَقُ البركةَ، والتاجرُ فاجرٌ إلاَّ مَنْ أخذَ الحَقَّ وأعطاهُ.

ابن الرومي[5]: (المتقارب)

وإنِّي لَذو حَلِفٍ كاذِبٍ إذا ما اقتضيتُ وفي المال ضيقُ[6]

[10 أ]

وماذا على رجلٍ مسلمٍ يُدافِعُ بالله ما لا يُطيقُ[7]

قال أبو العيناء: أُتِيَ الواثقُ بابن أبي خالد الذي كان بالسند، فقال: و اللهِ لأضرُبَنَّهُ بالسِّياط، ووالله لا يشفعُ فيه أحدٌ إلا ضربتُ بطْنَهُ وظهْرَهُ، وابن أبي دُواد حاضرٌ، فتركهُ حتى ضربه عشرينَ سوطاً، ثم قال: يا أمير المؤمنين، في هذا أدبٌ، وإنْ تجاوزتْ فسَرَفٌ، فقال له: أما سمعتَ يَميني؟ فقال: بلى، ولكنْ ما كان أمير المؤمنين ليؤثِرَ غيظَهُ على ما قال نبيُّهُ وابن عمِّه صلى الله عليه وسلم : "من حلفَ على يمينٍ فرأى غيرها خيراً منها، فليأتِ الذي هو خيرٌ، وليُكَفِرْ عن يمينه"[8]، وكَفَّارةُ أمير المؤمنين مع العفو أقربُ إلى الله وأفضلُ، فعفا عنه وكفَّرَ عن يمينِه.

---

(1) مصنف عبد الرزاق: 2004، تجريد التمهيد لابن عبد البر: 773، كنز العمال: 9424.

(2) لم أجده في كتب الحديث.

(3) الحديث في: مسند أحمد بن حنبل 1/ 327، 3/ 427، مجمع الزوائد 4/ 134، الكامل في الضعفاء 6/ 2280.

(4) الحديث في: السنن الكبرى للبيهقي 10/ 35، 36.

(5) الديوان 2/ 453.

(6) في الديوان: وإني لذو حلف حاضر إذا ما اضطررت وفي الحال ضيق

(7) الديوان: وهل من جناح على مرهق.

(8) الحديث في: مصنف عبد الرزاق: 6006.

عروة بن الورد[1]:   (الطويل)

إذا المـرءُ لم يطلبْ معاشاً لنفسهِ   شكا الفقرَ أو لامَ الصديقَ فأكثرا

فسِرْ في بلادِ الـلـهِ والتمِسِ الغِنَى   تَعِشْ ذا يسارٍ أو تموتَ فتُعْذرا

[10 ب]

قال النبي صلى اللـه عليه وسلم من خطبة خطبها على ناقته العصباء: "أيها النـاس، كـأنَّ الحـقَّ فيها على غيرنا وجبَ، وكأنَّ الموتَ فيها على غيرنا كُتِبَ، وكأنَّ مَنْ نُشَيِّعُ من الأمواتِ سَـفَرٌ عـمَّا قليـل إلينـا راجعون، نُبَوِّئهم أجداثَهم، ونأكلُ تُراثَهم، كأنَّا مُخَلَّدونَ بعدَهم"[2].

قال رجلٌ لأبي الدَّرْداء[3]: ما بالُنا نكرهُ الموتَ؟ فقال: لأنَّكم أخرَبْتم آخِرَتَكم، وعَمَّرْتم دُنْياكم، فـأنتم تكرهون أنْ تنتقلوا[4] من العُمْران إلى الخراب.

قيل: لمَّا دَنِفَ المأمون، أمرَ أنْ يُفْرَشَ له جُلٌّ، وجعل يمرَّغ فيه ويقول: يا مَنْ لا يزولُ مُلكُهُ، ارحمْ مَنْ قد زالَ مُلْكُهُ. قـال رسـول اللـه صلى اللـه عليـه وسـلم : "لا تُظهِـرِ الشَّـماتَةَ بأخيك، فيُعافِـهِ اللـهُ ويبْتَلِيك"[5]. قال أميرُ المؤمنين عليٌّ عليه السـلام لرجـلٍ أُصـيبَ في وَلَـدِهِ: إنْ صَـبَرْتَ جـرى [11 أ] عليـكَ القَدَرُ وأنتَ مأجورٌ، وإنْ جَزِعْتَ جرى عليكَ القَدَرُ وأنت مأزْورٌ.

---

(8) ديوان عروة بن الورد: ص 61 - 62.

(2) الحديث في حلية الأولياء 3/ 202، كنز العمال: 44175، لسان الميزان 4/ 418.

(3) أبو الدرداء: عويمر بن مالك بن قيس الأنصاري الخزرجي، صحابي من الحكماء الفرسان القضاة، اشتهر بالشجاعة والنسك، وهو أول الذين جمعوا القرآن حفظاً على عهد النبي صلى اللـه عليه وسلم ، ولاه معاوية قضاء دمشق، توفي بالشام سنة 32 هـ الإصابة: ت 6119، حلية الأولياء 1/ 208، غاية النهاية 1/ 606، تاريخ الإسلام للذهبي 2/ 107.

(4) في الأصل: تنتقلون.

(5) اتحاف السادة المتقين 8/ 53، حلية الأولياء 5/ 186، جامع مسانيد أبي حنيفة 1/ 25، 86، مسند أبي حنيفة 168.

قال رسول الله صلى الله عليه وسلم لوفد عبد القيس: "ما المروءةُ فيكم؟"[1] فقالوا: العِفَّةُ والحِرْفةُ.

وقال صلى الله عليه وسلم : "خير الكَسْبِ كسْبُ اليدِ لمَنْ نصَح"[2] .

قال عمر بن الخطاب: مَنْ اتَّجَرَ في شيءٍ ثلاثَ مرات فلم يُصِبْ منه كسْباً، فليتحَوَّلْ إلى غيره.

اشترت سُكينة شيئاً بفَضْلِ ثمنٍ، فقيل لها: غُبِنْتِ، فقالت: ما غُبِنَ مَنْ بلغَ شهْوَتَه.

محمود الوراق[3] (الكامل)

وإذا غلا شَيْءٌ عليَّ تركتُهُ فيكونُ أرخَصَ ما يكونُ إذ غَلا

وأنشد جَحْظة يوماً هذا البيت فأجازهُ بقوله[4]: (الكامل)

إلا الدقيقَ فإنَّهُ قوتٌ لنا فإذا غَلا يوماً فقد نزَلَ البَلا

[11 ب]

قيل للحسن: ما بالُ الناسِ يكرمونَ صاحبَ المالِ؟ قال: لأنَّ عشيقَتهم عندَه.

ابن أبي عُيَينة[5]: (الطويل)

إذا نحنُ أُبْنا سالمينَ بأنفسٍ كرامٍ رجَتْ أمراً فخابَ رجاؤها

فأنفُسُنا خيرُ الغنيمةِ إنَّها تؤوبُ وفيها ماؤها وحياؤها

قال ابن عباس رضي الله عنه : لو قنع الناسُ بأرزاقهم قنوعَهم بأوطانهم، ما شكا عَبْدٌ رزقَه.

---

(1) حلية الأولياء 3/ 155.

(2) الحديث في: مسند أحمد بن حنبل حم 2/ 334، برواية: "خير الكسب كسب يد العامل إذا نصح".

(3) ديوانه تحقيق وليد قصاب ص 109.

(4) البيتان لابن أبي عيينة من قطعة في الشعر والشعراء: 557 ط ليدن، والبيتان دون نسبة في عيون الأخبار 1/ 177.

(5) البيتان لابن أبي عيينة من قطعة في الشعر والشعراء: 557 ط ليدن، والبيتان دون نسبة في عيون الأخبار 1/ 177.

قيل: ثلاثةٌ يُخْبِلنَ العقلَ؛ الخصومةُ الدائمة، والدَّيْنُ الفادحُ، والمرأة السليطةُ.

قال حكيمٌ: من بلغَ جَسيماً فلم يبطرْ، واتبَع الهوى فلم يعطَبْ، وجاورَ النساءَ فلم يفْتَتِنْ، وطلبَ اللئامَ فلم يهُنْ، وواصلَ الأشرارَ فلم ينـدَمْ، وصَحِبَ السلطانَ فدامتْ سلامَتُهُ.

قيل: أربعـةٌ قليلُها كثير؛ الوَجَعُ، والنارُ، والدَّيْنُ. [12 أ]

قال رسول الله صلى الله عليه وسلم : "منهومانِ لا يشبعان؛ طالبُ علمٍ وطالبُ دُنْيا"[1].

قيل: ثلاثةٌ تضُرُّ بأربابها؛ الإفراطُ في الأكلِ اتِّكالاً على الصحة، والتفريطُ في العملِ اتِّكالاً على القُدْرة، وتكَلُّفُ ما لا يُطاقُ اتِّكالاً على القُوَّة.

قيل: عشرةٌ تقْبُحُ في عشرة؛ ضيقُ الذَّرْعِ في الملوكِ، والغَدْرُ في الأشرافِ، والكَذِبُ في القُضاةِ، والخديعةُ في العلماءِ، والغَضَبُ في الأبرارِ، والحِرْصُ في الأغنياءِ، والسَّفَهُ في الشيوخِ، والمرضُ في الأطِبَّاءِ، والتَّهَزي في الفقراء، والفَخْرُ في القُرَّاء.

سأل جعفر بن سليمان ندماءَهُ عن قول جرير[2]: (الكامل)

لو كنتُ أعلمُ أنَّ آخِرَ عهدِكم يومَ الرحيلِ فعلتُ ما لم أفعَلِ

فقال فتى من الأعـراب في آخر المجلس: أنا أعلمُ ما كان يفعل، كان ينيكُها، فضحكوا وقالوا: أصبتَ. [12 ب].

قيل: الضُّراطُ يُفَرِّقُ الجمعَ، فقالوا: لو كان كذا لَما آثَرَ أهلُ السِّجْنِ عليه شيئاً.

نظر الحَسَنُ إلى رجلٍ ذي زِي حَسَن، فقيلَ: هو ضَرَّاطٌ يكسبُ بذلك المال، فقال: ما طلبَ أحدٌ الدنيا بما تَسْتحقُّهُ سِواه.

صلى دلالُ المخنَّث في جماعةٍ، فضرط في الصلاة عند السجود، فرفع رأسَهُ وقال: سبَّحَ لك أعلايَ وأسفلي، فضحك أهلُ المسجد وقطعوا الصلاة.

---

(1) لم أجد الحديث بهذا اللفظ.

(2) ديوانه طبعة شلق، ص 490.

حضر ابن دوشاب الفقيه مجلسَ الصاحب[1]، فبدرت منه بادرة، فاشتدَّ خجلُه، فقال الصاحب: (البسيط)

قُلْ لابنِ دوشابَ لا تخرُجْ على خَجَلٍ ... من ضَرْطَةٍ أشبَهَتْ ناياً على عُودِ

فإنها الريحُ لا تسطيعُ تحْبِسُها ... إذْ أنتَ لستَ سُليمانَ بنَ داودِ

وقعتْ بين الأعمَشِ[2] وامرأتِهِ وَحْشَةٌ، فسألَ بعضَ أصحابِهِ أنْ يوصيها ويُصلحَ [13 أ] بينهما، فدخل إليها وقال: أبو محمد شيخُنا وفقيهُنا، فلا يُزْهِدَنَّك فيهِ عَمَشُ عينيهِ، وحُموشَةُ ساقيهِ، وضَعْفُ ركبتيه، وقَزَلُ رجليه[3] ونتو جبهتهِ، وبَخَرُ فيهِ، فقال الأعمش: قم عنَّا قبَّحكَ الله، فقد أريتَها من عيوبي ما لم تكنْ تعرفُهُ.

ابن الرومي[4]: (مجزوء البسيط)

تُفَزِّعُ الصِّبيَةَ الصِّغارَ به ... إذا بكى بعضُهم فلم يَنَمِ

دخل بعض الصوفية على الجُنَيد[5] وقعد في طرفِ المجلسِ، فقال له الجنيد: ارتفع، فقال: حسبي من مجلسك مكاني من قلبِكَ.

---

(1) الصاحب بن عبّاد: إسماعيل بن عباد بن العباس الطالقاني، وزير غلب عليه الأدب، فكان من نوادر الدهر علماً وفضلاً وجودة رأي، استوزره مؤيد الدولة ابن بويه الديلمي، ولقب بالصاحب لصحبته مؤيد الدولة من صباه، له جملة تصانيف وديوان شعر، توفي بالري ونقل إلى أصبهان فدفن فيها سنة 385 هـ. معجم الأدباء 2/ 273 - 343، وفيات الأعيان / 75، إنباه الرواة 1/ 201.

(2) الأعمش: سليمان بن مهران الأسدي بالولاء، تابعي مشهور، أصله من بلاد الري، نشأ في الكوفة، كان عالماً بالقرآن والحديث والفرائض، قال الذهبي: كان رأساً في العلم النافع والعمل الصالح، توفي سنة 148 هـ. طبقات ابن سعد 238/6، وفيات الأعيان 1/ 213، تاريخ بغداد 9/ 3، الإعلان والتوبيخ: 66.

(3) القزل: العرج ودقة الساق وذهاب لحم الساق. المعجم الوسيط: قزل.

(4) لم أجده في ديوانه.

(5) الجنيد بن محمد البغدادي الخزاز: صوفي من العلماء بالدين، عرف بالخزاز لأنه كان يعمل الخز، وهو أول من تكلم في علم التوحيد في بغداد، له جملة مؤلفات، توفي سنة 297 هـ. وفيات الأعيان 117/1، حلية الأولياء 10/ 255، تاريخ بغداد7/ 241، صفة الصفوة 235/2، طبقات الحنابلة: 89.

محمد بن بشير: (الكامل)

شمِّرْ نهاراً في طِلابِ العُلَى | واصْبِرْ على هَجْرِ الحبيبِ القَريبْ
حتى إذا الليلُ أتى مُقْبلاً | واستَتَرتْ فيهِ عيونُ الرَّقيبْ
فاسْتَقْبِلِ الليلَ بما تشتهي | فإنَّما الليلُ نهارُ الأديبْ
كم فاسقٍ تحسَبُهُ ناسِكاً | يستَقْبلُ الليلَ بأمرٍ عجيْب

[13 ب]

كان ابن المعتز لا يشرب إلا ليلاً، ويقول: الليلُ أمتعُ، لا يطرقُكَ فيه خبرٌ قاطع، ولا سببٌ مانع.

دخل الشعبيُ وليمةً فقال: كأنكم في مأ تمٍ، أين الدّفُّ والغِناء؟

كان حكماء الهند يُسْمِعونَ المريضَ الغِناءَ، ويزعمون أنَّهُ يُخَفِّفُ العِلَّةَ، ويُقَوِّي الطبيعةَ.

قال يزيد بن المهَلَّب: إيَّاكم والغِناءَ فإنهُ يُسْقِطُ المروءةَ، ويَنْقُصُ الحياءَ، ويُبْدي العَورةَ، ويزيدُ في الشَّهْوةِ، وإنَّهُ لينوبُ عن الخَمْرِ، ويصنَعُ بالعَقْلِ ما يصنعهُ السُّكْرُ، فإنْ كان لا بُدَّ، فجَنِّبُوهُ النساءَ، فإنهُ داعٍ إلى الزِّناءِ.

قيل: غِناءٌ بلا شرابٍ كتحيَّةٍ بلا عَطِيَّةٍ، وهديَّةٍ بلا نِيَّةٍ، ورَعْدٍ بلا مطَرٍ، وشجرٍ بلا ثمرٍ، وحُداءٍ بلا بعيرٍ، وروضةٍ بلا غَديرٍ.

الحسن بن هاني[1]: (الكامل)

وليس الشربُ إلا بالملاهي | وبالحَرَكاتِ من بَمٍّ وزيْرِ

[14أ]

قال صاحب الموسيقى: السَّماعُ كالروح، والخَمْرُ كالجسد، فباجتماعهما يتولد السرورُ.

---

(1) ديوان أبي نواس ص 678. البم والزير: وتران من أوتار العود لكل منهما نغمة خاصة.

سُئِلَ بعضهم عن فرقٍ ما بينَ غِناءَ الرجالِ والنساءِ، فقال: ما خُلِقَتْ الأغاني إلا للغَواني.

قيل: نعيمُ الدنيا أن تسمعَ الغناءَ مِمَّنْ تشتهي تقبيلَهُ.

كشاجم[1] (مجزوء الرمل)

ومُغَنٍ باردُ النَّـ ـغمةِ مُخْتَلُّ اليـدينِ
مـا رآهُ أحدٌ في دارِ قـومٍ مـرتينِ

مرَّ عليٌّ عليه السلام بقومٍ يلعبون بالشطْرَنْجِ فقال: ﴿إِذْ قَالَ لِأَبِيهِ وَقَوْمِهِ مَا هَٰذِهِ التَّمَاثِيلُ الَّتِي أَنتُمْ لَهَا عَاكِفُونَ﴾[2]، ولم يأمرهم برفضهِ، قيل: وإنَّما قال لهم ذلك لأنها في صورة الأفراسِ والفيلةِ.

وكان المأمون يستهين بالشطرنج، مع جودة لعبه به، ويقول: لا يفوقُ المرءُ فيه إلا باستفراغ الذهن كلِّه ولا يتبع قدره ذلك.

كان أهلُ المدينة إذا خطَبَ [14 ب] إليهم مَنْ يلعبُ بالشطرنج لا يزوجونَهُ، ويقولون: إنه إحدى الضَّرَّتين.

قال رسولُ اللهِ صلى الله عليه وسلم : (الأرواحُ جنودٌ مجنَّدة، فما تعارفَ منها ائتلفَ، وما تناكر منها اختلفَ)[3].

قال النبي صلى الله عليه وسلم : (إنَّ اللهَ تعالى إذا أحَبَّ العبدَ ألقى مَحَبَّتَهُ في الماء، فلا يشربُهُ أحدٌ إلاَّ أحَبَّهُ، وإذا أبْغَضَ عبداً ألقى بُغْضَهُ في الماء فلا يشرَبُهُ أحدٌ إلاَّ أبغَضَهُ)[4].

---

(1) ديوان كشاجم: 302.

(2) سورة الأنبياء 52.

(3) الحديث في: صحيح البخاري 4/ 162، صحيح مسلم البر والصلة 159، 160، مسند أحمد بن حنبل 2/ 295، 527، 539، المعجم الكبير للطبراني 6/ 323.

(4) لم أجده في كتب الحديث.

أبو الطيب المتنبي[1]: (الطويل)

أحبُكَ يا شمسَ النهارِ وبَدْرَهُ وإنْ لامني فيكَ السُّها والفراقِدُ

وذاكَ لأنَّ الفضلَ عندَكَ باهرٌ وليس لأنَّ العيشَ عندكَ باردُ

فإنَّ قليلَ الحبِّ بالعقلِ صالحٌ وإنَّ كثيرَ الحبِّ بالجهلِ فاسدُ

كان أبو هريرة رضي اللـه عنه إذا رأى ثقيلاً يقول: اللهمَّ اغفرْ لنا وأرِحنا منه.

[15 أ]

العباس بن الأحنف[2]: (الطويل)

أناسـيةٌ ما كان بيني وبيـنها وقاطعةٌ حَبْـلَ الصَّفاءِ ظلومُ

تعالي نُجَدِّدْ دارِسَ العهدِ بيننا كلانا على طولِ الجَفاءِ ملومُ[3]

سُئلَ فيلسوف عن الشجاعـة فقال: حيلةُ نفسٍ أبيَّـة. كتب الصاحب بن عبَّاد رحمـه اللـه إلى أبـن الإسماعيلي الجرجاني[4]: (الخفيف)

يا أبا بِشْرِنا تأخرتَ عنَّـا فأسأنا ببُعـدِ عهدِكَ ظَنَّـا[5]

كم تمنيتُ لي صديقاً صدوقـاً فإذا أنت ذلك المتمـنَّى[6]

فبغُصْنِ الشبابِ لمَّا تثنَّـى وبعهدِ الصِبا وإنْ بانَ عنَّا

كُنْ جوابي لكي تردَّ شبابي لا تقلْ للرسولِ كان وكُنَّا[7]

قال عمر بن الخطاب رضي اللـه عنه : تزاوروا ولا تجـاوروا.

في كتب الهند: ثلاثـةٌ تزيدُ في الأُنْسِ والثِّقـة: الزيارة في الرحـال، والمواكلة والمحادثة. [15 ب]

---

(1) ديوان المتنبي شرح العكبري 1/ 280.

(2) البيتان من ثلاثة في ديوانه:250 ط دار الكتاب العربي، بيروت 1997 م.

(3) الديوان: تعالوا نجدد دارس الوصل بيننا.

(4) الأبيات في يتيمة الدهر 308/3 - 309.

(5) في اليتيمة: يا أبا الفضل لِمْ تأخرتَ عنَّا فأسأنا بحسن عهدك ظنا

(6) اليتيمة: قد تمنَّتْ نفسي صديقاً صدوقاً.

(7) اليتيمة: كن جوابي إذا قرأت كتابي.

قال النبي صلى الله عليه وسلم : (زُرْ غِبّاً تزددْ حُبّاً)[1]. وقال رسول الله صلى الله عليه وسلم : (أحبِبْ حبيبَك هوناً ما، فعسى أنْ يكونَ بغيضَك يوماً ما،وابغض بغيضَك هوناً ما فعسى يكون حبيبَك يوماً ما)[2] كان عظماء الترك يقولون: ينبغي للقائد في الحرب أن يكون فيه من أخلاق البهائم؛ سخاء الديك، وقلبُ الأسد، وروغان الثعلب، وصبر الكلب على الجراحات، وحراسة الكركي، وحذرُ الغُراب، وغارة الذِئب.

قال هانيء بن قبيصة[3] بن هانيء بن مسعود يوم ذي قار، يحرِّضُ قومه على القتال[4]: الحذرُ لا يُغْني من القَدَر، والصَّبْرُ من أبواب الظَّفر، والمنية ولا الدَّنية، واستقبال الموتِ خيرٌ من استدبارِهِ، والطعنُ في الثُّغَر خيرٌ وأكرمُ منه في الدُّبَر، يا بني بكر، حاموا عن أحسابكم، فما من المنايا بُدٌّ، هالك معذور خيرٌ من ناجٍ فَرور[5]. [16 أ]

قال عليٌّ عليه السلام لابنه محمد رضي الله عنه : لا تدعوَنَّ أحداً إلى البِراز ولا يدعوَنَّك أحدٌ إلا أجبتَهُ، فالداعي باغٍ ، والباغي مصروعٌ.

---

(1) الحديث في: مستدرك الحاكم 347/3، 330/4، مجمع الزوائد 75/8، الترغيب والترهيب 366/3، المعجم الكبير للطبراني 26/4.

(2) الحديث في: سنن الترمذي 1997، المغني عن حمل الأسفار 183/2، لسان الميزان 4/ 310، الكامل في الضعفاء 593/2.

(3) هانيء بن قبيصة بن هانىء بن مسعود الشيباني: أحد الشجعان الفصحاء في أواخر العصر الجاهلي، وهو صاحب وقعة ذي قار حيث انتصف العرب من العجم، توفي في أواخر العصر الجاهلي. جمهرة الأنساب: 305، البيان والتبيين 161/3، رغبة الآمل 199/4، 5 / 211.

(4) أمالي القالي169/1، جمهرة خطب العرب 37/1 مع خلاف يسير في التقديم والتأخير. في الهامش لمؤلف الجمهرة: "كان هذا اليوم من أعظم أيام العرب وأبلغها في توهين أمر الأعاجم، وهو يوم لبني شيبان، وكان أبرويز أغزاهم جيشاً، فظفر بنو شيبان، وهو أول يوم انتصرت فيه العرب من العجم".

(5) السطران الأخيران مكرران في الأصل.

لمَّا بلغ قُتيبة بن مسلم[1] حَدَّ الصين، قال له بعض أصحابه: قد أوغَلْتَ في بلاد الشِّرْك، والحوادث بين أجنحة الدهرِ تُقْبِلُ وتُدْبرُ، فقال:

ثقتي بنصر الله توغَّلَتْ بي بلادَ عدوه، والسلامةُ مقرونٌ بها العَطَبُ، وإذا انقضت المدة لم تنفع العُدَّةُ [قال] الرجل: اسلُكْ حيث شئتَ، فهذا عزمٌ لا يفُلُّهُ إلا الله.

قيل لعبد الملك: من أشجع العرب في شعره؟ فقال: العباس بن مرداس السُّلَمي حيث يقول[2]: (الطويل)

وإني في الحربِ العَوانِ موكَّلٌ بإقدامِ نفسٍ ما أُريدُ بَقاءها

[16ب]

قال الحسن: ما علمتُ أنَّ رجلاً يفضُلُ ألفاً، حتى رأيت عَبَّادَ بن الحُصَين[3]، فإنَّه خاض ثلمةً في سور مدينةٍ بكابُل، كان عليها ألفُ مقاتل، فما زال يقاتلهم عليها طول الليل، حتى أصبح، ومنعهم من حفظها وسدِّها.

كانت قريش إذا رأت علياً عليه السلام في كتيبة، تواصت خوفاً منه.

قيل: موتٌ في عِزٍّ خيرٌ من حياةٍ في ذلٍ.

---

(1) قتيبة بن مسلم بن عمرو الباهلي: أمير فاتح من مفاخر العرب، ولي الري في عهد عبد الملك ابن مروان، ثم خراسان في أيام الوليد بن عبد الملك، غزا ما وراء النهر، وافتتح كثيراً من المدن كخوارزم وسجستان وسمرقند، وغزا أطراف الصين، واشتهرت فتوحاته، وتوفي الوليد واستخلف سليمان بن عبد الملك، وكان هذا يكره قتيبة، فأراد قتيبة الاستقلال بما في يده، وجاهر بنزع الطاعة، واختلف عليه قادة جيشه، فقتله وكيع بن حسان التميمي بفرغانة سنة 96 هـ. تاريخ الطبري 103/8، ابن الأثير 4/5، ثمار القلوب: 173، خزانة الأدب 3/ 657.

(2) البيت من قطعة لقيس بن الخطيم في ديوان الحماسة1/ 108، وليس للعباس بن مرداس ولذلك لم يرد في ديوان العباس بن مرداس تحقيق يحيى الجبوري.

(3) عباد بن الحصين بن يزيد الحبطي التميمي: فارس تميم في عصره، ولي شرطة البصرة أيام ابن الزبير، وكان مع مصعب أيام قتل المختار، وشهد فتح كابل مع عبد الله بن عامر، وأدرك فتنة ابن الأشعث وهو شيخ مفلوج، ورحل إلى كابل فقتله العدو هناك. المعارف لابن قتيبة: 182، المحبر: 222، جمهرة الأنساب: 197، رغبة الآمل 3/ 66.

منصور بن باذان[1]: (المتقارب)

فعشْ ما تعيشُ عزيزَ البقاءِ فذلك خيرٌ وإنْ قيلَ قَـلْ

وطولُ الحــياةِ على ذلَّــةٍ لعَمْـرِكَ عندي حياةُ السِّفَلْ[2]

قال الحجاج لامرأة من الخوارج: و اللـه لأحصدَنَّكم حَصْداً، فقالت: أنت تحصد و اللـه يـزرع، فانظر أينَ قُدرتُكَ من قدرة اللـه تعالى. [17 أ].

كان حكيم بن جَبَلة قُطِعتْ رجلُه يوم الجَمَل، فأخذهـا وضرب بها قاطعَها فقتله، وقال[3]: (الرجز)

يا نفسِ لا تُـراعي إنْ قُطِعتْ كُراعي

إنَّ معي ذراعي

قال ابن الزبير لأمه أسماء رضي اللـه عنه [4]: إني لا آمَـنُ إن قُتِلتُ أنْ يُمَثَّـلَ بي، فقالت: يا بُنَـيَّ، إنَّ الشاةَ لا تحِسُّ بالسلخِ بعد الذبح.

أوصى الاسكندر صاحبَ جيشٍ له فقال: حَبِّبْ إلى عدوك الهرَب، فقال: نعم، قال: كيف تصنع؟ إذا ثبتوا جَدَدْتُ في قتالهم، وإذا هربوا لم أتبعهم.

(1) منصور بن باذان: له ذكر في وفيات الأعيان 76/4، ثمار القلوب:20، التشبيهات: 312، 390، البيتان مع ثالث لمنصور بن باذان في الدر الفريد 4/ 197.

(2) الدر الفريد: لعمرك عندي بقاء السفل.

(3) حكيم بن جبلة العبدي: صحابي كان شريفاً مطاعاً من الشجعان، اشترك في الفتنة أيام عثمان، وفي يوم الجمل قاتل مع علي فقطعت رجله، فأخذها وضرب بها الذي قطعها فقتلته بها، وصار يرتجزحتى مات. الإصابة 64/2، دول الإسلام 18/1.

(4) أسماء ذات النطاقين: أسماء بنت أبي بكر الصديق عبد اللـه بن أبي قحافة، صحابية من الفضليات، آخر المهاجرين والمهاجرات وفاة، وهي أخت عائشة لأبيها، وأم عبد اللـه بن الزبير، طلقها زوجها الزبير فعاشت مع ابنها عبد اللـه إلى أن قتل، وعميت بعد مقتله، كانت فصيحة حاضرة القلب، تقول الشعر، سميت ذات النطاقين لأنها صنعت للنبي صلى اللـه عليه وسلم طعاماً حين هاجر إلى المدينة، فلم تجد ما تشده به فشقت نطاقها وشدت به الطعام، عاشت مئة سنة وهي محتفظة بعقلها، توفيت سنة 73 هـ. طبقات ابن سعد 182/8، صفة الصفوة 31/2، حلية الأولياء 55/2، الدر المنثور: 33، تاريخ الإسلام 133/3.

قطع بنو عمرو بن حنظلة الطريق فكُتِبَ إليهم: أما بعد، فإنكم استنكحتم السِمَن فنسلتم المِهَن، وإني أُقسمُ بالله لئن عاودتم في الظلم، وسعيتم في الإثم، لأبعَثَنَّ إليكم خيلاً تدعُ نساءَكم أيامى، وأبناءكم يتامى، فأيّما رُفْقةٍ وردتْ ماءَ قومٍ منكم، فأهلُ الماء ضامنون لها إلى أن تجاوزهم [17 ب] إلى ماء غيره تقدمةً مني إليكم، وإنذاراً لكم، والانتقام بعقبِ العفو والإنذارُ لا بقيةَ معهُ والسلام.

أحضرَ الرشيدُ عبدَ الملك بن صالح[1] من حبسِهِ، فلما مثلَ بين يديه، أنشد الرشيد[2]:

(الوافر)

أريدُ حياته ويريدُ قتلي عذيرَكَ من خليلِكَ من مُرادِ

و اللـه لكأني أنظرُ إلى شُؤبوبها وقد همَعَ، وإلى عارضها وقد لمع، وكأني بالوعيد وقد أورى ناراً، فأقلع عن راجمٍ بلا معاصم، مهلاً بني هاشم، فبي سهُلَ الوَعْرُ الكدِر، وألقتْ إليكم الأمورُ آنفاً أزِمَّتَها، فذا زمنُ حلولٍ داهيةٍ خبوطٍ باليد، لَبوطٍ بالرجل. فقال عبد الملك: اتَّقِ اللـهَ فيما أولاك، وراقبْهُ فيما استرعاك، ولا تجعلْ الشُّكرَ موضعَ الكفر، والثوابَ محل العقاب، ولا تقطع رَحِمَكَ بعدما وصلتَها، فقد جمعتُ القلوبَ على محبَّتِكَ، وذلَّلتُ بهم الرحالَ [18 أ] لطاعتكَ، وكنتُ كما قال أخو كلاب[3]:

(الرمل)

ومقامٍ ضَيِّـقٍ فرَّجْتـهُ بلساني وبياني وجَدَلْ[4]

---

(1) عبد الملك بن صالح بن علي بن عبد اللـه بن عباس، أمير من بني العباس، ولاه الهادي إمرة الموصل، وعزله الرشيد، ثم ولاه المدينة والصوائف، وولاه دمشق،وبلغه أنه يطلب الخلافة، فحبسه ببغداد، ولما مات الرشيد أطلقه الأمين وولاه الشام والجزيرة، فأقام بالرقة إلى أن توفي، كان فصيحاً خطيباً له مهابة، توفي سنة 196هـ النجوم الزاهرة 90/2، فوات الوفيات 12/2، ابن الأثير 85/6، رغبة الآمل 85/6.

(2) البيت من قطعة لعمرو بن معديكرب في الحماسة البصرية 35/1، الكامل 3/ 1118، ويروى: إريد حباءه ويريد قتلي. والحباء: العطية.

(3) البيتان من قصيدة للبيد بن ربيعة في ديوانه: 193-194.

(4) في الديوان: بمقامي ولساني وجدل.

لو يقومُ الفيــلُ أوفيًا لُه زلّ عن مثلِ مقامي وزَحَلْ

فأمر بردِّه إلى الحبس.

قال رسولُ اللـه صلى اللـه عليه وسلم : "إنَّ الجنَّةَ تحت ظِلال السيوف"[1]. قيـل لبعضـهم: لـو احترستَ (قال): كفى بالأجل حارساً.

قال عليٌّ: إنَّ عليَّ من اللـه جُنَّةً حصينةً، فإذا جاء أجلي انفرجت عنِّي.

قيل لبعضهم: في أيِّ السلاح تحبُّ أنْ تلقى العـدوَّ؟ فقا ل: في أجلٍ حريزٍ.

قال رسول اللـه صلى اللـه عليه وسلم : "ما مدَّ الناسُ أيـديهم إلى شيء مـن السـلاح، إلا وللقـوس عليـه فضلٌ[2] [18 ب] سأل عمر بن الخطاب رضي اللـه عنه عمرو بن معـدي كـرب عـن الأسـلحة، فقـال: مـا تقول في الرمح؟ قال: أخوك، وربَّما خانك، قال: فالنبل؟ قـال: منايـا تُخطـيء وتُصـيب، قـال: فالـدِّرع؟ قـال: مشغَلةٌ للفارس، مَتْعَبَةٌ للراجل، وإنها لحِصْنٌ حصينٌ، قال: فالتُرسُ؟ قال: مَجـنٌ وعليـه تـدور الـدوائر، قـال: فالسيف؟ قال: ثكِلتْك أمُّك، فقال عمر: بل ثكلتك أمُّك، فقال عمروٌ: الحُمَّى أصرعتني.

قيل لأعرابي: أيسُرُّكَ أنْ تكون من أهل الجَنَّة وإنَّك لا تُدْرِكُ ثاراً أبداً؟ قـال: بـل يسرني أنْ أُدركَ الثـأرَ وأنفي العارَ، وأدخلُ مع فرعون النارَ.

قال رسولُ اللـه صلى اللـه عليه وسلم : "مَنْ قُتِلَ له قتيل فأهلُهُ بين خِيْرتَين، إنْ شـاؤا قتلـوا، وإنْ شاؤوا أخذوا الدِّيَّةَ[3]".

قال رسولُ اللـه صلى اللـه عليه وسلم : (لا يُقْتَلُ مؤمنٌ بكافرٍ، ولا ذو عهدٍ في عهْدِهِ، وسـوَّى بـين الصريح والهجين)[1] قال كسرى لوزيره: انظر إلى مَنْ كان له عبيدٌ فأحسَنَ سياسَتهم، فوَلِّهِ الجُنْدَ، ومَنْ كـان له ضَيْعَةٌ فأحْسنَ تدبيرَها فَوَلِّهِ الخراجَ.

---

(1) الحديث في: مستدرك الحاكم 70/2، تعليق التعليق لابن حجر: 942، كنز العمال 10483، إرواء الغليل للألباني 5/ 6.

(2) كنز العمال: 10874.

(3) الحديث في: مسند الشافعي 343، بدائع المنن للساعاتي: 1432، شرح السنة للبغوي 10/ 159، الفقيه والمتفقه للبغدادي 1/ 115.

قال عمرو بن العاص: سلطانٌ عادلٌ، خيرٌ من مَطَرٍ وابل، وعَدْلٌ قائمٌ خيرٌ من عَطَاءٍ دائم.

قيل: أحسِنْ والدولةُ لك، يُحْسَنُ إليكَ والدولةُ عليك، وأنشد[2]:(الوافر)

إذا هَبَّتْ رياحُكَ فاغتَنِمْها   فإنَّ لكلِّ خافقةٍ سكونُ[3]

ولا تغفَلْ عن الإحسانِ فيها   فما تَدْري السكونَ متى يكونُ

استعملَ عمرُ بن الخطاب رضي اللـه عنه رجلاً، فقال له: إنَّ العملَ كُورٌ، فانظر كيف تخرجُ منه.

نظر الفضل بن مروان[4] في رقاعِ الناس، فإذا رقعةٌ فيها: (الطويل)

تعَزَّزْتَ يا فضلُ بن مروانَ فاعتبِرْ   فقبلَكَ كانَ الفضلُ والفضلُ والفضلُ

ثلاثةُ أمـلاكٍ مَضـَوا لسبيلِهم   أبادَتْهُمُ الأيـامُ والحـبْسُ والقَتْـلُ

[19ب]

وإنَّكَ قد أصبَحْتَ في الناسِ ظالماً   ستودي كما أودى الثلاثةُ من قبلُ

يعني: الفضلُ بن يحيى، والفضلُ بن الربيع، والفضلُ بن سهْلٍ.

حمل عاملٌ لأنو شروان من الأهواز فضلَ ثمانينَ ألف درهـم عـلى العـبرة القائمـة، فسـأله عـن ذلـك، فقال: وجدتُ في أيدي قومٍ فضولاً فأخذتُها منهم. فقال: رُدوا هذا المال على مَنْ أُخِذَ منه، فإنَّ مثلنا في ذلك كمثلِ مَنْ طَيَّنَ سَطْحَهُ بترابِ

---

(1) الحديث في: سنن أبي داود: 4006، سنن الترمذي 1412، 1413، شعب الإيمان للبيهقي: 2660، السنن الكبرى للبيهقي 8/ 30، 194، تاكامل في الضعفاء 5/ 1968.

(2) البيتان لأعرابي من بني أسد من قطعة في الدر الفريد 2/ 94.

(3) في الدر الفريد: فكل الخافقات لها سكون.

(4) الفضل بن مروان بن ماسرجس: وزير كان حسن المعرفة بخدمة الخلفاء، أخذ البيعة للمعتصم ببغداد بعد وفاة المأمون، وكان المعتصم في بلاد الروم، فاستوزره نحو ثلاث سنوات، واعتقله ثم أطلقه، فخدم بعده جماعة من الخلفاء، له ديوان رسائل وكتاب جمع 271، الوزراء والكتاب في مواضع متعددة فيه الأخبار، توفي سنة 250 هـ. وفيات الأعيان 414/1، النجوم الزاهرة 233/2،

أساسِ بيته، فيوشك أن يكونَ ضعْفُ الأساسِ، وثَقَلُ السَّطْح مسرعينَ في إخرابِ البيتِ.

شاعـر[1]: (البسيط)

أحسَنْتَ ظَنَّكَ بالأيامِ إذْ حسُنَتْ ولم تَخَفْ سُـوءَ ما يأتي به القَدَرُ

وسالَمَتْكَ الليالي فاغْتَرَرْتَ بها وعندَ صفوِ الليالي يَحْدُثُ الكَـدَرُ

وقَّعَ جعفر بن يحيى إلى عاملٍ: كَثُرَ شاكوكَ، وقَلَّ شاكروك، فإمَّـا عدَلْتَ [20 أ] وإلا اعتزلْتَ[2].

استعمل المنصور رجلاً على خراسان، فأتَتْهُ امرأةٌ في حاجةٍ، فلم تجد عندَهُ غَناءً، فقالت: أتدري لِـمَ ولاَّكَ أميرُ المؤمنين خراسانَ؟ قال: لِمَ؟ قالت: لينظرَ هل يتمُّ أمرُها بلا والٍ أم لا.

قال أبو العيناء[3] لصاعد[4]: نحنُ في دولتك محرومون، وفي عزلتك مرحومون.

تظَلَّم أهلُ الكوفة إلى المأمون من والٍ كان عليهم، فقال المأمون: لا أعلمُ في عمالي أعـدَلَ منـه، فقـام رجلٌ فقال: إنْ كان عاملُنا بهذا الوصف، فيجبُ أنْ تعدلَ

---

(1) البيتان منثلاثة للإمام الشافعي في ديوانه: 80.

(2) الكامل للمبرد1/ 392، العقد الفريد4/ 219، الأجوبة المسكتة: 7، جمهرة توقيعات العرب 2/ 290.

(3) أبو العيناء: محمد بن القاسم بن خلاد الهاشمي بالولاء: أديب فصيح من الظرفاء ومن أسرع الناس جواباً، أشتهر بنوادره ولطائفه، كان ذكياً حسن الشعر، جيد الكتابة، خبيث اللسان في سب الناس، كف بصره بعد الأربعين، توفي سنة 283 هـ. نكت الهميان:265، وفيات الأعيان 1/ 504، لسان الميزان 5/ 344، تاريخ بغداد 170/3.

(4) صاعد بن مخلد: وزير من أهل بغداد كان نصرانياً وأسلم على يد الموفق العباسي، واستكتبه الموفق ووجهه في مهمات، ولقب بذي الوزارتين، كان حازماً ضابطاً كريماً نبيلاً، كثير الصدقات والصلوات، أراد الموفق مالاً لقتال عمرو بن الليث الصفار، فتلكأ صاعد، فسجنه وقبض على أمواله، فظل في السجن إلى سنة 275 هـ، ونقل إلى دار في الجانب الغربي من بغداد على دجلة فتوفي فيه سنة 276 هـ. الديارات: 54، 175، المنتظم 5/ 66، 101 الكامل لابن الأثير حوادث سنة 265، 272، ثمار القلوب: 233.

بولايته، فتجعلَ لكلِّ بلدٍ منهُ نصيباً، لتسوي بعدلِهِ بينهم، وإذا فعلَ أميرُ المؤمنين ذلك، لا يُصيبُنا منه أكثرَ من ثلاثِ سنين، فضحك وعزله.

قال ابن مسعود[1]: إذا كان الإمامُ عادلاً فلهُ الأجرُ وعليك الشكرُ، وإنْ كان جائراً فلهُ الوِزْرُ وعليكَ الصبرُ. [20 ب]

قال رسول الله صلى الله عليه وسلم : "ما من أحدٍ من المسلمين وليَ أمراً فأرادَ اللهُ به خيراً، إلا جعل معهُ وزيراً صالحاً، إنْ نسيَ ذَكَّرهُ، وإنْ ذكرَ أعانَهُ"[2].

قيل: صاحبُ السلطانِ كراكبِ البَحْرِ، إنْ سَلِمَ بجسمِهِ من الغَرَقِ، لم يسلَمْ بقلبهِ من الفَرَقِ.

قال ابن عباس رضي الله عنه : السلطانُ عِزُّ اللهِ في الأرضِ، فمَن استَخَفَّ به فنابتْهُ نائبةٌ فلا يلومَنَّ إلا نفْسَهُ.

قيل: السلطانُ سوقٌ تُجلبُ إليهِ ما يُنفِقُ فيه.

قيل: لا شيءَ أضيعُ للمملكةِ، وأهلَكُ للرعيةِ من شدةِ الحجابِ للوالي، ولا أهيَبَ للرعية والعُمالِ من سهولةِ الحجابِ، لأنهم إذا تَيَقَّنوا سهولةَ الحجابِ أحجموا عن الظلمِ، وإذا تيقنوا صعوبتَهُ هجموا على الظلم. [21 أ]

قال رسولُ الله صلى الله عليه وسلم : "مَن وَليَ شيئاً من أمورِ المسلمين ثم حجبَ عنه، حَجَبَ اللهُ عنه يوم القيامة"[3].

---

(1) ابن مسعود: عبد الله بن مسعود بن غافل بن حبيب الهذلي، من أكابر الصحابة من أهل مكة، من السابقين إلى الإسلام، وأول من جهر بقراءة القرآن، وكان خادم رسول الله الأمين وصاحب سره، ورفيقه في حله وترحاله، كان قصيراً جداً ويحب التطيب، له خطب مشهورة وله 848 حديثاً، توفي في المدينة سنة 32 هـ صفة الصفوة 154/1، حلية الأولياء 124/1، الإصابة ت 4955، البدء والتاريخ 5/ 97، غاية النهاية 1/ 458.

(2) لم أجد الحديث بهذا اللفظ.

(3) الحديث مع خلاف يسير في اللفظ في: الطبقات الكبرى لابن سعد 150/7، السنن الكبرى للبيهقي 101/10، تلخيص الحبير لابن حجر 188/4، البداية والنهاية 126/8، السلسلة الصحيحة للألباني: 629.

قال أميرُ المؤمنينَ عليٌّ كرم اللـه وجهه: بئسَ الزادُ ليومِ المعادِ العدوانُ على العِبادِ.

محمد بن عمران[1]: (الطويل)

سأتركُ هذا البابَ ما دامَ إذْنُهُ على ما أرى حتى يخفَّ قليلا[2]

إذا لم نجدْ يوماً إلى الإذنِ سُلَّماً وجدنا إلى تركِ المجيءِ سبيلا

قيل: الشريفُ يظلمُ مَنْ فوقَهُ، ويظلمُهُ مَنْ دونَهُ.

قيل: استطرفِ الكاتبَ، واستعقلِ الحاجبَ، شاعر: (الطويل)

وإني إذا ظنَّ الأميرُ بإذْنِهِ على الإذنِ من نفسي إذا شئتُ قادرُ

قال مالك بن طوق[3]: دخلَ إليَّ يوماً مجنونٌ ونحنُ نأكلُ، فأكلَ معنا، وجاء يوماً آخرَ فحُجِبَ، فرآني يوماً مع أماثلِ أهلِ البصرةِ، فقال:

(البسيط) [21 ب]

عليكَ إذْنٌ فإنَّا قد تغَدَّيْنا لسنا نعودُ وإنْ عُدْنا تَعَدَّيْنا

يا أكلةً سلفَتْ أبقَتْ حزازَتُها داءً بقلبكَ ما صُمْنا وصَلَّينا

فما أُتي عليَّ كلامٌ أشدَّ منه.

أنشدني شيخُ الشيوخ صدرُ الدين علي بن النيَّار رحمه اللـه قريباً من هذا:

(المتقارب)

وخِلٍّ وَدودٍ دعاني إليه ولم يدْرِ أنِّي خَلٌّ ودُودُ

---

(1) البيتان من ثلاثة لأبي العميثل محمد بن عمران في الدر الفريد 335/3.

(2) الدر الفريد: على ما أرى حتى يلين قليلا.

(3) مالك بن طوق بن عتَّاب التغلبي: أمير من الأشراف الفرسان الأجواد، ولي إمرة دمشق للمتوكل العباسي، وبنى بمساعدة الرشيد بلدة "الرحبة" على الفرات، وتعرف برحبة مالك، كان فصيحاً له شعر، توفي سنة 259 هـ. دول الإسلام للذهبي 1/ 123، فوات الوفيات 2/ 142، معجم البلدان 4/ 136، النجوم الزاهرة 3/ 32.

هتكْتُ حريمَ فراريجـهِ		وكانت حِمىً أنْ تُمَسَّ الجلودُ
فدونَ الرقابِ تُفَكُّ الرقابُ		ودونَ الكُبودِ تُفَـتُّ الكُبودُ
فقال وقد ساءهُ ما صنعتُ		أخي كـذا تُسْتثارُ الحُقـودُ
فقلتُ له سيديَ لا أعودُ		فقال تعـودُ أنـا لا أعـودُ

قال كسرى: العبدُ الصالحِ خيرٌ من الولد، لأنَّ العبدَ لا يرى استواءَ أمرهِ [22 أ] بموتِ سيِّدِهِ، والابنُ لا يرى ذلك إلا بموت أبيهِ.

قال بزرجمهر: إنَّا نداري خَدَمنا فنحنُ ملوكٌ على رعيتنا، وخدمُنا ملوكٌ على أرواحِنا، لا حيلـةَ لنـا في التحَرُّزِ منهم.

قال رسولُ الـلـه صلى الـلـه عليه وسلم : (اتقوا الـلـه في خَوَلكم، فإنهم أشقَّاؤكم، لم يُنْحَتوا من حجَرٍ، ولم يُنشَروا من شجرِ، اطعموهم ما تأكلون، واكسوهم ما تلبسون، واستعينوا بهم في....، فإن عجزوا فـأعينوهم، وإنْ كرهتموهم فبيعوهم، ولا تُعَذِّبوا خَلْقَ الـلـه)[1].

أمر محمد بن سليمان[2] برجلٍ ليُلْقى من أعلى القصر، فقال الرجل: اتَّقِ الـلـهَ، فقـال: خلـوا سـبيلَه، فإني أكرهُ أن أكونَ مِمَّنْ قال الـلـهُ تعالى فيه: (وَإِذَا قِيلَ لَهُ اتَّقِ اللَّهَ أَخَذَتْهُ الْعِزَّةُ بِالْإِثْمِ)[3].

قيلَ للمأمون: لمَ لا أدَّبْتَ غُلمانك؟ قال: هـم أمناؤنـا عـلى أنفُسِـنا، فـإذا أخفنـاهم كيـفَ نـأمَنُهم؟. [22 ب]

قال ابن المعتز: آنَ للحقِّ أن يتَّضِح، وللباطل أنْ يفتضح.

([1]) لم أجد الحديث بهذا اللفظ.

(2) محمد بن سليمان بن علي العباسي: أمير البصرة، وليها في أيام المهدي، وعُزِلَ فأعاده الرشيد وزوجه أخته العباسة بنت المهدي، كان غنياً نبيلاً، سمت نفسه إلى الخلافة، وصده عن الجهر بطلبها ما كانت عليه من القوة في أيام المهدي والرشيد، توفي سنة 173 هـ. تاريخ بغداد 291/5، النجوم الزاهرة 2/ 47، و 70، و73، الكامل لابن الأثير 6/ 17، الوافي بالوفيات 3/ 121.

(3) سورة البقرة، الآية 206.

خطب سويد بن منجوف خطبةً طويلة لصلحِ رامَهُ، فقال له رجلٌ: أنت منذ اليوم ترعى غير مرعاك، أفلا أدلك على المقال؟ فقال: بلى، فحمد الله وأثنى عليه، ثم قال: أما بعدُ فإنَّ الصُّلحَ بقاءُ الآجال، وحزمُ الأموال، والسلام. فلما سمع القومُ تعانقوا وتواهبوا الدِّيَّات.

كتب نصربن سيَّار[1] في أمر أبي مسلم صاحب الدولة شعر[2]:

(الوافر)

أرى خَلَلَ الرمادِ وميضَ نارٍ ويوشكُ أن يكونَ لها ضرامُ

فإنَّ النارَ بالعودينِ تُذْكى وإنَّ الحربَ أولُها كلامُ[3]

أقولُ من التعجُّبِ ليتَ شعري أأيقاظٌ أميَّةُ أم نيامُ

فإنْ يَكُ قومُنا أمسَوا نياماً فقلْ هُبُّوا فقد آنَ القيامُ [23 أ]

قصد الاسكندر موضعاً فحاربَتْهُ النساء، فكَفَّ عنهنَّ، فقيل له في ذلك، فقال: هذا جنسٌ إنْ غَلَبْناهُ، فما لنا فيه من فَخْرٍ، وإنْ غَلَبَنا فذلك فضيحة الدهر.

قال عليٌّ كَرَّم اللهُ وجهَهُ يوم الجمل: إنَّ الموت طالبٌ حثيثٌ، لا يُعجزُه المقيمُ، ولا يفلتُهُ الهاربُ، إنْ لم تُقْتَلوا تموتوا، وإنَّ أشرفَ الموتِ القتلُ.

قال المتوكل لأبي العيناء: إني أفرقُ من لسانك، فقال: يا أميرَ المؤمنين، الشريفُ ذو فروقةٍ وإحجام، واللئيمُ ذو وقاحةٍ وإقدام.

([1]) نصر بن سيار بن رافع الكناني: أمير من الدهاة الشجعان، كان شيخ مضر بخراسان ووالي بلخ، وَلِيَ إمرة خراسان، وغزا ما وراء النهر، ففتح حصوناً وغنم مغانم كثيرة، وأقام بمرو، وقويت الدعوة العباسية في أيامه، فكتب إلى بنيَ مروان بالشام يحذرهم وينذرهم، فلم يأبهوا للخطر، وتغلب أبو مسلم على خراسان، وانتظر نصر النجدة من بني أمية فلم يفلح، إلى أن مرض في مفازة بين الري وهمدان، وتوفي سنة 131هـ ابن الأثير 148/5، خزانة الأدب 1/ 326، البيان والتبيين 28/1.

(2) الأبيات في عيون الأخبار 1/ 163.

(3) بعده في عيون الأخبار:

فإن لم يطفِها عقلاء قوم يكون وقودها جثثٌ وهامُ

قيل لرجل: لِمَ لا تغزو؟ فقال: إني أكره الموت على فراشي، فكيف أركض إليه برجلي؟.

قال الربيع: جلس المنصور يوماً فقال: مَنْ يصفُ صالحاً ابني، وكان قد تكلم بكلام حسن، وكان قد رشحه لأن يوليه بعضَ أمورِهِ، فكلهم هاب المهدي، فقال [23 ب] شَيْبة بن عِقال: للهِ دَرُّهُ، ما أفصحَ لسانَهُ، وأمضى جَنانَهُ، وأبَلَّ ريقَهُ، وأسهلَ طريقَهُ، وكيف لا يكون كذلك وأميرُ المؤمنين أبوه، والمهدي أخوه، ثم أنشد قول زهير[1]: (البسيط)

هو الجَوادُ فإنْ يلحَقْ بشأوِهما ... على تكاليفهِ فمثلُهُ لَحِقا

أو يسبُقاهُ على ما كان من مَهَلٍ ... فمثلُ ما قدَّما من صالحٍ سَبَقا

وما فُضِّلَ الولدُ على الوالد بأحسن من قولِ أبي الطيِّب[2]: (البسيط)

فإنْ تكنْ تغلبُ العلياءُ عُنصُرُها ... فإنَّ في الخمرِ معنىً ليس في العنَبِ

قال ارسطاطاليس: إذا كان الإنسان خسيسَ الأبوين، شريفَ النفسِ، كانت خِسَّةُ أبويهِ زائدةً في شرفِهِ، وإذا كان شريفَ الأبوين، خسيسَ النفسِ كان شرفُ أبويهِ زائداً في خِسَّتهِ.

لابن الرومي[3]: [24 أ] (الطويل)

وما الحَسَبُ الموروثُ لا دَرَّ دَرُّهُ ... بمحتَسَبٍ إلا بآخرَ مكتسَبْ

إذا العودُ لم يُثمِرْ وإنْ كانَ شُعْبَةً ... من المثمراتِ اعتدَّهُ الناسُ في الحطَبْ

وفد حاجبُ بنُ زُرارة على أنو شروان، فاستأذنَ عليه، فقال كسرى للحاجب: سَلْهُ من هو؟ فقال: رجلٌ من العرب، فلما مَثَلَ بين يديهِ قال له: من أنتَ؟ قال: أنا

---

(1) ديوان زهير بن أبي سلمى: 51 - 52.

(2) ديوان المتنبي 1/ 91.

(3) ديوان ابن الرومي 88/1.

سيد العرب، قال: أليسَ زعمتَ أنَّك رجلٌ منهم؟ قال: لما أكرمني الملكُ وأجلسني صرتُ سيِّدَهم، فحشا فاه لؤلؤاً.

قال خالد بن سالم: دخلتُ على أسامة بن زيد، فأثنى عليَّ ثناءً حَسَناً، ثم قال لي: إنما حملني على أن أمدَحَك في وجهِكَ لأنني سمعت رسول الله صلى الله عليه وسلم (يقول):

(إذا مُدِح المؤمنُ في وجهه ربا الإيمانُ في قلبه)[1].

أثنى رجلٌ على هشام فقال: إنَّا نكره المدحَ، فقال: لستُ أمدَحُكَ، ولكني أحمدُ اللهَ فيك. [24 ب]

كتب أرسطاطاليس إلى الاسكندر: إنَّ كلَّ عقيلةٍ يأتي عليها الدهر فيُخلِقُ أثرَها ويُميتُ ذِكرَها، إلا ما رسخَ في القلوب من الذكر الحَسَنِ، يتوارثُه الأعقاب.

قال المأمون: مَنْ مدحَ لنا رجلاً فقد تكفَّلَ بهِ.

لابن الرومي[2]: (الطويل)

كَرُمتمْ فجاشَ المفحمون بمدحكم إذا رجزوا فيكم أثْبَتم فقَصَّدوا[3]

كما ازدهرت جناتُ عَدْنٍ وأثمَرتْ فأضحتْ وعُجْمُ الطيرِ فيها تُغَرِّدُ

عمارة بن عقيل[4]: (الطويل)

أرى الناسَ طُرّاً حامدينَ لخالدٍ وما كلُّهم أفضَتْ إليه صنائعُهْ

ولن يترَكَ الأقوامُ أنْ يحمدوا الفتى إذا كَرُمتْ أعرا فُهُ وطبائعُهْ[5]

شاعر[6]: (الطويل)

إذا أنا بالمعروفِ لم أثنِ صادقاً ولم أذْمُمِ الجِبْسَ اللئيمَ المُذَمَّما[1]

---

(1) الحديث في: مجمع الزوائد 119/8، مستدرك الحاكم 591/3، المعجم الكبير للطبراني 135/1، اتحاف السادة المتقين 182/4، كنز العمال 182.

(2) البيتان لابن الرومي من قصيدة طويلة في ديوانه 385/1.

(3) الديوان: كرمتم فجاش المعجمون بمدحكم.

(4) البيتان في ديوان عمارة بن عقيل: 75، تحقيق شاكر العاشور، ط دار الينابيع، دمشق 2006.

(5) الديوان: ولن يترك الأقوام أن يمدحوا الفتى إذا كرمت أخلاقه وطبائعه

(6) البيتان لأبي العالية في عيون الأخبار 172/3، وزهر الآداب للحصري 1/ 250.

ففيمَ عرفتُ الخيرَ والشرَّ باسمِهِ   وشَقَّ لي اللـهُ المسامعَ والفَما [25 أ]

قال رسول اللـه صلى اللـه عليه وسلم : (نِعمَ الإدامُ الخَـلُّ)[2].

قال أبو نواس: المائدة بلا بقْلٍ كشيخٍ بلا عقلٍ، والمجلسُ بلا رَيْحان كشجرٍ بلا أغصان.

كان الحسن بن سهل[3] يأكلُ مع المأمون، فقُدِّم الأُرُزُّ، فقال: الأرُزُّ يزيد في العمر، فقال المأمون: كيف؟ فقال: ذكر أطباء الهند أن الأرُزَّ يُري المنامات الحسنة، ومن رأى مناماً حسناً كان في نهارين، فاستحسن المأمون ذلك.

رُوي عن النبي صلى اللـه عليه وسلم أن نبيًّاً من أنبياء بني إسرائيل شكا إلى اللـه سبحانه وتعالى ضَعْفاً في بدنه، فأوحى اللـهُ تعالى أنْ اطبخ اللحمَ بالبُرِّ، فإني قد جعلتُ القوةَ فيهما.

دُفِع إلى أعرابيين رغيفان بينهما كامخ، فقال أحدهما خرا ورب الكعبة، فذاقه الآخر فاستطابه، وقال: نعم، ولكن خرا الأمير.   [25 ب]

قال عليٌّ عليه السلام: من ابتدأ غِداءَهُ بالملح أذهبَ اللـه عنه سبعين داءً، منها الجُذامُ والبَرَصُ.

قيل لبقراطٍ: ما يزيدُ في العمر؟ قال: مَنْ أدام أكلَ العسل ودهن جسمه زاد اللـه بذلك في عمره.

كان المأمون مولَعاً بأكلِ الطِّين، فسأل بختيشوع عن دوائه، فقال: عزمةٌ من عزماتِ أمير المؤمنين، فآلى على نفسه ألاَّ يعاودَ تناولَهُ.

قيل: أجودُ العنبِ ما غَلُظَ عمودُهُ، واخضَرَّ عودُهُ، وسَبُطَ عَنْقودُهُ.

قال النبي صلى اللـه عليه وسلم : (نِعْمَ الشيءُ الرُّمانُ، ما من رُمَّانةٍ إلا وفيها حبَّةٌ من رُمَّان الجنَّة، مَنْ أكلها نوَّرَتْ قلبَهُ، وأذهَبتْ عنه الوَسْواس) [1].

---

(1) عيون الأخبار: إذا أنا لم أشكر على الخير أهله. زهر الآداب: إذا أنا لم أمدح.

(2) الحديث في: صحيح مسلم: 1621، 1622، مسند أحمد بن حنبل 301/3، 364، هق 7/ 280، 10/ 63، الأذكارالنووية 208.

(3) في الأصل: الحسن بن سويد، وهو تحريف، والحسن بن سهل وزير المأمون، سبقت ترجمته.

أبو فراس بن حمدان[2]: (الوافر)

لنا بيتٌ على عُنُقِ الثُّرَيَّا بعيدُ مذاهبِ الأطنابِ سامِ [26 أ]

تُظَلِّلُهُ الفَوارسُ بالعَوالي وتفرُشُهُ الولائدُ بالطَّعامِ

قال سُفيان: دخلنا على سلمان الفارسي رضي اللـه عنه فقال: لولا أن النبي نهانا أن نتكلف للضيف لتكلَّفتُ لكم، ثم جاءنا بخبز وملح، فاقترحنا عليه الصَّعْتر فذهب بمطهرته ورهنها، فلما أكلنا قال أحدنا: الحمد لله الذي قنَّعنا بما رزقنا، فقال سلمان: لو قنَّعكم لم تكن مطهرتي مرهونة.

قال رسول اللـه صلى اللـه عليه وسلم : (مَنْ كان يؤمن باللهِ ورسولِه فليُكْرِم جارَه، وليس منِّي من بات شبعانَ وبجنبِهِ جارٌ طاوٍ)[3].

قال اللـه تبارك وتعالى: (هَلْ أَتَاكَ حَدِيثُ ضَيْفِ إِبْرَاهِيمَ الْمُكْرَمِينَ)[4]، قيل: إنما وصفهم بذلك لأنه صلى اللـه عليه وسلم قام في خدمتهم بنفسه.

اجتاز كسرى في بعض حروبه بشيخٍ من عسكره قد استظل بشجرةٍ، وقد شدَّ دابتَهُ وألقى سلاحَهُ، فقال: يا نذلُ، نحن في الحرب، وأنت في هذه الحالة؟ فقال: أيها الملك، إنَّما بلغتُ هذه السِّنَّ بهذا التوقِّي، فقال: زِهْ[5]، وأعطاه مالاً.

قيل لرجلٍ: إنْ انهزمتَ لَغضبَ الأميرُ، فقال: لأن يغضبَ الأميرُ وأنا حيٌّ، أحَبُّ إليَّ من أنْ يرضى وأنا ميِّتٌ. [27 أ]

([1]) لم أجد الحديث بهذا اللفظ.

(2) ديوان أبي فراس: 194، ط دار الشرق العربي، بيروت 1992 م.

(3) الحديث بلفظ: من كان يؤمن بالله ورسوله فليكرم ضيفه. في: الترغيب والترهيب 1/ 532.

(4) الذاريات 24.

(5) زه: كلمة تقولها الفرس عند استحسان شيء. معجم الألفاظ الفارسية المعربة لأدي شير: 81.

أبو دُلامـة[1]: (الوافر)

يقول لي الأميرُ بغيرِ نُصْحٍ تقَدَّمْ حينَ جَـدَّ بنا المِراسُ[2]

ومالي إنْ أطَعْتُكَ من حياةٍ ومالي بعدَ هذا الرأسِ راسُ[3]

انهزم رجلٌ من صِفِّين، فقيل له: ما خبرُ الناس؟ فقال من صبرَ أخزاه اللـه، ومن انهزم نجَّاه اللـه.

قيل: الشجاع يقاتلُ عَمَّن لا يعرفُهُ، يفرُّ عن عِرْسِهِ، والجواد يُعْطي مَنْ لا يسألُه، والبخيـل يمنـعُ مـن نفسه.

قال المدائني: قَـدِمَ الأحنفُ بن قيس على معاوية، فأقام أشهراً لا يسألُهُ معاوية عمَّا قَدِمَ له، فقـال: يا أمير المؤمنين، إنَّك تُرْعيني خِلاطاً كثيراً، وتورِدُني ظِمْئاً طويلاً، أفيأسٌ ورواحٌ، أم حبسٌ ونجاحٌ؟ فقال: بـل حبسٌ ونجاحٌ. [27 ب]

قال رسولُ اللـه صلى اللـه عليه وسلم : (ألا أخـبرُكم بشِرارِكم؟ مَـن أكـلَ وحـدَهُ، وضربَ عبـدَهُ، ومنعَ رِفْـدَه)[4].

وقال صلى اللـه عليه وسلم : (كلُّ مُسْكِرٍ حرامٌ، وما أسكرَ كثيرُهُ فقليلُهُ حرامٌ)[5].

قال إبليس: مهما أعجزني ابن آدم، فلن يعجزني إذا سكر، أن آخذُ زمامَهُ فأقوده حيث أشاء، وأحملُهُ على ما أريد.

---

(1) أبودلامة: زند بن الجون الأسدي بالولاء، شاعر مطبوع، من أهل الظرف والدعابة، أسود اللون جسيم وسيم، نشأ في الكوفة واتصل بالخلفاء من بني العباس، فكانوا يستلطفونه ويغدقون عليه صلاتهم، وله مدائح في بعضهم، أخباره كثيرة ومتفرقة، توفي سنة 161 هـ وفيات الأعيان 190/1، الأغاني 10/ 235 -237 ط الدار، تاريخ بغداد 8/ 488، الشعر والشعراء: 300، معاهد التنصيص 211/2.

البيتان في: القلامة من شعر أبي دلامة، لمحمد بن شنيب: 143، ط الجزائر 1922 م.

(2) في القلامة: يقول لي الأمير بغير جرم.

(3) القلامة: ومالي غير هذا الرأس راس.

(4) الحديث في: مسند أحمد بن حنبل 6/ 459، مستدرك الحاكم 4/ 270، تفسير ابن كثير 8/ 218.

(5) الحديث في: صحيح البخاري 5/ 205، 8/ 36، سنن الترمذي 1864، 1866، سنن النسائي 8/ 297، 298، سنن أبي داود: 3687.

قيل: مات الأعشى في بيت خمَّارةٍ فارسية، فقيل لها: ما كان سببُ موتهِ؟ فقالت: منها بها بكُشْتُش، تعني قوله[1]: (المتقارب)

وكأسٍ شَرِبْتُ على لَذَّةٍ وأخرى تداوبتُ منـها بها

كان المتنبي ينادمُ أبا الفوارسِ[2]، فانصرفَ من عندَهُ ليلةً وقد أُثْخِنَ سُكْراً، فلما أصبحَ أتاهُ الرسولُ يدعوه، فقال [3]: (المتقارب)

وقدمْتُّ أمسِ بها موتَةً ولا يشتهي الموتَ مَنْ ذاقَهُ [28 أ]

وقيل للعباس بن مرداس[4]: لو شربتَ النبيذ لازددْتَ جـرأةً، قـال: مـا كنـتُ لأُصبحَ سـيِّدَ قـومي، وأُمسي سفيهَهم.

قال عُبَيد اللـه بن زياد للأحنف: أي الأشرِبة أطيَبُ؟ فقال: الخمرُ، قـال: ومـا يُـدريكَ ولستَ مـن أهلها، قال: رأيتُ مَن أُحِلَّتْ له لا يتعدَّاها، ومَنْ حُرِّمَتْ عليهِ يتأولُها، فعرفتُ طِيبَها.

قال الوليد للحجَّاج: هل لك في الشراب؟ فقال: لا يا أمير المؤمنين، وليس بحرامٍ ما أحْلَلْتَهُ، ولكني أمنعُ أهلَ عملي منه، وأكرهُ أنْ أخالِفَ قولَ العبد الصالح: ﴿وَمَا أُرِيدُ أَنْ أُخَالِفَكُمْ إِلَى مَا أَنْهَاكُمْ عَنْهُ﴾[5]، فأعفاه.

ابن المقفع: (الوافر)

سأشربُ ما شَرِبْتُ على طعامي ثلاثاً ثم أترُكُهُ صحيحا
فلسْتُ بقارفٍ منهُ أثامـــاً ولستُ براكبٍ منهُ قبيحا

[28 ب]

---

(1) ديوان الأعشى: 34، تحقيق محمد أحمد قاسم، ط المكتب الإسلامي، بيروت 1994 م.

(2) أبو الفوارس: دِلَّيْر بن لَشْكَرَوْز، مدحه المتنبي بقصيدة سنة 353هـ وقد كان جاء إلى الكوفة لقتال الخارجي الذي نجم بها من بني كلاب، وانصرف الخارجي قبل وصول دلير إليها. ديوان المتنبي 3/ 289.

(3) ديوان المتنبي 2/ 350.

(4) العباس بن مرداس بن أبي عامر السلمي: شاعر فارس من سادات قومه، أدرك الجاهلية والإسلام، أسلم قبيل فتح مكة، كان ممن ذم الخمر وحرمها في الجاهلية، له ديوان شعر جمعه وحققه يحيى الجبوري، توفي سنة 18 هـ. الإصابة ت 4502، تهذيب التهذيب 130/5، سمط اللآلىء: 32، طبقات ابن سعد 15/4، خزانة الأدب 1/ 73.

(5) هود 88.

قال ابن عباس رضي الله عنه : لجليسي عليَّ ثلاثٌ؛ أرميهِ بنظري إذا أقبلَ، وأوسعُ له إذا جلسَ، وأصغي إليهِ إذا حدَّثَ.

قال يحيى بن أكثم[1]: ما رأيتُ أكرمَ من المأمون، بِتُّ عندَهُ ليلةً، فعَطِشَ وكَرِهَ أنْ يصيحَ بالغُلمان، وكنتُ منتبِهاً، ورأيتُهُ قد قامَ فمشى قليلاً قليلاً إلى البَرَّادةِ حتى شَرِبَ ورَجَعَ، ورأيتُهُ ليلةً وأنا عندَهُ وحدي وقد أخذه سُعالٌ، فرأيتُهُ يسدُّ فاهُ بكُمِّهِ كيلا أنتبِه.

قال شبيب بن شَيْبَة[2]: لم يبقَ من لذَّاتِ الدنيا إلا أربعةٌ؛ مجالسةُ الإخوان، ومناسمة الوِلدان، وملامسةُ النسوان، ومُداولةُ الكأس مع النُّدمان.

قال المأمون: اطوِ خبرَ أمسِ مع ذهابِ أمس، فهو أدومُ للسرورِ، وأسلمُ للصدورِ.

قيل لبعضهم: تَمَنَّ، فقال: وجهُ حبيبٌ، ومُغَنٍ مُصيبٌ [29 أ] وساقٍ أديبٌ، ونديمٌ لَبيبٌ.

قيل لصَفْعان: ما المعنى في الصَّفْع؟ دخل عثمانُ على ابن مسعود رضي الله عنه عائداً، فقال: ما تشتكي؟ قال: ذنوبي، فقال: وما تشتهي؟ قال: رحمةَ ربي، فقال: ألا ندعو لك طبيباً؟ فقال: الطبيبُ أمرضني، فقال: ألا نأمر لك بشيءٍ؟ قال: ما منعتني قبل

([1]) يحيى بن أكثم بن محمد التميمي: قاض رفيع القدر، من نبلاء الفقهاء، يتصل نسبه بأكثم بن صيفي حكيم العرب ولد بمرو، واتصل بالمأمون أيام مقامه بها، فولاه قضاء البصرة، ثم قضاء القضاة في بغداد، وأضاف إليه تدبير مملكته، كان حسن العشرة حلو الحديث، أمر المامون أن لا يحجب عنه ليلاً أو نهاراً، له غزوات ضد الروم عاد منها مظفراً، وبعد وفاة المأمون عزله المعتصم عن القضاء، وصادر المتوكل أمواله، فرحل إلى مكة مجاوراً، توفي سنة 242 هـ وفيات الأعيان 2/ 217، أخبار القضاة لوكيع 2/ 161-167، طبقات الحنابلة 1/ 410، الجواهر المضية 2/ 210، ثمار القلوب: 122.

([2]) شبيب بن شيبة بن عبد الله التميمي: أديب الملوك، وجليس الفقراء، وأخو المساكين، من أهل البصرة، كان يقال له "الخطيب" لفصاحته، وكان شريفاً من الدهاة، ينادم خلفاء بني أمية، ويفزع إليه أهل بلده في حوائجهم، توفي سنة 170 هـ تهذيب التهذيب 4/ 307، البيان والتبيين 1/ 62، ميزان الاعتدال 441/1، ثمار القلوب: 22.

اليوم، فلا حاجة لي فيه اليوم، قال: فدعْهُ لعيالك، قال: إني علَّمتهم شيئاً إذا راعَوهُ لم يفتقروا، سمعتُ رسولَ الله صلى الله عليه وسلم يقول: (مَنْ قرأ كلَّ يومٍ وليلةٍ الواقعة لم يفتقرْ أبداً)[1].

دخل بختيشوع على يحيى بن خالد بعقِبِ حُمَّى، فقال له: تَوَقَّ، فإنَّ حُمَّى ليلةٍ تأثيرُها في البدَنِ سنةٌ، وعنده وكيع فقال: صَدَقَ، فقال يحيى: ما أقرَبَ تصديقَكَ إيَّاهُ؟ فقال: قال النبي صلى الله عليه وسلم : (حُمَى ليلةٍ كفَّارةُ سنةٍ)[2] فعلمت أن هذا كما قال.

[29 ب]

كتب عليٌّ بن القاسم: بلغني من حالِ رَمَدٍ عرضَ له ما أظلمَ ناظري، وأرمَدَ خاطري، وأذهَلني عن كلِّ مهمٍّ، وخَفَّفَ في عيني كلَّ مُلِمٍّ.

عبد الله بن المعتز[3]: (المنسرح)

قالوا اشتكتْ عينُهُ فقلتُ لهم   من كثرةِ القتْلِ مسَّها الوَصَبُ[4]

حُمْرَتُها من دماءِ مَنْ قتَلتْ   والدمُّ في النَّصْلِ شاهدٌ عَجَبُ[5]

قال طبيبٌ لمريض: لا تأكل السمك ولا اللحم، فقال: لو كانا عندي ما مَرِضْتُ. مَرِضَ أميرُ المؤمنين[6] عليه السلام، فدخل إليه الناس، فقالوا: كيف

([1]) الحديث مع خلاف يسير في اللفظ في: إتحاف السادة المتقين 5/ 154، كنز العمال: 2700، الترغيب والترهيب 2 /228.

([2]) الحديث بلفظ: "حمى ليلة تكفر خطايا سنة" في: إتحاف السادة المتقين 176/9، 526، 529، المغني عن حمل الأسفار للعراقي 4/ 281، تذكرة الموضوعات: 206، كشف الخفاء 1/ 440.

(3) ديوان ابن المعتز 3 / 211.

(4) الديوان: من كثرة الفتك مسها الوصبُ.

(5) الديوان: حمرتها من دماء من فتكت.

(6) هو علي بن أبي طالب عليه السلام.

تجدُكَ؟ قال: بشَرٍّ، قالوا: هذا كلامُ مثلك؟ فقال: أجل، إن اللـه تعالى يقـول: ﴿وَنَبْلُوكُمْ بِالشَّرِّ وَالْخَيْرِ فِتْنَةً﴾ [1]، فالخيرُ الصحة، والشرُّ المرضُ.

اعتلَّ الفضلُ بن سهلٍ[2] بخراسان، ثم برأ، فدخل عليه الناس يُهَنِّئونـهُ بالعافيـة، فقـال: إنَّ في العِلَّـةِ لَنِعَماً ينبغي للعاقلِ أن يعرفها، تمحصُ الذَّنْب [30 أ]، والتعـرضُ للثـواب، والإيقـاظ مـن الغفلـة، والإذكـار بالنعم في حال الصحة، والاستدعاء للتوبة، والحضُ على الصدقة، وفي قضاء اللـه تعالى وقدَرِهِ الخَيارُ.

دخل الحسن بن علي عليهما السلام على عليلٍ قد أبَلَّ، فقال: إنَّ اللـه تعالى أقالكَ فاشكرهُ، وذكَّرك فاذكرْهُ.

كتب ابن المعتز إلى عليل: آذنَ اللـهُ بشفائك، وتلَقى داءَك بدوائك، ومسحكَ بيـد العافيـة، ووجـه إليك وافدَ السلامة، وجعلَ عِلَّتَكَ ماحيةً لذنوبكَ، مضاعفة لثوابك.

دخل رجلٌ على مريض فقال لأهله: آجركم اللـه، فقيل: إنه لم يمت، فقال: يموتُ إن شاء اللـه.

قيل: إذا كان الطبيب حاذقاً والعليلُ عاقلاً، والقَيِّمُ فَهِماً، فأجْدِرْ بالداءِ انْ يزولَ.

[30 ب]

لسعت عقربُ رجلاً، فقال أعرابي: عندي دواؤه، فقيل: ما هو؟ فقال: الصياح حتى الصباح.

---

(1) الأنبياء 35. وجاءت الآية في الأصل: ونبلوكم بالخير والشر فتنة.

(2) الفضل بن سهل السرخسي: وزير المأمون وصاحب تدبيره، كان مجوسياً واتصل به في صباه وأسلم على يده، وصحبه قبل أن يلي الخلافة، فلما وليها جعل له الوزارة وقيادة الجيش معاً، ولذلك لقب بي الرياستين (السياسة والحرب)، كان حازماً عاقلاً فصيحاً، قتل في الحمام سنة202 هـ. وفيات الأعيان 1/ 413، الكامل لابن الأثير 6/ 85، 118، تاريخ بغداد 2/ 339، الوزراء والكتاب، ينظر فهرسته.

ابن نباتة السعدي[1]: (الكامل)

حاولْ جسيماتِ الأمورِ ولا تقُلْ إنَّ المحامدَ والعُلى أرزاقُ
وارغبْ بنفسِكَ أنْ تكونَ مُقصِّراً عن غايةٍ فيها الطِلابُ سِباقُ

قال معاويةُ لابنه: كنْ مترفِّعاً عن الناس، متسَتِّراً منهم. قال رسولُ اللـه صلى اللـه عليه وسلم : "احتفظوا بنطَفكم، فالعِرْقُ نَزَّاعٌ"[2].

قيل: أيُّ النساء أشهى، قال: التي تخرجُ من عندها كارهاً، وترجعُ إليها والهاً.

جاءتْ امرأةٌ إلى الحسن وقالت: يا أبا سعيد، أتفتي الرجالَ أنْ يتزوجوا على النساء؟ فقال: نعم، فقالت: على مثلي؟ وكشفتْ قِناعَها عن وجهٍ كالقمر، فلما وَلَّتْ، قال الحسن: ما على رجلٍ مثل هذه في زاوية بيته ما أقبلَ عليه من الدنيا وما أدبرَ.

[31 أ]

قُدِّم هُدبة بن خَشْرَم العُذري ليُقادَ بابنِ عَمِّهِ، فأخذَ ابن المقتول السيف، فضاعف له الدِيَّةَ، حتى بلغَ مائةَ ألفٍ، فخافتْ أمُّ الغُلام أنْ يقبلَ، فقالت:

أُعطي اللـهَ عهداً إنْ لم تقتله لأتزَوَّجَنَّهُ، فيكونُ قد قتلَ أباك وناكَ أُمَّكَ. شاعر:

(الخفيف)

ما غِناءُ الحِذارِ والإشفاقِ وشآبيبِ دمعِكِ المهراقِ
هَوِّني ما استطَعْتِ واقنَي حياءً لستِ تبقينَ لي ولستُ بباقِ
أيُّنا قدَّمَتْ حُتُوفُ المنايا فالذي أخَّرَتْ سريعُ اللَّحاقِ
قلتُ للفَرْقَدينِ والليلُ مُلْقٍ ثوبَ أرواقِهِ على الآفاقِ
أبقيا ما بقيتُما سوفَ يُرْمَى بينَ شخصيكما بسهْمِ الفِراقِ
غُرَّ مَنْ ظَنَّ أنْ يفوتَ المنايا والمنايا قلائدُ الأعناقِ

([1]) البيتان من قصيدة في ديوان ابن نباتة السعدي 272/2، تحقيق عبد الأمير الطائي، ط وزارة الإعلام بغداد 1977، ومن قطعة في الدر الفريد 3/ 213.

([2]) لم أجد الحديث بهذا اللفظ.

لا يدومُ البَقاءُ للخَلْقِ لكنْـ ـنَ دوامُ البقاءِ للخَلاَّقِ

[31ب]

قال رسول اللـه صلى اللـه عليه وسلم : (رؤيا المؤمن جزءُ من ستَّةٍ وأربعينَ جُزْءاً من النبوَّةِ)[1].

سأل رجلُ ابنَ سيرين عن تعبير منامه، وقال: رأيتُني أسبحُ في غيرِ ماءٍ، فقال: إنَّك تكثرُ الأماني.

ولي يحيى بن أكثم قضاء البصرة وعمرُه دون العشرين، فأرادَ بعضُ أهلِها منه لذلك[2]، فقال: كم سنُّ القاضي أيَّدَهُ اللـه؟ فقال: سنُّ عتَّاب بن أسيد حين ولاَّه رسولُ اللـهِ صلى اللـه عليه وسلم قضاءَ مكَّة، فجعل جوابَه احتجاجاً. وأمَّرَ رسولُ اللـه صلى اللـه عليه وسلم سعدَ بن أبي وقَّاص رضي اللـه عنه ، وسِنُّهُ دونَ العشرين، وولَّى الحجاجُ محمد بن القاسم قتالَ الأكرادِ بفارس فأبادَهم، ثم ولاَّهُ قتالَ الهند والسند فأحمِدَ أثرُهُ، وسِنُّهُ سبعَ عشرةَ، فقال فيه الشاعر[3]:

(الكامل)

قادَ الجيوشَ لسبعِ عشرةَ حجةً يا قُرْبَ ذلكَ سؤدداً من مولدِ[4]

[38 أ]

ذكر أعرابيٌّ رجلاً فقال: أولُهُ طمَعٌ، وآخِرُهُ يأسٌ، ما هو إلا كالسراب يُخلِفُ مَنْ رجاهُ، ويغُرُّ مَنْ رآه.

ابن الرومي[5]: (الكامل)

طالَ المِطالُ ولا خلودُ فحاجَةٌ مقْضيَّةٌ أو بَرْدُ يأسٍ ينقَعُ

واعلمْ بأنِّي لا أُسَرُّ بحاجةٍ إلا وفي عُمري بها مُسْتَمْتَعُ

([1]) الحديث في: صحيح البخاري 9/ 39، 42، سنن أبي داود 5018، سنن الترمي 2278، 2279، مسند أحمد بن حنبل 2/ 233، 269، سنن الدارمي 123/2.

([2]) العبارة غير واضحة، يريد: فاستصغروه.

([3]) البيت دون نسبة في الدر الفريد 4/ 287.

([4]) قلت: بعد هذه الورقة ستة ورقات ناقصة، وتأتي الورقة 38.

([5]) ديوان ابن الرومي 330/2.

قيلَ لأبي العيناء: كيف تركتَ فلاناً في قومهِ؟ فقال: يعدُهم ويُمَنِّيْهم: ﴿وَمَا يَعِدُهُمُ الشَّيْطَانُ إِلَّا غُرُورًا﴾[1].

العطوي[2]: (البسيط)

هذي رقاعُكمُ بالرِّفْـــدِ وافِرةٌ وليسَ فيها بحمدِ الـلـهِ تـــوفيرُ

أمضيْتَ عَزْمَكَ في تضييعِ حُرْمَتِنا فليسَ عندَكَ في التَّقْصيرِ تقصيرُ

قال الـلـهُ تبارك وتعالى: ﴿مَنْ يَشْفَعْ شَفَاعَةً حَسَنَةً يَكُنْ لَهُ نَصِيبٌ مِنْهَا وَمَنْ يَشْفَعْ شَفَاعَةً سَيِّئَةً يَكُنْ لَهُ كِفْلٌ مِنْهَا﴾[3]. [38 ب]

قال رسولُ الـلـه صلى الـلـه عليه وسلم : "ارحموا ثلاثةً: عزيزَ قومٍ ذَلَّ، وغنيَّ قومٍ افتقَرَ، وعالماً بين جُهَّالٍ"[4].

قيل: لما غَرِقَتْ البصرةُ وكان الناسُ يستغيثون، خرج الحسنُ ومعهُ قِصْعَةٌ وعصا، وقال: نجا المُخِفُّونَ.

شاعر[5]: (الكامل)

خُلُقانِ لا أرضى طريقَهُما بَطَرُ الغَنيِّ ومـذَلَّةُ الفَقْرِ

فإذا غنيتَ فلا تكُنْ بَطِراً وإذا افتقَرْتَ فَتِهْ على الدَّهرِ

---

(1) النساء 120.

(2) العطوي: محمد بن عبد الرحمن بن أبي عطية: أبو عبد الرحمن الكناني، من شعراء الدولة العباسية مولده بالبصرة، كان معتزلياً، يعد من المتكلمين الحذاق، اشتهر في أيام المتوكل، واتصل بأبي دواد، وكان منهوماً بالنبيذ، وله فيه وفي الفتوح أشعار كثيرة، توفي نحو سنة 250 هـ. معجم الشعراء للمرزباني: 432، سمط اللآلىء: 140، 339، لسان الميزان 5/ 247، 285. البيتان في الدر الفريد 365/5.

(3) النساء 85.

(4) الحديث مع خلاف يسير في: الدررالمنتثرة للسيوطي: 12، تكرة الموضوعات: 102، الموضوعات لابن الجوزي 236/1، الفقيه والمتفقه للبغدادي 1/ 43.

(5) البيتان للطبري محمد بن جرير في تاريخ ابن عساكر 351/18، الدر الفريد 253/3.

صالح بن عبد القدوس[1]: (مجزوء الكامل)

اللـه أحـــمدُ دائماً فبلاؤهُ حسَنٌ جميلْ

أصبحتُ مسروراً معا في بينَ أنعُمهِ أجولْ

خِلواً من الأحزانِ خِفَّ الظَّهرِ يقنعنـي القليلْ [39 أ]

حُرّاً فلا مَنٌّ لمخـ ـلوقٍ عليَّ ولا سبيلْ

ونَفَيْتُ بالـيأسِ المُنى عنّي فطابَ لي المقيلْ

قال رسولُ اللـه صلى اللـه عليه وسلم : (إنَّ لك في مالـكَ شريكـين؛ الحـدثانُ والـوارِثُ، فـلا تكـن أحسنَ الثلاثةِ نصيباً)[2].

استشار رجلٌ الشَّعْبي في التزويج، فقال: إنْ صبَرْت عن الباهِ فاتَّقِ اللـهَ ولا تتزوج، وإنْ لم تصبرْ فاتَقِ اللـهَ وتزوَّجْ.

قال رسول اللـه صلى اللـه عليـه وسـلم : (خـير النسـاء التـي إذا أُعطِيَـتْ شـكَرَتْ، وإنْ حُرِمَـتْ صَبَرَتْ، تسُرُّكَ إذا نظرتَ، وتُطيعُكَ إذا أمَرْتَ)[3].

قيل: ثلاثةٌ مَنْ كُنَّ فيه استكمَلَ الإيمان؛ مَنْ إذا غَضِبَ لم يُخْرِجْهُ غَضَبُهُ عن الحـقِّ، ومَـنْ إذا رَضيَ لم يُخرِجْهُ رِضاهُ إلى الظلم، ومَنْ إذا قَدَرَ لم يتناولْ ما ليس له.

قيل: أربعٌ من الشقاوةِ؛ جمود العين، وقساوةُ القلبِ، والإصرارُ على الذَّنبِ، والحِرْص على الدنيا. [39 ب]

([1]) صالح بن عبد القدوس البصري، لعبد اللـه الخطيب ص 132، الراغب الأصفهاني، محاضرات الأدباء 2/ 581، الثعالبي: أحسن ما سمعت: 17 - 19.

([2]) الحديث بلفظ: إن لك في مالك ثلاث شركاء، في: كنز العمال 16147.

(3) الحديث مع خلاف في اللفظ وتقديم وتأخير في: الدر المنثور 151/2، تفسير ابن كثير 2/ 257، مجمع الزوائد 4/ 273/4.

قيل: ثمانيةٌ إنْ أُهِينوا فلا يلوموا إلا أنفسَهم ؛ الجالسُ على مائدةٍ لم يُدْعَ إليها، والمتأمِّرُ على ربِّ البيتِ، وطالبُ الخيرِ من أعدائهِ، وطالبُ الفضلِ من اللئام، والداخلُ بينَ اثنين من غير أن يُدْخِلاه، والمستَخِفُّ بالسلطانِ، والجالسُ مجلساً ليسَ له بأهلٍ، والمقبِلُ بحديثهِ على مَنْ (لا) يستمعُ منه.

قيل: اثنان يهونُ عليهما كلُّ شيءٍ؛ العالمُ الذي يعرفُ العواقبَ، والجاهلُ الذي لا يدري ما هو فيه.

قيل: شيئان ينبغي للعاقلِ أنْ يحذَرْهما؛ الزمانُ والأشرارُ.

قيل: شيئان يُدَبِّران الناسَ؛ القضاءُ والرجاءُ.

يقال: فسادُ أكثر الأمورِ من خَصْلَتين؛ إذاعة ُالسِّرِّ، وائتمان أهلِ الغَدْرِ.

قال عليٌّ عليه السلام: مَنْ استطاعَ أنْ يمنَعَ نفسَهُ من أربعِ خِصالٍ [40 أ] فهو خليقٌ أنْ لا ينزل به مكروهٌ؛ اللجاجةُ والعجلةُ والتواني والعُجْبُ، فثمرةُ اللجاجة الحيرة، وثمرة العجلة الندامة، وثمرة التواني الذلَّة، وثمرة العُجب البُغْضة.

وقيل: أطيب اللحم عُوْذُهُ، أي ما عاذ بالعظم، قال المسيح صلوات الله عليه وسلامُه: لحمٌ يأكلُ لحماً، أُفٌ لهذا عملاً.

استقبلَ عُمَرُ رجلاً ثلاثة أيام متواليات، قد اشترى اللحمَ، فعلاهُ بالدِرَّة وقال: إن اللهَ تعالى يبغُضُ قوماً لَحْمين، عاقب بين اللحم وغيره.

عاب عائبٌ السويق[1] عند الطفاوية، وكانت امرأةٌ أدركت أصحاب رسول الله صلى الله عليه وسلم ، فقالت: لا تفعلْ، فإنه طعامُ المسافرِ والعجلان والحزين والسَّمِنة والنُّفْساء والمريض.

لعبد الملك بن محمد بن إسماعيل[2]: (الكامل)[40 ب]

وسَميطةٍ صفراءَ ديناريَّةٍ دُهْناً ولوناً زفَّها لك حَزْوَرُ

ظَلْنا نُنَضِّرُ جِلْدَها عن لحمِها وكأنَّ تِبْراً عن لُجَيْنٍ يُقْشَرُ

([1]) السويق: طعام يتخذ من مدقوق الحنطة والشعير، سُمي بذلك لانسياقه في الحلق. المعجم الوسيط: سوق.

([2]) هو أبو منصور الثعالبي المتوفى 429 هـ ولم أجد البيتين في ديوانه جمع محمود الجادر.

اغتابَ أعرابيٌّ رجلاً، والتفتَ فرآهُ، فقال: لو كان خيراً ما حضَرْتَهُ.

قيل لأعرابي: ما أنحَفَكَ؟ قال: سوءُ الغِذاء، وجُدوبةُ المرعى، واعتلاج الهُمومِ في صدري. قيل لسقراطٍ: قد نحلَ جسمُكَ، فقال: الضامرُ أحقُّ بالعِناية.

قال الجُنَيْدُ: حضرتُ أبا عبدِ الله الأشنانَداني، وكان ضريراً، فقرأ القاريءُ: ﴿يَعْلَمُ خَائِنَةَ الْأَعْيُنِ وَمَا تُخْفِي الصُّدُورُ﴾[1] فقال: سقط عني نصف العمل.

قيل لبشار: ما أذهَبَ اللهُ تعالى ناظِرَي أحدٍ إلا عوَّضهُ منه شيئاً، فما الذي عوَّضك؟ فقال: ألاَّ أرى مثلك.

أصابَ أعورَ رمَدٌ، فقال: يا ربِّ ليس عليّ محمَلُ.

كتب الصاحبُ في أعور رسالة ليثبتَ [41 أ] اسمَهُ في العُميان: هذا الفتى وإنْ نقصَ عن العُميان درجةً، فقد جَبَرَ عمى عينه بعمى قلبه، فالحِقْهُ بهم، والسلام.

قال المأمون لليزيدي[2]: لم نركَ منذُ أيام، فقال: حدثَ في سمعي ثِقَلٌ، فأنا أتعبُكَ الآنَ إفهاماً واستفهاماً، فقال: الآنَ طِبتَ أنْ تكونَ معنا، ما شئنا أسمعناكهُ، وما احتشمنا منه أسرَرْناه عنك، فأنتَ غائبٌ شاهدٌ.

رأى بعضُهم سوداءَ مخَمَّرةً بمَعَصْفَرةٍ فقال: (البسيط)

كأنها فحمةٌ في رأسها نارُ

رأى مخَنَّثٌ زنجياً يفجُرُ برومِيَّةٍ، فقيلَ له: ماذا يفعلُ ذاك؟ فقال: يولجُ الليلَ في النهار.

قيل لأعرابي في يوم بارد: أما تجدُ البردَ؟ فقال: لا، لقد اتصل على بدني العُريُ فاعتادَ ما اعتادت وجوهُكم.

([1]) غافر 19.

([2]) اليزيدي: إبراهيم بن يحيى بن المبارك، أبو إسحاق اليزيدي العلوي، أديب شاعر من ندماء المأمون العباسي، له أخبار معه في مجالسه وأنسه، له كتب منها: بناء الكعبة وأخبارها، والنقط والشكل، ومصادر القرآن، وما اتفق لفظه واختلف معناه، توفي سنة 225 هـ. معجم الشعراء 1/ 360، إنباه الرواة 1/ 189، نزهة الألباء: 223.

وقيل لآخر: ما أصبرك على البرد؟ فقال: كيف لا يصبرُ عليه مَنْ طعامُه الريحُ، وسِراجُهُ الشمسُ، وسقفُه السماء.   [41 ب]

الحسين بن مطير[1]:   (الكامل)

متضاحكٌ بلوامعٍ مُسْتَعْبرٌ   بمدامعٍ لم تَمْـرِها الأقذاءُ
فلهُ بلا حَزَنٍ ولا بمَسَرَّةٍ   ضَحِكٌ يُراوِحُ بينَهُ وبُكاءُ

شاعر[2]:   (البسيط)

أما ترى اليومَ ما أحلى شمائلَهُ   صحوٌ وغيمٌ وإبراقٌ وإرعادُ
كأنهُ أنتَ يا مَنْ لا شبيهَ لهُ   وَعْدٌ وخُلْفٌ وتقريبٌ وإبعادُ

قال رسولُ الله صلى الله عليه وسلم : "الشتاءُ ربيعُ المؤمن، قصُرَ نهارُهُ فصامَهُ، وطال ليلُهُ فقامَهُ"[3].

قال بقراط: من لم يبتهج لرؤية الربيع، ويتَرَوَّحُ بنسيم أنواره، فهو عديمُ حِس، أو سقيمُ نفسٍ.

الصنوبري[4]:   (البسيط)

إنْ كان للصيفِ رَيحانٌ وفاكهةٌ   فالأرضُ مستوقَدٌ والجوُّ تنورُ

[42 أ]

([1]) الحسين بن مطير بن مكمل الأسدي: شاعر متقدم في القصيد والرجز، من مخضرمي الدولتين الأموية والعباسية، له أماديح في رجالهما، وفي معن بن زائدة، توفي سنة 169 هـ. معجم الشعراء 1159، فوات الوفيات 144/1، الأغاني 16 /21 - 34.
البيتان من قطعة في ديوان الحسين بن مطير 28،، تحقيق محسن غياض، وأمالي القالي 1 /174، ديوان المعاني 6/2، معجم الأدباء: 1159.

([2]) في شعر الأفوه الأودي قصيدة على وزنها ومعناها في الطرائف الأدبية: 9-10، وليس منها هذان البيتان.

([3]) الحديث في: مسند أحمد بن حنبل 75، السنن الكبرى للبيهقي 297/2، مجمع الزوائد للهيثمي 3/ 200، تهذيب تاريخ دمشق 5/ 224، حلية الأولياء 8/ 325.

([4]) الأبيات من قصيدة في ديوان الصنوبري: 42، تحقيق إحسان عباس، ط دار صادر بيروت 1998 م.

وإن يكنْ في الخريفِ النخلُ مخترَفاً   فالأرضُ عُريانةٌ والجوُّ مقـرورُ

وإن يكن في الشتاءِ الغيثُ متصلاً   فالأرضُ محصورةٌ والجوُّ مأسورُ

ما الدهرُ إلا الربيعُ المستنيرُ إذا   أتى الربيعُ أتاكَ النَّورُ والنّورُ

فالأرضُ ياقوتةٌ والجوُّ لؤلؤةٌ   والنبتُ فيروزَجٌ والماءُ بلُّورُ

قال جالينوس: مَنْ كان له رغيفٌ فليجعَلْ نِصْفَهُ في النَّرْجِس، فإنَّهُ راعي الدِّماغ، والدماغ راعي العقل.

قال الحُسَين بن عليٍّ عليهما السلام: جاءني رسول الله صلى الله عليه وسلم وبكلتي يديهِ وردةٌ، وقال: "إنه سيِّدُ رياحين الجنة ما خلا الآس"[1].

ذُكِرَ البِطيخ، فقال بعضهم: هو فاكهة وأدمٌ وحلواءُ وأشنانُ، وعند العدم قعبٌ للدام، ويُطلى به في الحمام، وبه فُسر أزكى طعام.

[42 ب]

قال رسول الله صلى الله عليه وسلم : "ما من رجلٍ يغرسُ غَرْساً، أو يزرعُ زرعاً فيأكلُ منه إنسانٌ أو طائرٌ أو بهيمةٌ، إلا كان له صدقةٌ"[2].

قال رسول الله صلى الله عليه وسلم : "اكرموا النخلةَ فإنها عمَّتُكم"[3].

وصف خالد بن صفوان النخلَ فقال: هُنَّ الراسخاتُ في الوحلِ، المطعماتُ في المَحْلِ، تُخرجُ أسفاطاً عظاماً وأوساطاً، كأنها مُلئتْ رياطاً، ثم تتفرَّى عن قضبان اللُّجَيْن، منظومةً باللؤلؤ الزَّين، فيصيرُ ذهباً أحمر، منظوماً بالزَّبرجد الأخضر، ثم يصيرُ عسلاً في لِحاءٍ، معلقاً في الهواء.

([1]) لم أجد الحديث بهذا اللفظ.

(2) الحديث مع خلاف في اللفظ في: مسند أحمد بن حنبل 415/5، مجمع الزوائد 67/4، الترغيب والترهيب 3/ 377، إتحاف السادة المتقين 6/ 104.

([3]) الحديث بلفظ" اكرموا عمتكم النخلة "في: الضعفاء للعقيلي 256، الكامل في الضعفاء 6/ 2424، الموضوعات لابن الجوزي 1/ 184، الدرر المنتثرة 42، البداية والنهاية 2/ 66.

ذُكِرَ التُّفاحُ بحضرةِ المأمون فقال: في التُّفاح الصُّفْرة النديَّة، والحُمْرة الذهبيَّة، وبياض الفِضَّة نورُ القمر، يلَذُّها من الحواس ثلاثٌ؛ العينُ بلونها، والأنفُ بعَرْفها، والفم بطعمها.

[43 أ]

قال رسول الـلـه صلى الـلـه عليه وسلم : "أفضلُ العبادةِ انتظارُ الفَرَج"(1).

قصد أعرابي النبي صلى الـلـه عليه وسلم فقال: إني ذو مِحَن، فعلمني شيئاً انتفعُ به، فقال له: "أكثر الاستغفارَ، فإنَّ الـلـهَ تعالى يقول: (اسْتَغْفِرُوا رَبَّكُمْ إِنَّهُ كَانَ غَفَّارًا (10) يُرْسِلِ السَّمَاءَ عَلَيْكُمْ مِدْرَارًا (11) وَيُمْدِدْكُمْ بِأَمْوَالٍ وَبَنِينَ وَيَجْعَلْ لَكُمْ جَنَّاتٍ وَيَجْعَلْ لَكُمْ أَنْهَارًا)(2)

قال بعض الكتَّاب: أصبحتُ يوماً مغموماً، فأتاني رجلٌ بظَهْرٍ لأكتبَ له شيئاً، فإذا فيه(3):

(مجزوء الكامل)

رَوِّحْ فُؤادَكَ بالرِضا تَرْجِعْ إلى رَوْحٍ وطِيْبِ
لا تيأسَنَّ وإنْ ألَـحَّ الدهـرُ من فَرَجٍ قريبِ

فسُرِّيَ عنِّي. يقال: ثلاثٌ موبقاتٌ؛ الكِبْرُ فإنَّهُ حَطَّ إبليسَ عن مرتبتِهِ، والحِـرْصُ، فإنَّـهُ أخـرجَ آدمَ مـن الجَنَّة، والحسدُ فإنَّه دعا ابن آدمَ إلى قتلِ أخيهِ.

[43 ب]

شكا يوسف صلى الـلـه عليه وسلم طولَ الحبسِ، فأوحى الـلـه تعالى إليه:

أنتَ حبستَ نفسك حيث قلتَ: {السجنُ أحبُّ إليَّ}، هَلاَّ قلتَ: العافية أحبُّ إليَّ.

سأل رجلٌ رسول الـلـه صلى الـلـه عليه وسلم ، فقال: ما بِرُّ الحَـجِّ؟ فقـال: (العَـجُّ والـثَّجُّ)، فـالعجُّ: الإهلالُ، والثَّجُّ: النَّحرُ.

---

(1) الحديث بلفظ: أفضل العبادة الانتظار للفرج. في اتحاف السادة المتقين 5/ 30.
(2) نوح 10 - 12.
(3) البيتان مع ثالث دون نسبة في الدر الفريد 3/ 325.

قال النبيُّ صلى اللـه عليه وسلم : "مَنْ زارني بعدَ موتي، فكأنَّما زارني في حياتي، ومن مات في أحد الحرمين، بُعِثَ من الآمنين يومَ القيامة"[1].

قال رسول اللـه صلى اللـه عليه وسلم : "أعظمُ النساء بركةً أحبُّهنَّ وجوهاً وأرخصُهُنَّ مهوراً"[2].

قال عثمان بن عنبسة بن أبي سفيان: أرسلني أبي إلى عمِّي عُتْبة لأخطبَ إليهِ ابنتَهُ، فأقعَدني إلى جنبِهِ وقال: مرحباً بابنٍ لم ألدهُ، أقربُ قريب، خطبَ إليَّ أحَبَّ حبيبٍ، لا أستطيعُ له رَدّاً، ولا أجدُ [44 أ] من تشفيعه بُدّاً، قد زوَّجْتُكَها، وأنتَ أعزُّ عليَّ منها، وهي ألوَطُ بقلبي منك، فأكرمها يعذُبُ على لساني ذِكْرُك، ولا تُهِنْها فيصْغَرُ عندي قَدْرُك، وقد قَرَّبْتُكَ مع قُرْبِكَ، فلا تُباعِدْ قلبي من قلبِك.

قيل للحطيئة: ما تركتَ على بناتِكَ؟ قال: الحافظَين؛ العُريُ والجوعُ، أعريهنَّ فلا يبرَحْنَ، وأجيعُهنَّ فلا يمرَحْنَ.

قال عليٌّ لفاطمة عليهما السلام: ما خيرُ النساء؟ فقالت: ألا يَرَيْنَ الرجالَ ولا يرونَهُنَّ، فذكر ذلك للنبي صلى اللـه عليه وسلم ، فقال: "إنها بِضْعَةٌ مني"[3].

دخلَ ابن أمِّ مكتوم[4] على رسول اللـه صلى اللـه عليه وسلم ، وعندهُ بعضُ نسائه، فأقامها، فقالت: إنه أعمى، فقال: "العُميٌ أنتنَّ".

([1]) الحديث في: سنن الدارقطني 278/2، إتحاف السادة المتقين 416/4، تلخيص الحبير لابن حجر 266/2، كنز العمال 12372، الترغيب والترهيب 2/ 224، الفوائد المجموعة: 117، الدرر المنتثرة: 159.

([2]) الحديث بلفظ: أعظم النساء بركة أيسرهن مؤنة، في: مسند أحمد بن حنبل 145/6، مستدرك الحاكم 178/2، مجمع الزوائد 255/4، حلية الأولياء 186/2، مصنف بن أبي شيبة 4/ 189.

([3]) المغني عن حمل الأسفار للعراقي 2/ 48.

([4]) أبن أم مكتوم: عمرو بن قيس بن زائدة بن الأصم، نسب إلى أمه أم مكتوم عاتكة بنت عبد اللـه من بني مخزوم بن يقظة، صحابي كان ضرير البصر، أسلم بمكة، وهاجر إلى المدينة بعد وقعة بدر، كان يؤذن في المدينة مع بلال، وكان النبي يستخلفه على المدينة يصلي بالناس في عامة غزواته، حضر حرب القادسية ومعه راية سوداء وعليه درع سابغة، فقاتلَ -وهو أعمى- ورجع بعدها إلى المدينة فتوفي سنة 23 هـ طبقات ابن سعد 153/4، صفة الصفوة 237/1، يل المذيل: 26، 47.

وكان صخرٌ قد طُعِنَ، فبقي زماناً، فسُئلتْ امرأتُـهُ عنـه فقالـت: لا حـيٌّ فيُرجـى، ولا مَيِّـتٌ فيُنْسى، فسمعَ ذلك، فعلم أنها تبَرَّمتْ به، ورأى تحَرُّقَ أمِّهِ فقال[1]:

[44 ب] (الطويل)

أرى أُمَّ صَخْرٍ ما تَمِلُّ عيادتـي   ومَلَّتْ سُلَيْمى مضْجَعي ومكاني
وما كنتُ أخشى أنْ أكونَ جنازَةً   عليـكِ ومن يغترُّ بالحَـدَثانِ
أهُمُّ بأمرِ الحَـزْمِ لو أستطيعُهُ   وقد حيلَ بين العَيرِ والنَّـزوانِ
وأيُّ امرىءٍ ساوى بأمٍ حـليلةً   فلا عاشَ إلاَّ في أذىً وهـوانِ

لابن الحَجَّاج في مغنية[2]: (مجزوء الرمل)

غَطَّتْ البظْراءُ لمَّا   لمَحَتْ مِفْتاحَ ديـري
ورَجَتْ منِّيَ خـيراً   قلتُ لا ترجينَ خيري
أقعدي عـني وهذا   فافعَليهِ عندَ غيـري
أنتِ في دعوةِ أذني   لستِ في دعوةِ أيري

وقع بين رجلٍ وامرأتـهِ خصـومة، فكابرهـا وجامعهـا، فقالـت لـه: لا حـول إلا بـالله [45 أ]، غضبتُ فجِئتَني بشفيعٍ لم أقدِرْ على ردِّهِ.

قال رجلٌ للشَّعبي: ما تقول فيمن وطِيءَ جاريةً، فتقولُ من تحتهِ: قتلتني، أوجعتني، أتلفتني، فقال: اقتلْها بذاكَ ودَمُها في رقبتي.

قال الأحنف: إذا أردتم الحِظْوةَ عند النساء، فافحشوا عند النكاح، واحسنوا الخلقَ.

قال مزبد لامرأتهِ: دعيني أنيككِ في أستكِ، فقالت: لا أجعلُ استي ضَرَّةً لحري، مع قُرْبِ ما بينهما.

---

(1) الأبيات في الأصمعيات: 146، والشعر والشعراء: 199، وخزانة الأدب 209/1، والأغاني 130/3 - 134.
(2) الأبيات في يتيمة الدهر 3/ 88.

استُهْدِفَت امرأةٌ لشيخٍ فأبطأ عليهِ الانتشار، فاستنهضَتْهُ فقال: أنتِ تفتحينَ بيتاً، وأنا أنشرُ مَيْتاً.

قال جالينوس: صاحبُ الجِماع يأخذ من مادة الحياة، فليُكْثِرْ منه أو ليقِلَّ.

قيل لامرأةٍ: ما تقولين في السَّحْقِ؟ قالت: إنه التَّيَمم، ولا يجوز إلا عند عدم الماء.

قيل: المروءة ألاَّ تعمل في السِّرِ شيئاً تستحي منه في العلانية.

[45 ب]

قال رسول الله صلى الله عليه وسلم : "من قدَرَ على ثمن دابة فليشتَرِها، فإنها تأتيهِ برزقِها، وتُعينُهُ على رِزْقِهِ"[1].

قال عليٌّ عليه السلام: عليكم بإناث الخيل، فإنَّ ظهورَها عِزٌّ، وبطونها كنزٌ.

بعث ابن هُبيرة إلى المنصور في الحرب فقال: بارزْني، فامتنعَ، فقال ابن هُبيرة: لأشهُرَنَّك بامتناعِك ونكولكَ عن مبارزتي، فقال المنصور: إنما مثلي ومثلكَ في ذلك، مثلُ خنزيرٍ قال للأسد: قاتلني، فقال الأسد: لستَ بكُفْءٍ لي، ومتى قاتلتكَ فقتَلتُكَ لم يكن لي بفخرٍ، فقال الخنزير: لأخبرَنَّ السباع بنكولك عني، فقال: احتمالُ تعييركَ أيسرُ من التلطخ بدمك.

عُرِضَتْ جاريةٌ شاعرةٌ على المهدي، فقال لبشار: امتحنها، فقال:

(مجزوء الرمل)

أحمدُ اللهَ كثيرا

فقالت: حين أنشاكَ ضريرا

قال: اشترِ الملعونة، فإنها حاذقة. [46 أ]

---

(1) لم أجد الحديث بهذا اللفظ.

قال أعرابي لرجلٍ: اكتب لابني تعويذاً، فقال: ما اسمه؟ فقال: فلان، قال: فما اسم امه؟ قال: ولِمَ عدلتَ عن اسم أبيه؟ قال: لأنَّ الأم لا يُشَكُّ فيها، قال: اكتب: فإن كان ابني عافاه الله، وإنْ لم يكن ابني فلا شفاهُ الله.

قيل للحسن بن سهل: ما بالُ كلام الأوائل حُجَّةٌ؟ قال: لأنه مرَّ على الأسماع قبلنا، فلو كان زللاً لما تمادى إلينا، وما تنقلُ الرواةُ إلا صحيحاً مستَحْسَناً.

قيل: مَنْ هانتْ عليه نفسُهُ، فلا تأمَنَنَّ شَرَّهُ.

قال عليٌّ كرم اللهُ وجهَهُ: إنَّكم في أجلٍ محدود، وأملٍ ممدود، ونَفَسٍ معدود، ولابدَّ للأجلِ أنْ يتناهى، وللأملِ أنْ يُطْوى، وللنَّفَسِ أنْ يُحْصى.

أنشد العُتْبي وقد وقف بمقبرةٍ[1]: (البسيط)

سَقْياً ورَعْياً لأقوامٍ لنا سلفوا   أفناهمُ حَدَثانُ الدَّهْرِ والأبدُ[2]

نمُدُّهم كلَّ يومٍ من بقيتنا   ولا يؤوبُ إلينا منهمُ أحدُ   [46 ب]

أهدى بعض نواب عبد الملك إليه جاريةً، اشتراها بعشرة ألفِ دينارٍ، فأُعجِبَ بها، فلما استحضرها وأنِسَ بها، دخل عليهِ رسولُ الحجَّاج بأنَّ عبد الرحمن بن الأشعث قد خلعه، فأجاب عن كتابه، وجعل يُقَلِّبُ كُمَّيْهِ عليها ويقول: إنَّ فيما دونَكِ مُنْيةُ المتَمَنِّي، فقالت: وما يمنعكَ من التَّمَتُّعِ بي يا أميرَ المؤمنين، فقال: قولَ الأخطل في[3]: (البسيط)

قومٌ إذا حاربوا شدُّوا مآزِرَهم   دونَ النساءِ ولو باتَتْ بأطهارِ

فبقي ثلاث سنين وخمسةِ أشهر حتى قُتِلَ ابن الأشعث، فكانت أولَ امرأةٍ تمتَّعَ بها.

([1]) البيتان دون نسبة في عيون الأخبار 70/3، والتذكرة السعدية 369، والمرزوقي: 298، والتبريزي 353/2، وشرح المضنون به: 352.

([2]) في عيون الأخبار: لا يبعد الله أقواماً لنا ذهبوا.

([3]) ديوان الأخطل: 144.

دخل عبد الرحمن بن عوف على رسول اللـه صلى اللـه عليه وسلم ، فرأى عينيهِ تـذرفان، فقـال: يا رسولَ اللـه، ألستَ تنهانا عنه؟ فقال صلى اللـه عليه وسلم : "إنما ذا رحمة، ولا يُـرحَمُ مَـنْ لا يـرحمُ، وإنما نهيتُ عن النياحة، وعن أنْ يندبَ المرء بما [47 أ] ليس فيه"[1].

قال رسولُ اللـهِ صلى اللـه عليه وسلم : "مَنْ ماتَ لـه ولـد، صبرَ أو لم يصبر، جَـزع أو لم يجـزع، احتسبَ أو لم يحتسِب، لم يكن له ثوابٌ إلا الجَنَّة"[2].

قال يعقوب الكندي: أسباب الحزنِ فقدُ محبوبٍ، أو فوتُ مطلوبٍ.

عزَّى رجلٌ رجلاً عن أبيه، فقال: إنَّ مَنْ كنتَ بُغيَتَهُ لموفور، ومن كنتَ خلفَهُ لمحبور، ومن كنتَ وليَّهُ لمنصور.

عبد اللـه بن المعتز[3]: (الطويل)

إذا مُتُّ فانــعيني بما أنا أهلُهُ ولا تَذْخُري دمعاً إذا قـامَ نائحُ[4]

وقولي ثوى طودُ المكارمِ والعُلى وعُطِّلَ ميزانٌ من الحلمِ راجـحُ[5]

نُعي إلى ابن عباس رضي اللـه عنه ، وهو في سفرٍ، فقال: عورةٌ سترها اللـه، ومؤونةٌ كفاها اللـه.

[47 ب]

قيل لأمِّ الهيثم الأعرابية: ما أسرعَ ما سلوتِ، فقالت: إني فقدتُ منه سيفاً في مضائه، وبدراً في بهائـهِ، ورُمْحاً في استوائه، ولكن[6]: (الرمل)

قَدُمَ العهدُ وأنساني الزمَنْ إنَّ في اللحْـدِ لمَسْلَىً والكفنْ

وكما تبلى وجوهٌ في الثَّرى فكذا يبلَى عليهنَّ الحَــزَنْ

([1]) لم أجد الحديث بهذا اللفظ.

([2]) الحديث مع خلاف يسير في اللفظ في: الدر المنثور 159/1، كنز العمال 6614، مجمع الزوائد 8/3، طبقات ابن سعد 2/4/ 24.

([3]) البيتان من قصيدة لابن المعتز في ديوانه 1/ 79 - 80.

([4]) في الديوان: فإن مت فانعيني إلى المجد والتقى.

(5) الديوان: وقولي هوى عرش المكارم والعلى وعطل ميزان من العلم راجح

(6) البيتان لأم الهيثم في الدر الفريد 313/4، والبيت الثاني في عيون الأخبار 61/3 منسوب لأبي العتاهية، وليس في ديوانه.

أُصيبَ رجلٌ من قريش بمصيبةٍ، فلما دخلَ عليه القوم يُعَزُّونهُ أطرقَ ساعة، ثم رفعَ رأسَهُ وقال: (الطويل)

وما أنا بالمخصوصِ من دونِ مَنْ أرى ولكنْ أتتني نوبتي في النَّوائبِ

ثم أقبلَ على القوم وقال: ما منكم أحدٌ إلا رأيتني أعزيه، وما أنا إلا مثْلكُم.

قال رسول الله صلى الله عليه وسلم : "مَنْ أصابَتْهُ مُصيبةٌ فليَذْكُرْ مُصِبَتَهُ بي"[1].

وُجِدَ على قَبْرٍ مكتوب[2]: (المتقارب)[48 أ]

تَعَزَّ فكم لك من إسوةٍ تُبَرِّدُ عنكَ غليلَ الحَزَنْ

بموتِ النَّبيِّ وقتلِ الوَصيِّ وذَبْحِ الحُسَيْنِ وسَمِّ الحَسَنْ

لمَّا ماتَ إبراهيم ابنُ رسول الله صلى الله عليه وسلم ، كُسِفَتْ الشَّمسُ، فقال الناسُ: إنَّ ذلك لموتِهِ، فقال رسول الله صلى الله عليه وسلم : "إنَّ الشمسَ والقمرَ آيتانِ من آياتِ الله، لا يُكسفان لموتِ أحَدٍ، ولا لحياتِهِ، فإذا رأيتموها هكذا فافزعوا إلى الدعاء"[3].

أبو فراس بن حمدان[4]: (السريع)

لابُدَّ من فَقْدٍ ومن فاقِدِ هيهاتَ ما في الناسِ من خالدِ

كُنْ المُعَزَّى لا المُعَزَّى بهِ إذْ كانَ لابُدَّ من الواحِدِ

قيل: لأعرابي وجدَ البرْدَ: إنما تجدُ هذا البردَ لكون الشمس في العقربِ، فقال: لعنَ اللهُ العقربَ، فإنها مؤذيةٌ في الأرض كانت أم في السماء. [48 ب]

---

(1) الحديث في: الكامل في الضعفاء لابن عدي 6/ 2056، كنز العمال: 6653، عمل اليوم والليلة لابن السني 576.

(2) البيتان دون نسبة في الدر الفريد 3 / 148.

(3) الحديث في: صحيح البخاري 44/2، 46، 49، صحيح مسلم: 1، 3، 17، سنن النسائي 3/ 124، 127، مسند أحمد بن حنبل 1/ 298، 358، 2/ 118، 188، مستدرك الحاكم 334/1.

(4) البيتان لأبي فراس في ديوانه: 66، وجاء الشطر الثاني من البيت الأول مقدماً على عجزه.

الحسن بن هانيء[1]: (السريع)

الخمرُ تُفَّاحٌ جرى ذائباً كذلكَ التُّفاحُ خمرٌ جمدْ

فاشرب على جامدها ذوبَهُ ولا تَدَعْ مُتْعَةَ يومٍ لغَدْ

قيلَ: ينبغي للعاقلِ أنْ يُقيمَ ببلدةٍ فيها سلطانٌ عادلٌ، وطبيبٌ حاذقٌ، وسوقٌ قائمٌ، ونهرٌ جارٍ، وقاضٍ عدلٌ.

قيلَ: دارُكَ قميصُكَ، فإنْ شئتَ وسِّعْها، وإنْ شئتَ ضَيِّقْها.

سُئِلَ بعضُهم: ما الغِنى؟ فقال: سِعَةُ البيوتِ، ودوامُ القوتِ.

لمَّا بنى عيسى بن جعفر[2] دارَهُ بالبصرة، دخل إليهِ عبد الصمد، فقال: أجَلُّ بناءٍ، بأطيبِ فِناءٍ، وأوسعِ فضاءٍ، على أحسنِ ماءٍ، بين صوارٍ ورِعاءٍ، وحيتانٍ وظباءٍ، فقال عيسى: كلامُكَ احسنُ من بنائِنا.

قيلَ لبعضهم: ما السرورُ؟ (قال): دارٌ قوراءُ، وامرأةٌ حسناءُ، ويسارٌ [49 أ] مع الصحةِ وطولِ البقاءِ.

للبحتري في الجعفريَّة[3]: (الكامل)

مُخْضَرَّةٌ والغَيْثُ ليسَ بساكبٍ مُبْيَضَّةٌ والليلُ ليسَ بمُقْمِرِ[4]

أربى على هِمَمِ الملوكِ وغَضَّ من بُنْيانِ كسرى في الزمانِ وقيصَرِ[1]

([1]) البيتان لأبي نواس في ديوانه: 84.

([2]) عيسى بن جعفر بن المنصور العباسي، قائد من أمراء بني العباس،وهو أخو زبيدة، وابن عم هارون الرشيد، بعثه الرشيد عاملاً على عُمان في ستة آلاف مقاتل، فلم يكد يستقر فيها حتى سير إليه إمام الأزد "الوارث الخروصي" جيشاً قاتله، فانهزم عيسى، فأسر وسجن في صحار، ثم تسور بعضهم السجن فقتلوه فيه سنة 185 هـ. تحفة الأعيان في سيرة أهل عُمان لعبد الله بن حميد السالمي 1/ 89 ط مصر 1332، 1347هـ الأعلام 5/ 102.

([3]) الأبيات من قصيدة في ديوانه 1 /320 -321 ط دار الشرق العربي بيروت 1999.

([4]) الديوان: ومضيئة والليل ليس بمقمر.

عـــالٍ عـــلى لحـــظِ العيـــونِ كأنَّمـــا	ينظُـــرْنَ منـــهُ إلى بيـــاضِ المُشْـــتري
مـــلأتْ جوانبُـــهُ الفضـــاءَ وعانقَـــتْ	شُرُفاتُـــهُ قِطَـــعَ السَّـــحابِ المُمْطِـــرِ

قال رسول الـلـه صلى الـلـه عليه وسلم : "سافروا تَصِحُّو"[2].

قيلَ ليزيدِ بنِ المهَلَّبِ: لِمَ لا تبني داراً بالبصرةِ؟ فقال: أنا لا أدخُلها إلا أميراً أو أسيراً، فإنْ كنتُ أسيراً، فالسجنُ داري، وإنْ كنتُ أميراً فدارُ الإمارةِ داري.

كان بِشْرُ الحافي[3] رحمةُ الـلـهِ عليهِ يقول لأصحابهِ: سيحوا في الأرضِ، فإنَّ الماءَ إذا ساحَ طابَ، وإذا وقفَ تغَيَّرَ. [49 ب]

دخل أبو السائبِ[4] على المُتَّقي[5] وقد بنى دارَهُ، فقال: كيفَ تَرَى؟ قال: تباركَ الـذي إنْ شاء جعـلَ لك خيراً من ذلك، جنَّاتٍ تجري من تحتها الأنهارُ، وتجعلُ لك قصوراً.

([1]) لديوان: أزرى على همم الملوك وغض من.

(2) الحديث بلفظ: سافروا تصحوا وتغنوا، وتغنموا، وسافروا تصحوا وتسلموا في: مسند أحمد بن حنبل 380/2، السنن الكبرى للبيهقي 7/ 102، مجمع الزوائد للهيثمي 3/ 210، اتحاف السادة المتقين 7/ 410، الدر المنثور للسيوطي 5/ 149.

(3) بشر الحافي: بشر بن الحارث بن علي بن عبد الرحمن المروزي، أبو نصر، من كبار الصالحين، له في الزهد والورع أخبار، وهو من ثقات رواة الحديث، من أهل مرو سكن بغداد وتوفي بها، قال المأمون: لم يبق في هذه الكورة أحد يستحيى منه غير هذا الشيخ بشر بن الحارث، توفي سنة 227 هـ. روضات الجنان 1/ 123، وفيات الأعيان 1/ 90، تاريخ بغداد 7/ 67 - 80، صفة الصفوة 2/ 183، حلية الأولياء 8/ 336، طبقات الصوفية مخطوط.

([4]) أبو السائب: عتبة بن عبيد الـلـه بن موسى الهمذاني، قاض من أهل همذان، غلب عليه في ابتداء أمره التصوف والميل إلى الزهد، قصد بغداد وتفقه على مذهب الشافعي، وسافر إلى المراغة فتقلد الحكم بها وبأذربيجان، عاد إلى بغداد فتقلد أعمالاً جليلة بها منها قاضي القضاة، توفي سنة 350 هـ. طبقات السبكي 2 / 244، تاريخ بغداد 12/ 320، شذرات الذهب 5/3، البداية والنهاية 11/ 237، الكامل لابن الأثير حوادث سنة 338 و 350 هـ.

([5]) المتقي لله: إبراهيم بن المقتدر بالله بن جعفر بن المعتضد بالله، خليفة عباسي، ولي الخلافة بعد موت أخيه الراضي بالله، كان موصوفاً بالصلاح والتقى، وفي أيامه تولى إمارة الأمراء توزون التركي سنة 331هـ، وخافه المتقي فخرج من بغداد إلى الموصل، وبعث بعدها إلى توزون يستأمنه، فأمنه، فلما عاد قبض عليه وخلعه وسمل عينيه، وسجن وهو أعمى إلى أن مات سنة 357 هـ. تاريخ الخميس 2/ 352، النبراس: 119، مختصر أخبار الخلفاء لابن الساعي: 81، تاريخ بغداد 51/6، أخبار الراضي والمتقي: 186 - 285.

نظر الحسنُ[1] إلى قُصور المهالبة فقال: يا عَجَباً، رفعوا الطين، ووضعوا الدين، وركبوا البراذين، واتخذوا البساتين، وتشبَّهوا بالدهاقين، فذرهم في غَمْرَتهم حتى حين.

شاعر: (الوافر)

أما لي في بلادِ اللهِ بابٌ يؤديني إلى سُبُلِ النجاحِ

بلى في الأرضِ مُتَّسَعُ عريضٌ ولكني مُنِعْتُ من البَراحِ

وما يُغْني العُقَابَ عيانُ صيدٍ إذا كانَ العُقابُ بلا جَناحِ

قال بعضُ الشعراء: دخلتُ دارَ السلطان بمدينة السلام، فرأيتُ أبا دُلَفٍ مُتَعَلِّقاً ببعض سَتائرِ الخاصَّة، وهو يبكي ويقول[2]:

(مجزوء الكامل) [50 أ]

طَلَبُ المعاشِ مُفَرِّقٌ بينَ الأحِبَّةِ والوطَنْ

ومُصَيِّرٌ جَلْدَ الرجا لِ إلى الضَّراعةِ والوَهَنْ

فقلتُ: أيها الأمير، لو عدلتَ إلى حُجْرَتي لأنشدتُكَ بيتين يُسَلِّيانِكَ، فجاء معي، فلما أجلسَ وأكلَ وشَرِبَ، قال: هاتِ ما عندَكَ، فأنشدتُهُ[3]:

(الطويل)

إذا كنتَ في أرضٍ عزيزاً وإنْ نأتْ فلا تُكْثِرَنْ منها نِزاعاً إلى الوَطَنْ

فما هي إلا بلدةٌ مثلُ بلدةٍ وخيرُهما ما كانَ عوناً على الزمَنْ

فسُرَّ بذلكَ، وخَفَّ ما كانَ بقلبِهِ، وحباني مالاً جَمّاً.

قال رسولُ اللهِ صلى الله عليه وسلم : "مَنْ أعانَ ظالماً سلَّطَهُ اللهُ عليه"[4].

([1]) الحسن: هو الحسن بن يسار البصري الزاهد العابد توفي سنة 110 هـ.

([2]) البيتان من أربعة دون نسبة في الدر الفريد 42/4.

(3) البيتان دون نسبة في الدر الفريد 1 / 36.

(4) الحديث في: إتحاف السادة المتقين 134/6، تفسير القرطبي 85/7، تفسير ابن كثير 332/3، الفوائد المجموعة: 211، الأسرار المرفوعة: 328، الدرر المنتثرة: 146.

قال رجلٌ للأحنف: إنْ قُلتَ واحدةً لتَسْمَعَنَّ عَشْراً، فقال الأحنف: لئنْ قلتَ عشراً لم تسمعْ واحدةً.

[50 ب]

وصفَ اليوسفيُّ غلاماً، فقال: يفهمُ المُرادَ باللحظِ، كما يفهَمُهُ باللَّفظِ، ويُعاينُ في الناظرِ، ما يجري في الخاطرِ، يرى النُّصْحَ فَرْضاً يجبُ أداؤهُ، والإحسانَ دَيْناً يلزمُ قضاؤهُ، إنْ استَفْرَغَ في الخدمة جَهْدَهُ خُيِّلَ إليه أنَّهُ بذلَ عَفْوَهُ، أثبتُ من الجدارِ إذا استُمْهِلَ، وأسرَعُ من البَرْقِ إذا استُعْجِلَ.

قال المعاويةُ: إني لأستَحي أن أظلمَ مَنْ لا يجدُ عليَّ ناصراً إلا اللـهَ.

قال رسول اللـه صلى اللـه عليه وسلم : "مَنْ ظلمَ في شِبْرٍ من أرضٍ، طُوِّقَهُ إلى سَبْعِ أرَضِيْنَ يوم القِيامةِ"[1].

قال المنتصرُ[2]: و اللـهِ ما عَزَّ ذو باطلٍ ولو طلعَ القمرُ من بين عينيهِ، ولا ذَلَّ ذو حَقٍّ ولو أصفَقَ العالمُ عليهِ.

قيلَ للإسكندر: أيُّ شيءٍ أسَرُّ لكَ؟ قال: مكافاةُ مَنْ أحسنَ إليَّ بأكثرِ من إحسانه، وعفوي عَمَّنْ أساءَ بعدَ قُدْرتي عليهِ. [51 أ]

قال الفضلُ بن مروان لرجلٍ عاتبَهُ: بَلَغَني أنَّكَ تُبْغِضُني، فلم ينكرُ الرجلُ ذلكَ، وقال لـه: أنت كما قال الشاعر: (الطويل)

فإنَّكَ كالدنيا نهابُ صُروفُها ونوسِعُها ذَمَّاً ونحنُ عبيدُها

قال رسول اللـه صلى اللـه عليه وسلم : "رُفِعَ عن أُمَّتي الخطأُ والنسيان"[1].

---

(1) الحديث مع خلاف يسير في اللفظ في: صحيح البخاري 170، السنن الكبرى للبيهقي 6/ 99، فتح الباري لابن حجر 5/ 103، الحاوي للفتاوي 1/ 224، السنن الكبرى للبيهقي 98/6.

(2) المنتصر العباسي: محمد بن جعفر المتوكل بن المعتصم، من خلفاء الدولة العباسية، بويع بالخلافة بعد أن قتل أباه سنة 274هـ وفي أيامه قويت سلطة الغلمان فحرضوه على خلع أخويه المعتز والمؤيد وكانا وليي عهده، فخلعهما، وهو أول من عدا على أبيه من بني العباس، مات مسموماً سنة 248هـ. الطبري 11/ 69 - 81، ابن الأثير 32/7، 36، النبراس: 85، الأغاني 9/ 300 ط الدار، تاريخ الخميس 2/ 339، فوات الوفيات 2/ 184.

أحمد بن أبي فَنْن[2]: (البسيط)

أحينَ كثَّرْتَ حُسَّادي وساءَهُمُ جميلُ صُنْعِكَ بي أشْمَتَّ حُسَّادي

فإنْ تكنْ هَفْوَةٌ أو زَلَّةٌ سلفتْ فأنتَ أولى بتقويمي وإرشادي

انقطعَ عبد الملك عن أصحابه، فانتهى إلى أعرابي، فقال: ما تقولُ في عبد الملك؟ قال: ظالمٌ جائرٌ بائرٌ، فقال: ويحكَ أنا عبد الملك، فقال: لا حيَّاك اللهُ ولا بيَّاكَ، أكلتَ مالَ اللهِ، وضَيَّعْتَ حُرْمَتَهُ، فقال له: ويحَكَ، أنا أضرُّ وأنفعُ، [51 ب] قال: لا رزقني اللهُ نفعَكَ، ولا آمَنَني ضرَّكَ، فلما وصل إليه خيلُهُ، عَلِمَ صِدقَهُ، فقال: يا أميرَ المؤمنين، أعزَّ اللهُ بك الدين، اكتم عليَّ ما جرى، فالمجالسُ بالأمانة.

غَضِبَ عبد الملك على رجلٍ، فلما أُتِيَ به قال: السلامُ عليكَ يا أميرَ المؤمنين، فقال: لا سلامَ عليك، فقال الرجل: ما هكذا قال اللهُ، إنما قال: ﴿وَإِذَا حُيِّيتُمْ بِتَحِيَّةٍ فَحَيُّوا بِأَحْسَنَ مِنْهَا أَوْ رُدُّوهَا﴾[3]، فعفا عنه.

أُتِيَ الحجَّاجُ برجلٍ من أصحاب ابن الأشعث، فقال له: أفيكَ خيرٌ إنْ عفوتُ عنكَ، فقال: لا، قال: ولِمَ؟ قال: لأني كنتُ خاملاً فرفعتني وألحَقْتَني بالناس، فخرجتُ مع ابن الأشعث لا لدينٍ ولا دُنيا، ومعي الحماقةُ التي لا تفارِقُني أبداً، ولا أفلحُ معها سرمداً، فضحكَ منهُ وأطلَقَهُ.

أُتِيَ معْنُ بن زائدة[1] بأسرى، فأمرَ بضربِ أعناقِهم، فقامَ غلامٌ منهم وقال: أنشدُكَ اللهَ أنْ [52 أ] تقتُلَنا ونحنُ عِطاشٌ، فقال: اسقوهم، فلما شَرِبوا، قال: ناشدْتُكَ اللهُ أنْ تقتُلَ ضِيْفانَكَ، فخَلَّى سبيلَهُم.

---

(1) الحديث: "رفع عن أمتي الخطأ والنسيان وما استكرهوا عليه" في: تلخيص الحبير لابن حجر 1/ 281، كنز العمال 10307، إصلاح خطأ المحدثين: 16، الدرر المنتثرة: 87، تذكرة الموضوعات: 91.

(2) البيت الأول لأحمد بن أبي فنن في الدر الفريد 249/1.

(3) النساء 86.

غضبَ رجلٌ على مولاه فقال: أسألُكَ بالله إنْ علمتَ أني لك أطوعُ منكَ لله فاعفُ عنِّي، فعفا عنه.

دخل ذو ذَنْبٍ على ذي سلطان فقال: بأيِّ وجهٍ تلقاني؟ فقال: بالوجهِ الذي ألقى به الله، وذنوبي إليه أكثرُ، وعِقابُهُ أكبرُ، فعفا عنه.

قيل: استعمالُ الحلمِ مع اللئيم أضرُّ من استعمال الجهلِ مع الكريم، ومنه قول المتنبي[2]: (الطويل)

ووضعُ النَّدى في موضعِ السيفِ بالعُلا مُضِرٌّ كوضعِ السيفِ في موضع النَّدى

قيلَ: اجعلْ لكلِّ كلبٍ كلباً يَهِرُّ دونَكَ، فالعِرْضُ لا يُصان بمثلِ سفيهٍ يصولُ، وحادٍ يقولُ. [52 ب]

قيلَ: العدوُّ عدوان؛ عدوٌّ ظَلَمْتَهُ، وعدُوٌّ ظَلَمَكَ، فإنْ اضطَرَّكَ الدَّهْرُ أنْ تستعينَ بأحدِهما، فاسْتَعِنْ بالذي ظلَمَكَ، فإنَّهُ أحرى أنْ يُعينَكَ، لأنَّ المظلوم موتورٌ. قلتُ: والظالمُ أقوى على الإعانةِ من المظلوم.

قيل: لا يُتَّقى العدوُّ القويُّ بمثلِ الخضوعِ له، فإنَّ الريحَ العاصفَ يقلعُ الأشجارَ لتأبِّيها، ويسلمُ منهُ النباتُ للينِهِ.

لابن نُباتَةَ السعدي: (الكامل)

وإذا عجَزْتَ عن العدُوِّ فدَارِهِ وامزجْ لهُ إنَّ المِزاجَ وِفاقُ

([1]) معن بن زائدة بن عبد الله الشيباني: من أشهر أجواد العرب الشجعان الفصحاء، أدرك العصرين الأموي والعباسي، كان في الأول مكرماً يتنقل في الولايات، فلما صار الأمر إلى بني العباس طلبه المنصور فاستتر وتغلغل في البادية، حتى كان يوم الهاشمية وثار جماعة من أهل خراسان على المنصور وقاتلوه، تقدم معن وقاتل بين يديه حتى أفرج الناس عنه، فحفظها له المنصور، وأكرمه وجعله في خواصه، وولاه اليمن، ثم سجستان، فأقام فيها مدة وابتنى داراً، فدخل عليه أناس في زي الفَعَلة (العمال) فقتلوه غيلة، أخباره كثيرة وللشعراء فيه أماديح ومراث، كان مقتله سنة 151 هـ وفيات الأعيان 2/ 108، تاريخ بغداد 13/ 235، ابن الأثير 5/ 224، أمالي المرتضى 1/ 161، خزانة الأدب 1/ 182، رغبة الآمل 8/ 168.

([2]) ديوان المتنبي 1/ 288 شرح العكبري.

فالنارُ بالماءِ الذي هو ضِدُّها   تُعْطي النِّضاجَ وطبعُها الإحراقُ

قيل: ليسَ بعدَ العداوةِ الجَوهَريَّة صُلْحٌ، وإنْ اجْتُهِدَ، فليسَ الماءُ وإنْ أُطيلَ سخانُهُ بِمُمْتَنِعٍ من إطفاءِ النارِ إذا صُبَّ عليها. [53 أ]

قال رسولُ اللـه صلى اللـه عليه وسلم : "الحُبُّ والعداوةُ يتوارثان"[1].

لعلي بن الجهم[2]: (الوافر)

بلاءٌ ليس يُشْبِهُهُ   بلاءُ عداوةُ غيرِ ذي حَسَبٍ ودينِ

يُنيلُكَ منهُ عِرْضاً لم يَصُنْهُ   ويرْتَعُ منكَ في عِرْضٍ مصونِ[3]

سُئِلَ بعضُهم عن بني العَمِّ، فقال: هم أعداؤكَ وأعداءُ أعدائكَ.

قال ابن المقفَّع: الحسَدُ والحِرْصُ دِعامتا الذنوبِ، فالحِرْصُ أخرَجَ آدَمَ من الجَنَّة، والحسَدُ نقلَ إبليس عن جِوارِ اللـه.

قيلَ: لا تُعادِ أحداً، فإنَّكَ لن تعدَمَ مَكْرَ حليمٍ، أو مفاجأةَ لئيمٍ.

قيل: لا يجبُ للعاقلِ أنْ يجترَّ العداوةَ لنفسِهِ، كما لا يجبُ لصاحبِ الترياقِ أنْ يشرَبَ السَّمَّ اتِّكالاً على أدوِيَتِهِ. [53 ب]

رُوِيَ أنَّ سُلَيمانَ بن داودَ عليهما السلام، سألَ اللـهَ تباركَ وتعالى، أنْ يُعَلِّمَهُ كلماتٍ ينتَفِعُ بها، فأوحى إليه: إني مُعَلِّمُكَ سِتَّ كلماتٍ؛ لا تغْتابَنَّ عبادي، وإذا رأيْتَ أثرَ نِعْمَتي على عَبْدٍ، فلا تحسدُهُ، قال: ربِّ حسبي لا أقومُ بهاتين.

قال النبيُّ صلى اللـه عليه وسلم : "تُرْفَعُ أعمالُ العِبادِ، فتُعْرَضُ على اللـهِ تعالى في كلِّ جُمعةٍ، فيغْفِرُ للمُسْتَغْفرينَ، ويرحَمُ للمُسْتَرْحِمينَ، ويتركُ أهلَ الغِلِّ بِحِقْدِهم"[4].

قيلَ: الفضلُ لمَنْ نبَذَ الحَسَدَ، وأراحَ الجَسَدَ، ولَزِمَ الجَدَدَ.

---

(1) لم أجد الحديث بهذا اللفظ.

(2) ديوان علي بن الجهم: 187.

(3) الديوان: يبيحك منه عرضاً لم يصنه.

(4) الحديث بلفظ: "ترفع أعمال بني آدم فتعرض على اللـه في كل جمعة مرتين" في: الكامل في الضعفاء لابن عدي 6/ 2441.

قال رسول اللـه صلى اللـه عليه وسلم : "نِعْمتان مَغْبونٌ فيهما كثيرٌ من الناس؛ الصحةُ والفراغُ"[1].

قـال عـليٌ بـن أبي طالـب كـرَّمَ اللـهُ وجهَـهُ: كفـى بالقناعـةِ مُلْكـاً، وبحُسْـنِ الخُلُـقِ نعـيماً.

[54 أ]

قال رسول اللـه صلى اللـه عليه وسلم : "خَصْلتان لا تجتمعان في مؤمن؛ البُخْلُ وسوءُ الخُلُقِ "[2].

قيل لبُزرجِمهر: ما السعادةُ؟ قال: أنْ يكونَ للرجلِ ابنٌ واحدٌ، فقيـل: الواحـدُ يُخشى عليـه المـوت، قـال: لم تَسْألني عن الشقاوة.

قيل لحكيمٍ: ما منفعَةُ الوَلدِ؟ فقال: يُسْتَعْذَبُ به العيشُ، ويهونُ به الموتُ.

قيل: لاعِبْ ابنَكَ سَبْعاً، وعَلِّمْهُ سَـبعاً، وجـالسْ بـه إخوانـكَ سـبعاً، يَـبِنْ لـك أخُلْـفٌ هـو بعـدَكَ أم خَلَفٌ[3].

قال جعفر بن محمد: البناتُ حَسَناتٌ، والبنونَ نِعَمٌ، فالحسَناتُ مُثابٌ عليها، والنِّعَمُ مسؤولٌ عليها.

قيلَ لبعضِ الزُّهـادِ: لو تزوَّجْتَ، فرُبَّما يكونُ لك ولدٌ ؟ قال: كفـى بالتزهيـدِ فيـهِ قـولُ اللـهِ تعـالى: ﴿أَنَّمَا أَمْوَالُكُمْ وَأَوْلَادُكُمْ فِتْنَةٌ ﴾[4].

[54 ب]

قيل لبعض الصيَّادين: ما أكثَرَ ما يقعُ في شَبَكتكَ؟ فقال: الطيرُ الزَّاقُّ، فقيلَ: هلكَ المُعيلون.

عَيَّرَ رجلٌ ابنَهُ بأُمِّهِ فقال: هي و اللـهِ خيرٌ لي منـكَ، فإنَّهـا أحسَـنتْ لي الاختيـار فولـدتني مـن حـرٍ، وأسأتَ الاختيار فولدتني من أمَةٍ.

قال رسولُ اللـه صلى اللـه عليه وسلم : "الوالدُ بابٌ من أبوابِ الجنَّةِ، فاحفظْ ذلكَ الباب"[5].

قال رجلٌ لابنه: يا بُنَيَّ، ما أطيبَ الثُّكْل؟ قال: اليُتْمُ أطيبُ منه يا أبَةِ.

([1]) الحديث بلفظ: "الصحة والفراغ نعمتان مغبون فيهما كثير من الناس"في"طب 10/ 392، فتح 1/ 230، فق 87/2، كحال: 127، كر 1/ 445. وفي: حم 1/ 372: الصحة والفراغ نعمتان من نعم اللـه".

([2]) الحديث في: سنن الترمذي: 1962، إتحاف السادة المتقين 193/8، حلية الأولياء 389/2.

([3]) الخُلف: السيء الفاسد، الخَلَف: الولد الصالح.

([4]) التغابن 15.

([5]) لم أجد الحديث بهذا اللفظ، وفي كنز العمال: 44422 الولد من ريحان الجنة.

مدح أعرابيٌّ رجلاً فقال: ذاكَ من شَجَرٍ لا يُخْلِفُ ثَمَرُهُ، ومن ماءٍ لا يُخافُ كَدَرُهُ.

حبيب بن أوس الطائي[1]: (الوافر)

فروعٌ لا تَرِفُّ عليـــكَ إلا شَهِدْتَ لها على طِيْبِ الأُرومِ [55 أ]

وفي الشرفِ الحديثِ دليلُ صِدْقٍ لمختَبِرٍ على الشرفِ القديمِ[2]

كشاجم[3]: (الوافر)

دموعي فيكَ أنواءٌ غِزارُ وقلبي لا يَقَرُّ لهُ قــرارُ[4]

وكلُّ فتىً عليهِ ثوبُ سُقْمٍ فذاكَ الثوبُ مِنِّي مُسْتعارُ[5]

شاعر[6]: (الطويل)

وماذا عسى الواشونَ أنْ يتحَدَّثوا سوى أنْ يقولوا إنَّني لكِ عاشقُ

نعم صدقَ الواشونَ أنتِ حبـيبةٌ إليَّ وإنْ لم تصْفُ منكِ الخلائقُ

شاعر[7]: (الكامل)

مَنْ كانَ يزعُمُ أنْ سيكْتُمُ حُبَّهُ حتى يشَكِّكَ فيهِ فهو كـذوبُ

الحبُّ أغلبُ للفؤادِ بقَهْـرِهِ من أنْ يُرى للسِرِّ فيهِ نصيبُ

([1]) ديوان أبي تمام 2/ 79.

([2]) في الديوان: وفي شرف الحديث دليل صدق.

([3]) ديوان كشاجم: 178 ط دار صادر، بيروت 1997.

([4]) الديوان: وحبي لا يقر به قرار.

([5]) الديوان: وكل فتى علاه ثوب سقم.

([6]) البيتان مع ثالث لجميل بن معمر العذري في صلة ديوانه: 257، ط عالم الكتب، بيروت 1996،، وتنسب إلى قيس بن الملوح، وانظر الغزل العذري - ليحيى الجبوري 123، ط دار البشير، عمان 2005 م، والبيتان من قطعة لقيس بن معاذ العقيلي في الدر الفريد 5/ 326. وبعد البيتين:

يضم عليَّ الليلُ أطباق حبها كما ضم أزرار القميص البنائقُ

([7]) الأبيات مع رابع للعباس بن الأحنف في ديوانه ص 73، ط دار الكتاب العربي، بيروت 1997 م، والأبيات في كتاب الزهرة 1/ 99، وبعدها بيت هو:

إني لأبغضُ عاشقاً متحفـظاً لم تتّـَهمهُ أعيــنٌ وقلـوبُ

وإذا بدا سِرُّ اللبيــبِ فإنَّهُ لم يبْدُ إلاَّ والفـتى معــلوبُ

[55 ب]

شاعر[1]: (الطويل)

فإنْ لم تكونوا مثلَنا في اشتياقِنا فكونوا أُناساً يُحْسِنونَ التَّجَمُّلا

وماذا عليكم لو مَنَنْتُم بأحْرُفٍ فأوْجَبْتُمْ فيها علينا التَّفَضُّلا[2]

ابن الدمينة[3]: (الطويل)

يقولونَ لا تنْظُرْ وتلكَ بـلِيَّةٌ ألا كلُّ ذو عينينِ لا بُدَّ نـاظِرُ

وليسَ اكتحالُ العينِ بالعَيْنِ رِيْبَةً إذا سَلِمَتْ بينَ الضُّلوعِ الضَّمائرُ[4]

قال مصعب وكان جميلاً يضيق أذا أحَدَّ إليهِ النظرَ: غضَّ طرفك[5]، فقال: لا تنكرْ نظري إليـكَ فإنَّـك زينةُ اللـهِ في بلاده، أما سمعتَ قول أبي دُلَفٍ[6]: (الرمل)

ما لِمَنْ تَمَّتْ محاسِنُهُ أنْ يُعادي طَرْفَ مَنْ رَمَقـا

لكَ أنْ تُبدي لنا حَسَناً ولنـا أنْ نُعْمِـلَ الحَدَقـا

قال الحسن: النظر إلى الوجه الحسَن عبادةٌ. [56 أ]

الأخطل[7]: (الوافر)

فلا تدخلْ بيوتَ بني كُلَيْبٍ ولا تَقْرَبْ لـهم أبَداً رِحــالا

فإنَّ بها لوامعَ مُبْرِقــاتٍ يَكَدْنَ يَنِكْنَ بالحَدَقِ الرِّجالا[8]

([1]) البيتان مع ثالث دون نسبة في الدر الفريد 4/ 153.

([2]) في الدر الفريد:

وماذا عليكم لو مننتم بأسطر وأحسنتم فيها علينا التفضلا

([3]) ديوان ابن الدمينة: 201، تحقيق أحمد راتب النفاخ، ط مكتبة دار العروبة، القاهرة 1959م.

([4]) الديوان: إذا عفَّ فيما بينهن الضمائرُ.

([5]) كذا جاءت العبارة وفيها غموض وخلل.

([6]) البيتان لمحمد بن وهيب في الدر الفريد 79/5.

([7]) الأبيات للأخطل من قطعة في هجاء جرير في ديوانه:253، ط دار الكتب العلمية، بيروت 1994.

([8]) الديوان: ترى منها لوامع مبرقات.

قيل: لا تشبعْ عينٌ من نظَرٍ، ولا أنثى من ذَكَرٍ، ولا أرضٌ من مَطَرٍ، ولا سَمْعٌ من خَبَرْ.

لا أعرفُ قائلهُ[1]: (الكامل)

ليسَ الفؤادُ محَلَّ شوقِكَ وحدَهُ   كلُّ الجوارحِ في هواكَ فؤادُ

لابن الرومي[2]: (الكامل)

نظرَتْ فأقصَدَتِ الفؤادَ بسهمِها   ثمَّ انثَنَتْ عنهُ فكادَ يهيـمُ[3]

وَيْلاهُ إنْ نظَرَتْ وإنْ هيَ أعرَضَتْ   وقْعُ السِّـهامِ ونَزْعُهُنَّ أليمُ

[56 ب]

قال رسولُ اللـه صلى اللـه عليه وسلم : "لا يحلُّ لأحدٍ أنْ يُقَبِّلَ يدَ رجلٍ إلا من أهـلِ بيتـي أو يـدَ عالمٍ"[4].

أبو القاسم بن أبي العلاء[5]: (الطويل)

يُقَبِّلُ صِيْدُ الناسِ أعتابَ بابِـهِ   ويعْظُمُ منهُ أخمَصٌ وركابُ

لدى ملِكٍ قد خَطَّ في كلِّ جَبْهَةٍ   كِتابَةَ رِقٍّ والمِـدادُ تُرابُ

دخل أبو العَمَيْثَلِ[6] على طاهر بن الحسـين مُمْتَـدِحاً، وقَبَّـلَ يـدَهُ، فقـال: مـا أخشـنَ شـارِبَكَ يـا أبـا العَمَيْثل، فقال: أيها الأمير: إنَّ شوكَ القُنْفُذِ لا يضُرُّ ببُرْثُنِ الأسدِ،

---

(1) العبارة للمؤلف في الأصل.

(2) البيتان لابن الرومي من قصيدة في ديوانه 352/3، ط دار الكتب العلمية، بيروت 1994 م.

(3) الديوان: ثم انثنت نحوي فكدت أهيمُ.

(4) لم أجد الحديث بهذا اللفظ.

(5) البيتان لأبي القاسم علي بن أبي العلاء في حاشية الدر الفريد 5/ 511.

(6) أبو العميثل: عبد اللـه بن خليد بن سعد، مؤدب من الشعراء الفضلاء، اتصل بالأمير طاهر بن الحسين، فاستكتبه طاهر وعهد إليه تأديب ولده عبد اللـه، كان كاتب عبد اللـه بن طاهر وشاعره إلى أن توفي، له مجموعة كتب منها: الأبيات السائرة، ومعاني الشعر، وكتاب التشابه، وما اتفق لفظه واختلف معناه،

فضحكَ وقال: إنَّ هذه الكلمة أعجَبُ إليَّ من كلِّ شعرٍ، فأعطاهُ للشعرِ ألفَ درهمٍ، ولكلمتهِ هذهِ ثلاثةُ ألف درهم.

قيلَ في قولِ الله تباركَ وتعالى: (قُلْ هُوَ الْقَادِرُ عَلَى أَنْ يَبْعَثَ عَلَيْكُمْ عَذَابًا مِنْ فَوْقِكُمْ أَوْ مِنْ تَحْتِ أَرْجُلِكُمْ)[1]، أو من السلطان والسِّفَلِ.

[57أ]

قال حسان بن ثابت للحارث بن أبي شمَرٍ الغساني: أبيتَ اللعْنَ، إنَّ النعمان بن المنذر يُساميكَ، وواللهِ إنَّ قفاكَ أحسنُ من وجههِ، وشِمالَكَ خيرٌ من يمينِهِ، وإنَّ عِدَتَكَ أحضرُ من نقدِهِ[2]، وغدَكَ أوسعُ من يومهِ، وكُرْسِيَّكَ أرفعُ من سريرِهِ، وأُمَّكَ أشرفُ من أبيهِ.

قيلَ: كان لعبد الله بن عُمَيْرٍ سبعونَ ذَكَراً، كلُهم يُطيقونَ حملَ السلاح.

تفاخر رجلان، وتراضيا بأبي العيناء فحَكَّماه، فقال: أنتما كما قال الشاعر[3]:

(الطويل)

حماري عباديٌّ إذا قيلَ بَيِّنا بشَرِّهما يوماً يقولُ كِلاهما

شاعر[4]: (الطويل)

إذا كنتَ لا تُرْجى لدَفْعِ مُلِمَّةٍ ولم يكُ في المعروفِ عندَكَ مطمَعُ
ولا أنتَ مِمَّنْ يُسْتعانُ بجاهِهِ ولا أنتَ يومَ النشْرِ مِمَّنْ يُشَفَّعُ
فعَيْشُكَ في الدُّنْيا وموتُكَ واحِدٌ وعودُ خِلالٍ مِن وِصالِكَ أنفَعُ

والمأثور من اللغة، وغيرها، توفي سنة 240 هـ وفيات الأعيان 262/1، الموشح: 14، سمط اللآلي: 308، البيان والتبيين 1/ 280.

(1) الأنعام 65.

(2) أي وعدك غير من اعطائه نقداً.

(3) الرواية والبيت في الدر الفريد 3/ 234.

(4) الأبيات لصالح بن عبد القدوس في الحماسة البصرية 2/ 289، وحماسة البحتري: 213، وصالح بن عبد القدوس لعبد الله الخطيب: 131، مع خلاف في الرواية.

[57 ب]

قال سعيد بن العاص: موطنانِ لا أعتَذِرُ من العِيِّ فيهما؛ إذا سألتُ حاجةً لنفسي، وإذا كلَّمْتُ جاهلاً.

قيل: صار الفضلُ بن الربيع إلى أبي عبَّاد في نكبتِهِ يسألُهُ حاجةً، فأُرْتِجَ عليهِ، فقال له: يا أبا العباس بهذا اللسان: (الوافر)

خدمْتَ خليفتينِ فقال إنَّـا تَعَوَّدنا أن نُسالَ ولا نَسْأَلُ

لمولانا جمال الدين ياقوت المستعصمي عليه الرحمة[1]: (الخفيف)

وعدَتْ أنْ تزورَ ليلاً فألـوتْ وأتَتْ في النهارِ تسحَـبُ ذيلا

قلتُ هَلاَّ صدَقْتِ في الوعدِ قالتْ كيفَ صَدَّقْتَ أنْ ترى الشَّمْسَ ليلا

شاعر: (الطويل)

تَمَتَّعْتُما يا ناظريَّ بنَظْرةٍ فـأورَدْتُما قلبي أمَـرَّ المواردِ

أعَيْنَيَّ كُفَّا عن فؤادي فإنَّهُ من البغيِ سعْيُ اثنين في قتلِ واحدِ

[58 أ]

قال رجلٌ لآخر: لقد وضعَ منكَ سؤالُكَ، فقال: لقد سألَ موسى والخضرُ عليهما السلام أهلَ قريةٍ فأبَوا أنْ يُضيفوهُما، فواللهِ ما وضعَ هذا من نبي الـلـه وعالمه، فكيفَ يضعُ مِنِّي؟!

قيل لزُرْعَةَ: متى تعلمتَ الكِدية؟ قال: يومَ وُلِدْتُ مُنِعْتُ الثَّدْيَ، فبكيتُ، وأُعطيتُهُ فسكَتُّ.

قيل للأعمش[2]: كيفَ تصنعُ إذا كانَ لك إلى لئيمٍ حاجةٌ؟ قال: آتيهِ كما آتي الخَلا.

قيل: اللطفُ في المسألةِ أجدى من الوسيلة.

([1]) الكتبي: فوات الوفيات 4/ 623.

([2]) سبقت ترجمته.

قصد أبو الحسن الوراق[1] سيف الدولة، في جملةِ الشعراء، فناولَهُ دُرجاً، يوهِمُ أنَّ فيهِ شعراً، فنشرهُ سيفُ الدولة وقال: ليس فيه شيءٌ، فقال: سيدُنا يكتبُ لعبدِهِ فيهِ شيئاً، فضحك وأمرَ له بجائزة.

سألَ أعرابيٌّ عبدَ الملك، فقال: سَلِ اللـهَ، فقال: قد سألتُهُ فأحالني عليك، فضحكَ وأعطاه. [58 ب]

وقف الأحنفُ بن قيس على قبر الحارث بن معاوية فقال: رحِمَكَ اللـهُ، كنتَ لا تَحْقِـرُ ضعيفاً، ولا تحسدُ شريفاً.

قال الشعبي: وجهني عبد الملك إلى ملك الروم، فلما انصرفتُ دفَعَ إليَّ كتاباً مختوماً، فلما قرأهُ عبد الملك، رأيتُهُ قد تغيَّرَ، وقال: يا شعبي، أعلِمتَ ما كتبَ هذا الكلبُ؟ قلتُ: لا، قال: إنه كتبَ: لم يكن ينبغي للعربِ أنْ تُمَلِّكَ إلا مَنْ أرسَلَتْ بهِ إليَّ، فقلتُ: يا أميرَ المؤمنين، إنه لم يَرَكَ، فكان يعرِفُ فَضْلَك، وإنَّهُ حسدكَ على استخدامكَ مثلي، فسُرِّيَ عنهُ.

قال النبي صلى اللـه عليه وسلم : (طـوبى لِمَـنْ تواضَـعَ في غـيرِ مَعْصِيَةٍ، وذلَّ في نفسِـهِ مـن غـيرِ مسكنةٍ)[2].

قال زياد لابنه: إيَّاكَ وصَدْرَ المجالسِ فإنهُ مجلسُ قلعَةٍ. [59 أ]

رُوِيَ أنَّ مجوسيّاً دَخَلَ على رسولِ اللـه صلى اللـه عليه وسلم ، فأخرجَ النبيُّ صلى اللـه عليه وسلم من تحته وِسادةً حشوها ليفٌ، فطرحها لهُ، وأقبلَ عليه يُحَدِّثُهُ، فلما نهضَ، قال عمر: إنَّهُ مجوسيٌّ،

---

(1) الوراق: محمود بن حسن، شاعر أكثر شعره في المواعظ والحكم، روى عنه ابن أبي الدنيا، وفي الكامل للمبرد نتف من شعره، وهو صاحب البيت المشهور:

إذا كان وجه العذر ليس ببيِّنٍ فإنَّ اطِّراح العذر خير من العذر

(فوات الوفيات 2/ 285، رغبة الآمل 104،106/4، و 5/ 75، 127، 138، 139، حماسة ابن الشجري: 141، المورد 3:2:233، الأعلام 167/7).

(2) الحديث في: السنن الكبرى للبيهقي 182/4، مجمع الزوائد للهيثمي 229/10، المعجم الكبير للطبراني: 69، الترغيب والترهيب للمنذري 203/3، 558، كنز العمال 43582.

فقال صلى الـلـه عليه وسلم : (قد علمتُ، ولكنْ جبريلُ يأمُرني أنْ أُكْرِمَ كريمَ قومٍ إذا أتاني، وهـذا كـريمُ قومِهِ)[1].

قال الشَّعبي: ركب زيد بن ثابت، فدنا منه عبد الـلـه بن العباس ليأخذَ بركابه، فقـال: مـا تفعـل يـا ابن عمِّ رسولِ الـلـه؟ فقال: هكذا أُمِرنا أنْ نفعلَ بعُلمائنا، فقال زيد: أرني يدكَ، فقبلهما وقال: هكذا أُمِرْنـا أنْ نفعلَ بأهلِ بيتِ نبيِّنا.

قال النبيُّ صلى الـلـه عليه وسلم : (إنكم لن تسعوا الناسَ بأموالكم، فسَعوهم بأخلاقِكم)[2].

وقال صلى الـلـه عليه وسلم : (ما حسَّنَ الـلـهُ خَلقَ أحدٍ وخُلقَـهُ فأطعَمَـهُ النـارَ)[3]. [59 ب]

قال الرشيد يوماً لجلسائهِ: إنَّ عُمارةَ[4] قد ذهبَ في التيهِ كلَّ مذهبٍ، وأُحِبُّ أنْ أضَعَ منهُ، فقيل له: لاشيءَ أوضَعُ للرجالِ من منازعةِ الرجال، والرأيُ أنْ يؤمَرَ رجلٌ ليدَّعي أفضَلَ ضيعةٍ أنْ غَصَبَهُ إيَّاهـا، ففعَـلَ ذلك، فلما دخل عُمارةُ قامَ الرجلُ فتَظَلَّمَ منهُ، وشَنَّعَ عليهِ، فقال له الرشيد: ألا تسـمعُ مـا يقـول الرجـلُ؟ فقال: مَنْ يعني؟ قال الرشيد: يعنيكَ أنَّكَ غصَبْتَهُ ضيعَةَ كذا، فقمْ واجلس معـه مجلـسَ الحكـم، فقـال: إنْ كانت تلك الضيعة له، فهي له، وإنْ كانت لي، فقد جعلتُها له، فانقطَعَ كلامَ الرجلِ، فلما انصرفَ عُمارة، قال لرجلٍ معه: مَنْ هذا المدَّعي؟ وإذا به لم يملأ طرفَهُ منه، فأُخْبِرَ الرشيدُ بذلك، فقال: قد سوَّغْنا له تِيْهَـهُ بعـدَ ذلك. [60 أ]

([1]) لم أهتد إل الحديث في المراجع.

([2]) الحديث مع خلاف يسير في الرواية في: مجمع الزوائد 22/8، المطالب العالية لابن حجر: 2539، الترغيب والترهيب 3 / 411، فتح الباري لابن حجر 10 / 459.

([3]) الحديث مع خلاف يسير في اللفظ في: الموضوعات لابن الجوزي 165/1، الترغيب والترهيب 407/3، كنز العمال 1591، إتحاف السادة المتقين 172/6، تذكرة الموضوعات: 162.

([4]) عمارة بن حمزة بن ميمون: من ولد عكرمة مولى ابن عباس، كاتب من الولاة الأجوادالشعراء الصدور، كان المنصور والمهدي العباسيان يرفعان قدره، وكان من الدهاة، وجمع له بين ولاية البصرة وفارس والأهواز واليمامة والبحرين، له في الكرم أخبار كثيرة، وفيه تيه شديد يضرب به المثل "أتيه من عمارة"، له ديوان رسائل، توفي سنة 199 هـ. إرشاد الأريب 6 / 3 - 11، النجوم الزاهرة 2/ 164، ثمار القلوب: 159، رغبة الآمل 8/ 144.

صالح بن عبد القدوس[1] (السريع)

تاه على إخوانهِ كلِّهم فصارَ لا يطرفُ من كِبْرِهِ
أعـادَهُ الـلـهُ إلى حالهِ فإنَّـهُ يَحْسُـنُ في فَقْـرِهِ

قال رسول الـلـه صلى الـلـه عليه وسلم : (مَنْ كان يؤمنُ باللهِ واليومِ الأخر فلا يؤْذِيَنَّ جارَهُ)[2].

رُوي أنَّ حاتماً كانَ بأرض عنزةَ، فناداهُ أسيرٌ: يا أبا سَفانَةَ، أكلني الإسارُ والقملُ، فقال: ويحَكَ، مـا أنـا في بلادي، ولا معي شَيْءٌ وقد أسأتَ إذْ نوَّهْتَ باسمي، فاشتراهُ وقال: خَلُّوا سبيلَهُ، واجعلوني مكانَـهُ في القِـدِّ حتى أؤأدي فداءهُ، فجُعِلَ مكانَهُ، وبعَثَ إلى قومِهِ فأتوْهُ بالفِداءِ.

قال معاوية: السِّفْلةُ من ليس له فِعْلٌ موصوف، ولا نسبٌ معروف.

[60 ب]

قال الحسن بن علي عليهما السلام لرجلٍ سألَهُ شيئاً يمكنهُ: لو أمكَنَني لكـانَ الحَـظُّ لنـا فيـهِ دونَـكَ، فإنْ حُرِمْنا شُكْرَكَ، فلا تحرِمْنا سَعَةَ عُذْرك.

أبو الغَمْر[3]: (البسيط)

باتَتْ تُشَجِّعُني عِرسي فقلتُ لها إنَّ الشجاعَةَ مقرونٌ بها العَطَبُ
للحَرْبِ قومٌ أضَلَّ الـلـهُ سَعْيَـهُمُ إذا دعَتْهُمْ إلى مكروهِها وَثَـبوا
ولستُ منهم ولا أهوى فِعالَهُـمُ لا الجِدُّ يعجبُني منهمْ ولا اللَّعِبُ

دخل على عليِّ بن الجَهْمِ صديقٌ لهُ وقد أُخِذَ كلُّ مالِهِ وهو يضحكُ، فقيـل لـه في ذلـك، فقـال: لـئنْ تزولَ نِعْمتي وأبقَى، أحَبُّ إليَّ من أنْ أزولَ وتَبْقَى.

الحسن بن هانيء[4]: (الكامل)

([1]) شعر ابن عبد القدوس: 149.

([2]) الحديث بلفظ: فلا يؤذِ جاره، في: صحيح البخاري 13/8، 39، 125، مسند أحمد بن حنبل 6/ 69، 2/ 267، مجمع الزوائد 8/ 176، 10/ 300، المعجم الكبير للطبراني 10/ 243، شرح السنة للبغوي 9 / 162.

([3]) الأبيات للعنقلي محمد بن حمزة الكوفي في الدر الفريد 3/ 58.

([4]) ديوان أبي نواس: 408.

وإذا المَطِيُّ بنا بلَغْـنَ مُحَـمَّداً فظهورُهُنَّ على الرجالِ حَرامُ
قَرَّبْنَنا من خيرِ مَنْ وَطِىءَ الحَصَا فلـها عليـنا حُرْمَةٌ وذِمامُ

[61أ]

شكا الفضلُ بن سهْلٍ إلى زبيرِبن بكَّارٍ بكثرةِ مَنْ يعْتَفي بابَهُ للحوائجِ، فقال: لا عليكَ، إنْ أحْبَبْتَ أنْ لا يلتَقي ببابِكَ اثنانِ، فاعتَزِلْ ما أنتَ فيهِ من عملِ السلطانِ، فإنَّ نِعمَ الـلـهِ جاءتْ بهم إليك، ثم أنشدَهُ[1]

(السريع)

مَنْ لم يواسِ الناسَ من فضلِهِ عَرَّضَ للإدبـــارِ إقْبالَهُ

فقال له: صدقْتَ، جزاكَ الـلـهُ من ناصحٍ خيراً.

شاعر[2]: (الوافر)

ومثْلُكَ ليسَ يجهَلُ حَقَّ مثلي ومثلي لا تُضَيِّعُـهُ الكِرامُ

قال هِشامٌ لرجلٍ في بيتِ الـلـهِ: سَلْني؟ فقال: لا أسألُ في بيتِ الـلـهِ غيرَ الـلـهِ.

قال رسول الـلـه صلى الـلـه عليه وسلم : (اعتَمِدْ بحوائجِكَ الصِّباحَ الوجـوه، فـإنَّ حُسْـنَ الصـورةِ أولُ نعمةٍ تلقاكَ من الرجلِ)[3]. [61 ب]

قال رسول الـلـه صلى الـلـه عليه وسلم : (إنَّ الـلـهَ تعالى يسألُ العَبْدَ عن جاهِهِ، كـما يسـألُهُ عـن مالِهِ وعُمْرِهِ، فيقول: جعلتُ لك جاهاً، فهلْ نصَرْتَ به مظلوماً، أو قَمَعْتَ بهِ ظالماً، أو أغَثْتَ به مكروباً؟)[1].

([1]) البيت مع ثان دون نسبة في الدر الفريد 145/5 برواية:
من لم يواسِ الناسَ من فضله عرَّض للإدبار إقبالها
وقبله بيت آخر:
ما أحسن الدنيا وإقبالها إذا أطاع الـلـهَ من نالها
([2]) البيت دون نسبة في حاشية الدر الفريد 5/ 334 برواية:
ومثلك ليس يجهل قدر مثلي ومثلي لا يضيعه الكرام
([3]) لم أجده بهذا اللفظ.

أبو تمام[2] (الكامل)

وإذا امرؤٌ أسدى إليكَ صنيعَةً   من جاهِـهِ فكأنَّها من مالِهِ

قال رسولُ اللـهِ صلى اللـه عليه وسلم : (إنَّما أُمْهِلَ فِرْعَـونُ مـع ادِّعائـهِ الربوبيَّـة، لسـهولِ اذْنِـهِ، وبَذْلِ طعامِهِ).

قال النبيُّ صلى اللـه عليه وسلم : (السَّخِيُّ قريبٌ من اللـهِ، قريبٌ من الناسِ، قريبٌ مـن الجنَّـةِ، والبخيلُ بعيدٌ من اللـهِ، بعيدٌ من الناسِ، قريبٌ من النارِ)[3].

[62 أ]

قال الحسَنُ بنُ سَهْلٍ: رأيتُ جُمْلَةَ البُخْلِ سوءُ الظَّنِ باللهِ تعالى، وجملةَ السَّخاءِ حُسْـنَ الظَـنِّ بـاللهِ تعالى.

قالت امرأة لابنها: إذا رأيتَ المالَ مُقْبلاً فانفقْ، فإنَهُ يحتَمِلُ، وإذا رأيتَهُ مُدْبِراً فانفِقْ، فذهابُـهُ فـيما تُريدُ أجدى من ذهابِهِ فيما لا تُريدُ.

شاعر[4]: (البسيط)

لا تَبْخَلَنَّ بدُنيا وهي مُقـْبِلَةٌ   فليسَ يَنْقُصُها التبذيرُ والسَّـرَفُ

وإنْ توَلَّتْ فأحرى أنْ تجودَ بها   فالشُّكْرُ منها إذا ما أدبرَتْ خَلَفُ[5]

محمود الوراق[6] (الطويل)

وقالوا ادَّخِرْ ما حُزْتَهُ وجَمَعْتَهُ   لعَقْبِكَ إنَّ الحَزْمَ أدنى من الرُّشْدِ

فقلتُ سأمضيهِ لنفسي ذخيرةً   وأجعلُ ربِّي الذُّخْرَ للأهلِ والوَلَدِ

([1]) ميزان الاعتدال: 9894، لسان الميزان 6/ 1177، موارد الظمآن: 1945، اتحاف السادة المتقين: 138.

([2]) ديوان أبي تمام 2/ 30.

([3]) الحديث في: سنن الترمذي 1961، مجمع الزوائد 7/ 127، اتحاف السادة المتقين 9/ 329، الدر المنثور 6/ 197، تذكرة الموضوعات: 63، 64.

([4]) البيتان للخثعمي في الدر الفريد 5/ 404.

([5]) في الدر الفريد: فالحمد منها إذا ما أدبرت خلف.

([6]) ديوان محمود الوراق: 79، جمع وتحقيق وليد قصاب، ط دار صادر، بيروت 2001.

[62 ب] للهِ الشُّكْرُ وللهِ الحَمْدُ والمِنَّة.

قال[1] (الوافر)

سألتُ الناسَ عن خِلٍّ وفيٍّ فقالوا ما إلى هذا سبيلُ

تَمَسَّكْ إنْ ظَفَرْتَ بوُدِّ حُرٍّ فإنَّ الحُرَّ في الدُّنْيا قليلُ[2]

قال رسول الله صلى الله عليه وسلم : (مَنْ تركَ المِراءَ وهو مُبْطِلٌ، بُنيَ له بيتٌ في رَبْضِ الجَنَّةِ، ومَنْ تركَهُ وهو مُحِقٌّ بُنِيَ له بيتٌ في وَسَطِ الجَنَّةِ، ومَنْ حَسُنَ خُلُقُهُ، بُنيَ لهُ في أعلاها)[3].

وقال صلى الله عليه وسلم : (بُعِثْتُ لأُتَمِّمَ مكارِمَ الأخلاقِ)[4].

روى الأصمعي قال: رأيتُ أعرابياً وقد أخرجَ رأسَهُ من خِباءٍ وهو يقول: اللهُمَّ إنَّ استغفاري مع الإصرارِ لَلَؤْمٌ، وإنَّ تركِي الاستغفارَ مع معرفتي بعَفْوِكَ لَعَجْزٌ، أتَبَغَّضُ إليكَ وأنتَ غنيٌّ عنِّي، وتَتَحَبَّبُ إليَّ وأنا فقيرٌ إليكَ.

قال أميرُ المؤمنين عليٌّ كرم الله وجهه: عليكم بحسنِ الخَطِّ، فإنَّهُ من مفاتيحِ الرزقِ. لله الشكر، (63 أ) نسَخَ وضَّاح[5] طريقةَ علي بن هلال رحمه الله[6] (السريع)

---

(1) البيتان لأبي إسحاق الشيرازي في الدر الفريد 343/3.

(2) في الدر الفريد: تمسك إن ظفرت بحبل حر.

(3) الحديث في: الترغيب والترهيب 130/1، إتحاف السادة المتقين 1/ 300، 469/7، المغني عن حمل الأسفار 1/ 47، 2/ 176.

(4) الحديث في: موطأ مالك: 904، الشفاء للقاضي عياض 207/1، الدرر المنتثرة للسيوطي: 58.

(5) لم أقف على سيرة وضاح هذا.

(6) علي بن هلال بن عبد العزيز المشهور بابن البواب الخطاط البارع في العصر العباسي، توفي سنة 413 هـ وفيات الأعيان 345/1، معجم الأدباء 15/ 18، الكامل في التاريخ 9 /121، النجوم الزاهرة 4/ 257، وانظر ترجمته ودراسة عن خطه كتاب: الخط والكتابة في الحضارة العربية ليحيى الجبوري ص 215 - 229.

يا أيها المنعمُ في حَقِّ مَنْ قد تَجِبُ النُّعمى علــى مِثْلِهِ
مَنَنْتَ والمِنَّةُ مقبــولةٌ فاجفُ الأذى حاشاكَ من فِعْلِهِ
لا تُتْبِعُ المَنَّ أذىً تَمْحُ ما قَلَّدْتَني الـمِنَّةَ مــن أجْـلِهِ
قد يحملُ الضُّرَّ على نفسِهِ باغي العُلى والفخْرُ في حَمْلِهِ
ولا يجدُ الحَبْلَ من وصْلِ مَنْ لا يؤْثِــرُ الدُّنْيا بـلا وصْلِهِ
فلا تُعاتِبْ بعدَها واهـي القُوْ وَةِ لا يقــوى على ثــقلِهِ
فالعَتْبُ مفتاحُ التَّقالــي فلا تُرَكِّبِ المفتاحَ فـي قُفْـلِهِ
واحكِمِ العَـقْدَ الذي بينَــنا ولا تُطـعْ نفْسَـكَ في حَلِّهِ
وتَمِّمِ العُــرْفَ فإنْ لم أكُنْ أهلاً لـهُ كُنْ أنـتَ من أهلِهِ

اللهمَّ صَلِّ على نبيِّ الرحمةِ، وشفيعِ الأُمَّةِ، وسيِّدِ الأئمَّـةِ، محمـد وآلـه وصحبه وسـلم. نسخٌ رفيـع.

[63 ب]

قيل: كان من سيرة قدماء الفرس أنْ يكتبوا في نواحي مجالسهم أربعةَ أسطرٍ، أولها: عنـدنا الشـدةُ في غيرِ عُنْفٍ، واللينُ في غـيرِ ضَـعْفٍ، والثـاني: المُحْسِـنُ يُجـازى بإحسـانه، والمُسيـءُ يُكافـأ بإسـاءَ تِـهِ، والثـالـث: العطياتُ والأرزاقُ في حينها وأوقاتِها، والرابع: لا حِجابَ عن صاحبِ ثَغْرٍ، ولا طارقِ ليلٍ.

وكان قدماء الفرس لا يولونَ الثغورَ إلا مَنْ تكاملت فيه أربع عشرةَ خَصْلةً من أخلاق الحيوان، وهي: أنْ يكون أسمعَ من فَرسٍ، وأبصَرَ من عُقابٍ، وأهدى من قَطاةٍ، وأحْذَرَ من عَقْعَقٍ، وأجرأَ من أسـدٍ، وأوثَـبَ من فَهْدٍ، وأروَغَ من ثَعْلَبٍ، وأوقَحَ من ذِئْبٍ، وأسخى من ديكٍ، وأقدَمَ من نَمِرٍ، وأجمَـعَ مـن نَمْلـةٍ، وأحـرَسَ من كلبٍ، وأصبرَ من حمارٍ، وأطوعَ من جَمَلٍ.

قال كسرى أنو شروان: إنَّ كلَّ شيءٍ أنفَقْتَ في شهوَتِكَ وأصَبْتَهُ منها، فاعلمْ أنَّكَ لم تُصِبْهُ، وإنَّما أصابكَ، وهلكَ به بعضُكَ، فالعاقِلُ مَنْ ترَكَ الهوى، ليكونَ كتارِكَ أكلةٍ ليصلَ إلى أكلاتٍ، وكمُجْتَنِبِ فاحشةٍ ظاهرةٍ، لتُخْفَى له فواحشُ باطنة، [64 أ] فلا تُحالُ بينَهُ وبينها، فيكون حياته فيها أطولَ، وحاجَتُهُ منها أنجَحَ، وإذا

غلبَ الهوى العقلَ، صرفَ محاسنَ خِصالِهِ إلى المساوىء، فجعلَ الحِلْمَ حِقْداً، والعِلْمَ رِياءً، والجودَ سَرَفاً، والاقتصادَ بُخْلاً، والعَفْوَ جُبْناً، فإذا بلغَ الهوى من صاحبِهِ ذلك المبلغَ، تركهُ لا يرى الصحَّةَ إلا صحَّةَ جسمِهِ، ولا العلمَ إلا ما استطالَ بهِ، ولا الأمْنَ إلا في قَهْرِ الناس، ولا الغِنى إلا في كسبِ المالِ، ولا الثِّقَةَ إلا في وجودِ الكنوز، وكلُّ ذلك مخالفٌ للقَصْدِ، ومُباعِدٌ للبُغْيَةِ، ومُقَرِّبٌ من الهَلَكةِ.

وقال أنوشروان: مَنْ عَدِمَ العقْلَ فلن يزيدَهُ السلطانُ عِزّاً، ومَنْ عَدِمَ القناعَةَ، فلن يزيدَهُ المالُ غنىً، ومَنْ عدمَ الإيمانَ فلن تزيدهُ الروايةُ فقهاً.

وقال أنو شروان: إنَّ خمولَ الذِّكرِ أسنَى من الذكرِ الذَّميم.

قال رجلٌ لخالد بن صَفْوان[1]: كيفَ أُسَلِّمُ على الإخوان؟ قال: لا تبلغْ بهم حَدَّ النِّفاقِ، ولا تُقَصِّرْ عن الاستحقاق. [64 ب]

شكا رجلٌ إلى معلِّمٍ ابنَهُ فقال: ما أنكَرْتَ منهُ؟ قال: إنَّهُ يتَعَشَّقُ فيشغلُ قلبَهُ، فقال: دعْهُ، فإنَّهُ يَنظُفُ ويظْرُفُ ويَلْطُفُ.

شاعر: (الطويل)

تمَنَّيْتُهُ حتَّى إذا ما رأيتُهُ بهِتُّ فلم أُعمِلْ لساناً ولا طَرْفا
وأطْرَقْتُ إجلالاً لهُ ومَهابَةً وحاوَلْتُ أنْ يُخْفي الذي بي ولا يخفَى

أبو الشِّيْص[2]: (الكامل)

وقَفَ الهوى بي حيثُ أنتِ فليسَ لي مُتَأَخَّرٌ عنهُ ولا مُتَقَدَّمُ
أجِدُ الملامَةَ في هواكِ لذيذَةً حُبّاً لذِكْرِكِ فلْيَلُمْني اللُّوَّمُ
أشْبَهْتِ أعدائي فصِرْتُ أُحِبُّهمْ إذْ كانَ حَظِّي منكِ حَظِّي منهمُ

([1]) خاد بن صفوان بن عبد اللـه بن عمرو بن الأهتم التميمي المنقري: من فصحاء العرب المشهورين، ولد ونشأ في البصرة، وكان أيسر أهلها مالاً ولم يتزوج، كان فصيحاً، أقدر الناس على مدح الشيء وذمه، كان يجالس عمر بن عبد العزيز وهشام بن عبد الملك وله معهما أخبار، عمي آخر عمرة، توفي سنة 133هـ وفيات الأعيان 1/ 243، معجم البلدان 387/4، 1036 ط أوربا، أمالي المرتضى 172/4، نكت الهميان: 148.

([2]) أشعار أبي الشيص الخزاعي: 92 - 93.

وأَهَنْتِني فاهنتُ نفسي عامداً   ما من يهونُ عـليكِ مِمَّنْ أُكْرِمُ

[65 أ]

قال رسولُ الـلـه صلى الـلـه عليه وسلم : (حُبُّكَ الشَّيْءَ يُعْمي ويُصِمُّ)[1].

حبيب بن أوس الطائي[2]: (الكامل)

نَقِّلْ فؤادَكَ حيثُ شِئْتَ من الهوى   ما الحُـبُّ إلا للحبـيـبِ الأوَّلِ

كم منزلٍ في الأرضِ يألَفُهُ الفتى   وحَنـينُهُ أبـداً لأولِ منــزلِ

أبو عبادة البحتري[3]: (الخفيف)

إنْ جرى بَيْنَنا وبَيْنَكِ عَتْبٌ   أو تناءتْ مِنَّا ومنكِ الديارُ[4]

فالغليلُ الذي علمتِ مـقيمٌ   والدموعُ التي عَهِدْتِ غِزارُ

هارون بن علي المنجم[5]: (الطويل)

سقى الـلـهُ أياماً لنا ولياليا   مَضَيْنَ فما يُرْجى لهنَّ رُجوعُ

إذا العيشُ صافٍ والأحِبَّةُ جِيْرَةٌ   جميعٌ وإذْ كلُّ الزمانِ ربـيعُ[6]

[65 ب]

قال جعفر بن محمد وقد لِيمَ في جودهِ: إنَّ الـلـهَ عـوَّدني عـادةً، وعَوَّدْتُـهُ عـادةً، فأخـافُ أنْ يقطَـعَ عني عادَتَهُ إنْ قطعْتُ عادَتي.

([1]) الحديث في: سنن أبي داود 513، مسند أحمد بن حنبل 5/ 194، 6/ 450، اتحاف السادة المتقين 7/ 276، 9/ 684، مسند أبي حنيفة: 168، تفسير القرطبي 1/ 307، الأسرار المرفوعة: 177.

([2]) ديوان أبي تمام 2/ 290.

([3]) ديوان البحتري 1/ 336.

([4]) في الديوان: إن جرى بيننا وبينك هجرٌ   أو تناءت منا ومنك ديـارُ

([5]) البيتان مع ثالث لهارون بن علي المنجم في الدر الفريد 3/ 359.

([6]) في الدر الفريد: إذ العيش غضٌ والأحبة جيرة.

والبيت الثالث في الدر الفريد بعد هذا البيت هو:

وإذْ أنا إمَّـا للعواذلِ في الصبَى   فعاصٍ وإمَّا للهوى فمطيعُ

قال رسول الـلـه صلى الـلـه عليـه وسـلم : (إيـاكم والمُـزاح، فإنـه يـذهبُ ببهـاء المـؤمن، ويُسْـقِطُ مروءَتَهُ ويجُرُّ غَضَبَهُ)[1].

وقال صلى الـلـه عليه وسلم : (إيَّاكَ وكَثْرَةَ الضَّحِك، فإنَّها تُميتُ القَلْبَ، وتورِثُ النِّسْيان)[2].

قيل: كان رسولُ الـلـه صلى الـلـه عليه وسلم من أفْكَـهِ النـاسِ، قالـت عجـوزٌ مـن الأنصـار للنبـي صلى الـلـه عليه وسلم : أُدْعُ لي بالجَنَّة. فقال: إنَّ الجنَّةَ لا يدخلها العُجـزُ، فبَكَـتْ المـرأةُ، فضحـكَ رسـولُ الـلـه صلى الـلـه عليه وسلم وقال: (أما سمِعْتِ قولَ الـلـه تعالى): (إِنَّـا أَنْشَـأْنَاهُنَّ إِنْشَـاءً (35) فَجَعَلْنَاهُنَّ أَبْكَارًا (36) عُرُبًا أَتْرَابًا)[3].

وقال عليٌّ عليه السلام: ثلاثٌ راجعاتٌ على أهلها؛ المَكْرُ والنَّكْثُ والبَغْيُ.

[66 أ] ثم تلا قولَ الـلـهِ تباركَ وتعالى: (وَلَا يَحِيقُ الْمَكْرُ السَّيِّئُ إِلَّا بِأَهْلِهِ)[4]، ومَنْ: (فَمَنْ نَكَثَ فَإِنَّمَا يَنْكُثُ عَلَى نَفْسِهِ)[5]. ومن : قال تعالى :(ثُمَّ بُغِيَ عَلَيْهِ لَيَنْصُرَنَّهُ اللَّهُ)القتح (10)

قيل لبعض الفلاسفة: مَنْ الذي لا عيبَ فيه؟ فقال: الذي لا يموت.

قال رسولُ الـلـه صلى الـلـه عليـه وسـلم : مـما بَقِـيَ مـن كـلام الأنبيـاء: (إذا لم تستحِ فافعلْ ما شئتَ)[6].

([1]) الحديث في: لسان الميزان 1509/1، كشف الخفاء 324/1، الكامل في الضعفاء 1527/4.

([2]) الحديث في: حلية الأولياء 168/1، كنز العمال: 44158، تهذيب تاريخ دمشق 6/ 357، الدر المنثور 2/ 221، موارد الظمآن: 94.

([3]) سورة الواقعة آية 56.

([4]) الفتح 10.

([5]) الحج 60.

([6]) الحديث في: موطأ مالك: 158، المعجم الكبير للطبراني 17/ 237. في أصل النسخة: تستحي.

أبو فراس بن حمدان[1]: (الطويل)

بِمَنْ يثِقُ الإنسانُ فيما ينوبُـهُ ومن أينَ للحُرِّ الكريمِ صِحابُ
وقد صار هذا الناسُ إلا أقلَّهم ذِئاباً عـلى أجسادهـنَّ ثيابُ

الببغاء[2]: (الطويل)

وأكثرُ مَنْ تلقى يسُرُّكَ قولُهُ ولكنْ قليلٌ مَنْ يسُرُّكَ فِعْلُهُ
وقد كان حسنُ الظَّنِ بعضَ مذاهبي فأدَّبَني هذا الزمـانُ وأهلُهُ

[66 ب]

شاعر[3]: (الطويل)

بحُرْمةِ ما قد كانَ بيني وبينَكمْ من الودِّ إلاَّ عُـــدْتُمُ بجميلِ
وإنِّي لَيُرْضينـي قليلُ نَوالكمْ وإنْ كنتُ لا أرضَى لكم بقليلِ

شاعر[4]: (الطويل)

ولَمَّا نزلنا منزلاً طَلَّهُ النَّدى أنيقاً وبُسْتاناً من النَّوْرِ حاليا
أجَدَّ لنا طِيبُ المكانِ وحُسْنُهُ مُنىً فتمَنَّيْنا فكُنْتِ الأمـانيا

البحتري[5]: (الكامل)

إنِّي وإنْ جانبْتُ بعضَ بطالتي وتوَهَّمَ الواشونَ أنِّي مُقَصِّـرُ
ليشوقُني سحرُ العيونِ المُجْتَلى ويروقُني ورْدُ الخدودِ الأحمرُ

قيلَ للمُغيرةِ بن شُعْبَةَ: مَنْ أحسَنُ الناسِ عَيْشاً؟ قال: مَنْ عاشَ غيرُهُ في عَيْشِهِ.

---

(1) ديوان أبي فراس الحمداني 27 من قصيدة.

(2) ديوان الببغاء تحقيق سعود عبد الجابر: 146، وتحقيق هلال ناجي: 75.

(3) البيتان لابن الرومي في الدر الفريد 3/ 65، ولم يردا في ديوانه شرح أحمد بسج ط دار الكتب العلمية، بيروت 1994.

(4) البيتان لمالك بن أسماء في عيون الأخبار 1/ 301.

(5) البيتان من قصيدة للبحتري في ديوانه 1/ 317.

في كتاب الفُرْس: لئن تلقى الأحرارَ بالبشاشةِ وتحرُمَهم، أحَبَّ إليهم من أنْ تلقاهم بالفظاظةِ وتُعطيهم، وانظرْ إلى خَلَّةٍ أفسدتْ مثلَ الجُودِ فاجتَنِبْها، وإلى خَلَّةٍ عَفَتْ على مثلِ البُخْلِ فالزَمْها. [67 أ]

قصد أبو العُرْيان بعضَ الأكابرِ، فخرجَ ووزَّعَ على أصحابه، وقال[1] (الطويل)

لَمَسْتُ بكفِّي كَفَّهُ أبتغي الغِنَى ولم أدرِ أنَّ الجُوْدَ من كَفِّهِ يُعْدي[2]
فلا أنا منه ما أفاد ذوو الغِنى أفَدْتُ وأعداني فأتْلَفْتُ ما عندي[3]

سُئل بعضُهم عن جعفر بن يحيى بعد موته، فقال: كان مقطوعَ الآمال، زاهداً في الأموال.

قال أعرابي في مدح رجل: لم ينظر قطُّ في قفا محروم.

قيل: مرَّ يزيد بن المهلَّب في خروجه من السجن بأعرابي، فسألهُ، فقال لغلامهِ: ما معك من المال؟ قال: مائة دينار، فقال: اعطِهِ، فقال الغلام: هذا يرضيه اليسير، فقال: أنا لا يرضيني إلا الكثير، قال: إنه لا يعرفُكَ، قال: أنا أعرفُ نفسي.

شاعر[4]: (المتقارب)

بدا حينَ أثرى بإخوانهِ ففَلَّلَ عنهم شَباةَ العَدَمْ
وعَلَّمَهُ الحَزْمَ صرفُ الدهور فبادرَ بالعُرْفِ قبلَ النَّدَمْ[5] [67 ب]

قال رسول الله صلى الله عليه وسلم : (اطعموا الطعامَ، وافشوا السلام، وصِلوا الأرحامَ، وصَلُّوا والناسُ نيام، تدخلوا الجَنَّةَ بسلام)[6].

([1]) البيتان في عيون الأخبار 1/ 394.

([2]) عيون الأخبار: وما خلت أن الجود من كفه يعدي.

([3]) عيون الأخبار: أفدت وأعداني فبددت ما عندي.

([4]) البيتان لإبراهيم بن العباس الصولي في الطرائف الأدبية: 137، ومن قطعة في أربعة أبيات لإبراهيم بن رباح في معجم الأدباء: 2105.

([5]) في الطرائف الأدبية: وذكَّره الحزمُ غِبَّ الأمور فبادر قبل انتقال النعم

([6]) الحديث في: السنن الكبرى للبيهقي 2/ 502، مجمع الزوائد للهيثمي 5/ 17، فتح الباري لابن حجر 11/ 19، كنز العمال:43186.

وقال صلى الله عليه وسلم : (إذا لقي المؤمنُ المؤمنَ فصافحَ أحدُهما الآخر، تناثرتْ الخطايا بينهما، كما يَنْتَثِرُ ورقُ الشَّجَرِ)[1].

قيل لبعض الحكماء: كيف حالُكَ؟ فقال: كيفَ حالُ مَنْ يفنى ببَقائهِ، ويسْقَمُ بصِحَّتِهِ، ويؤْتَى من مأمَنِهِ؟

الخوارزمي: (الوافر)

ولا زالتْ عِداكَ بكُلِّ أرْضٍ لهمْ من سُوْءِ ظَنِّهُمُ نذيْرُ

قصيرُ نهارِهمُ خَوفاً طويلٌ بهم وطويلُ عُمْرِهمُ قَصيرُ

كتب ابن المعتزِّ إلى صديقٍ له تزَوَّجَ: أقَرَّ اللهُ عَيْنَكَ ورزَقَكَ وُدَّها ووَلَدَها، وجعلَكَ الباقي بعدَها.

قال إسحاق الموصِليُّ للفضلِ بن الربيع[2]: (الرجز) [68 أ]

مَدَّ لكَ اللهُ الحياةَ مَدًّا حتى يكونَ ابنُكَ هذا جَدًّا

ثم يُفَدَّى مثلَ ما تُفَدَّى أشْبَهَ منكَ سُنَّةً وقَدًّا

أبو الطيِّب أحمد بن الحسين المتنبي[3]: (الكامل)

وإذا ارتحلتَ فشَيَّعَتْكَ سلامةٌ حيثُ اتجَهْتَ ودِيمَةٌ مِدْرارُ

وصدَرْتَ أغنمَ صادرٍ عن موردٍ مرفوعةً لقدومِكَ الأبصارُ

قال النبي صلى الله عليه وسلم : (الهديةُ رزقُ الله، فمَنْ أُهْدِيَ إليهِ شيءٌ من غيرِ سؤالٍ ولا إشرافِ نفسٍ فليقْبَلْهُ، فإنَّما هو رزقٌ ساقَهُ اللهُ إليهِ)[4].

([1]) الحديث مع خلاف في اللفظ في: كنز العمال: 675، الكامل في الضعفاء لابن عدي 283/1، تاريخ واسط: 199، منحة المعبود للساعاتي: 1877.

([2]) البيتان من قطعة في ديوانه: 108، تحقيق ماجد العزي، والبيتان مع ثالث لأبي ضمضمة الكلابي في الدر الفريد 5/ 106، وقال: ويروى الشعر والحكاية لإسحاق الموصلي مع الفضل بن يحيى.

([3]) ديوان المتنبي، شرح العكبري 86/2.

([4]) الحديث مع خلاف يسير في اللفظ في: الكامل في الضعفاء لابنعدي 4/ 1530، التمهيد لابن عبد البر 5/ 90.

الصَّنَوبري[1]: (الخفيف)

نِلْتَ في ذا الصيامِ ما ترتجيهِ ووقاكَ الإلهُ ما تَتَّقيهِ

أنتَ في الناسِ مثلَ ذا الشهرِ في الأشـ ـهُرِ بل مثلَ ليلةِ القَدْرِ فيهِ

قيل: هديَّةُ الأحبابِ على ورَقِ السَّدابِ. [68 ب]

قيل: الهديةُ أظرَفُها أخَفُّها، وانبَلُها أقَلُّها.

لأبي يوسف القاضي[2]: (الطويل)

علينا بأنْ نُهْدي إلى مَنْ نُحِبُّهُ وإنْ لم يكُنْ في وِسْعِنا ما يُشاكِلُهْ

ألَمْ ترَنا نُهْدي إلى اللهِ مالَهُ وإنْ كانَ عنهُ غانياً فهو قابِلُهْ[3]

رُويَ أنَّ سُليمان عليه الصلاة والسلام مَرَّ بعُشِّ قُنْبُرةٍ، فأمرَ الريحَ أنْ تتَجَنَّبَ عُشَّها الذي فيه فِراخُها، فجاءتْ القُنْبَرَةُ لمَّا نزل سليمان فرفرفَتْ على رأسه وألقتْ جرادةً، هديةً له لِما فعل، فقال سليمان: هي مقبولةٌ، وكلٌّ يهدي على قدرِ وُسْعِهِ.

قال عبد الله بن المعتز: المرضُ حبسُ البَدَنِ، والهَمُّ حبسُ الروح.

للخُبْزأرُزي في طبيبٍ اسمُه النعمان[4]: (الطويل)

أقولُ لنعمانٍ وقد ساقَ طِبُّهُ نفوساً نفيساتٍ إلى ساكني الأرْض

أبا مُنْذِرٍ أفنيتَ فاستَبْقِ بعضَنا حنانيكَ بعضُ الشَّرِ أهونُ من بعض

[69 أ]

قال جالينوس: الدمُ في البدن كالدِّهْنِ في السِّراج، فإذا فني الدهنُ طُفيءَ السِّراجُ.

([1]) ديوان الصنوبري ص 464، تحقيق إحسان عباس ط دار صادر بيروت 1998.

([2]) البيتان لأحمد بن يوسف الكاتب في الدر الفريد 4/ 97.

([3]) الدر الفريد: وإن كان عنه ذو غنى فهو قابله.

([4]) البيت الأول للخبزأرزي في لدر الفريد 206/1، وقد استشهد بالبيت الثاني وهو لطرفة بن العبد في ديوانه ص 180 ط دار الكتاب العربي، بيروت 1997.

لابن الرومي[1]: (البسيط)

يا فاصِداً من يدٍ جَلَّتْ أياديـــها وذاقَ طعْمَ الرَّدى والبؤسَ شانيها[2]

يدُ النَّدى هي فارفقْ لا تُرِقْ دَمَها فـإنَّ أرزاقَ طُلَّابِ النَّدى فيها

لمَّا احتُضِرَ الحارثُ بنُ كِلْدَةَ اجتمعَ إليهِ شُبَّانُ قريشٍ، وقالوا: أوصِنا، فقال: لا يتَزَوَّجْنَ أحـدٌ مـنكم إلاّ بشابَّةٍ، ولا يأكُلَنَّ إلا لحمَ فتيٍّ، ولا يتناولَنَّ أحدٌ منكم الدواءَ، ما احتملَ بدَنُهُ الدَّاءَ، ولا تأكلُ الفاكهـةَ إلا في إبانِ نُضْجِها، وإنْ تغَدَّى أحدُكم فليَنَمْ بعدَ غدائهِ نومةً، وإذا تعَشَّى فليَتَخَطَّ على اثرِ عَشائهِ أربعينَ خطْوةً، وعليكم بالنُّورةِ في كلِّ شهرٍ، فإنَّها تُذيبُ البَلْغَمَ، وتُهْلِكُ المِرَّةَ.

قيل: الصِّحةُ تاجٌ خَفِيٌّ على رؤوس الأصِحَّاءِ، لا يراهُ إلا المرضى.

[69 ب]

حُكي أنَّ عَمـرو بـن الليـث[3] زَلِـقَ فـانخلَعَ إحـدى فَخِذَيْـهِ، فنـامَ عـلى الفَخِـذِ الوَجِعَـةِ، واستَحْضَرَ المُجَبِّرينَ، وجعل يعرِضُ على واحدٍ واحدٍ الفَخِذَ الصَّحيحة، ويَئِنُّ إذا مُسَّـتْ، فكـان كُـلٌّ يقـولُ: بهـا كـذا، يختبرهم بذلك، إلى أنْ حضَرَ المعروفُ بابن المغازلي، فلـما حَسَّـها أنَّ عمـرو، فقـال ابـن المغـازلي: مـا هـذه الجَلَبة؟ و اللـهِ ما بها قَلَبَةٌ، وإنها لأصَحُّ من فَخِذِ الظَّليم، فعَـرَضَ عليـهِ الفَخِـذَ الأخْـرى فقـال: أمـا هـذه فنعمٌ، فعَلِمَ عمرو أنَّهُ حاذِقٌ، فقال: إنَّ مداواتها صعبةٌ لأنه تحتاج إلى إسالةِ الرِّجْلِ، وأنا اسْتَسْـمِجُ ذلـك، ولكني أحتالُ فيه، فعَمَدَ إلى زِقٍّ، فوضعَهُ بينَ رِجْلَيْ عمروٍ، وشَدَّ إبهامَيْ رجْلَيهِ بعضها ببعض، وجعلَ يـنفخُ في الزِّقِّ وهو يربو وينتفخُ ويرتفعُ الفَخِذُ، إلى أنْ رَدَّ العضوَ إلى موضِعِهِ، ثم حَـلَّ الإبهـامين وشـدَّهُ إلى أنْ برِأَ.

([1]) البيتان لابن الرومي في ديوانه 3/ 515.

([2]) في الديوان: يا قاصداً. والصواب: يا فاصداً، يتحدث عن فصد الدم للعلاج.

([3]) لعله عمرو بن الليث الصفار، ثاني أمراء الدولة الصفارية وأحد الشجعان الدهاة، توفي سنة 289هـ.

قال بُقْراط: جملةُ المعالجةِ خمسةُ [70 أ] أضربٍ ؛ يُعالَجُ ما في الرأسِ بالغَرْغَرةِ، وما في المعِدة بالقَيْءِ، وما في اسفَلِ المعدة بالإسهالِ، وما بين الجِلْدَينِ بالعَرقِ، وسطحَ البدنِ بالدَّلوكِ والأطليةِ.

دخل عامرُ بن مالكٍ وهو عمُّ لبيدٍ وكان شيخاً، على النعمان، فعَبَثَ به الربيعُ بنُ زيادٍ، وأضحَكَ منه الحاضرين، فخَجَلَ الشيخُ، وانصرفَ، وشكا ذلك إلى لبيدٍ فقال: دَعْهُ لي، ودخَلَ لبيدٌ على النعمان، وكان الربيع يواكِلُهُ، فقال[1]: (الرجز)

مهلاً ابيتَ اللَّعْنَ لا تأكُلْ مَعَهْ

فقال النعمان: لِمَهْ؟ فقال لبيد:

إنَّ استَهُ من بَرَصٍ مُلَمَّعَهْ وإنَّهُ يُدْخِلُ فيها إصْبَعَهْ

يُدْخِلُها حتى يُواري أشْجَعَهْ كأنَّما يطلُبُ شيْئاً ضَيَّعَهْ

فأمسكَ النعمان، ولم يأذَنْ لزيادٍ بعد ذلك، فأرسلَ إليهِ، وقال: إنه كاذبٌ، فابعثْ من يُفَتِّشُ عني، فقال[2]: (البسيط)[70 ب]

شَمِّرْ برَحْلِكَ عَنِّي حيثُ شِئْتَ ولا تُكْثِرْ عليَّ ودَعْ عنكَ الأباطيلا

قد قيل ذلكَ إنْ حَقّاً وإنْ كَذِباً وما اعتِذارُكَ من شيْءٍ إذا قيلا[3]

بشار بن بُرْد[4]: (مجزوء الكامل)

حوراءُ إنْ نظرَتْ إليـ ـكَ سَقَتْكَ بالعَيْنينِ خَمْرا

وكأنَّ تحتَ لسانِها هاروتَ ينفُثُ فيهِ سِحْرا

---

(1) ديوان لبيد: 343، وانظر الخبر في كتاب لبيد بن ربيعة العامري ليحيى الجبوري: 369.

(2) الأغاني 15 /355.

(3) الأغاني: فما اعتذارك من قول إذا قيلا.

(4) البيتان من قصيدة في ديوانه 4/69- 70 تحقيق الطاهربن عاشور.

أبو عبادة البحتري[1]: (الطويل)

ولَمَّا التقَيْنا والنَّقا موعِدٌ لنـا   تعَجَّبَ رائـي الدُّرِّ مِنَّا ولاقِطُهْ[2]

فمن لؤلؤٍ تُبْديهِ عندَ ابتسامِها   ومن لؤلؤٍ عندَ الحديثِ تُساقِطُهْ[3]

أبو الطيب المتنبي[4]: (المنسرح)

كأنَّما قَدُّها إذا انفتَلَـتْ   سكرانُ من خَمْرِ ريقِها ثَمِلُ[5]

يجْذُبُها تحتَ خَصْرِها عَجُزٌ   كأنهُ من فِـراقِها وَجِـلُ

[71 أ]

كتب الإسكندر إلى أرسْطاطاليس: اكتبْ إليَّ موعظَةً ترْدَعُ وتنْفَعُ، فكتب إليه: إذا استوت بك السلامةُ فجَدِّدْ ذِكْرَ العَطَبِ، وإذا اطمأنَّ بكَ الأمنُ، فاسْتَشْعِرْ الخوفَ، وإذا بلَغْتَ نهايةَ أملِكَ، فاذكرِ الموتَ.

قال الربيعُ لأبي العتاهية: كيف أصبحتَ؟ فقال[6]: (المنسرح)

أصبحتُ و اللـهِ في مضيقِ   هلْ من دليلٍ على الطريقِ[7]

أُفٍّ لدُنْيا تلاعَبَـتْ بِيْ   تَلاعُبِ الموجِ بالغَـريقِ

شاعر[8]: (مجزوء الوافر)

هيَ الأيـامُ والغِيَرُ   وأمـرُ اللـهِ مُنْتَظَرُ

أتيْأسُ أنْ ترى فَرَجاً   فأيـنَ اللـهُ والقَـدَرُ

---

(1) البيتان من قصيدة في ديوانه 2/ 464.

(2) الديوان: تعجب رائي الدر حسناً ولا قطه.

(3) الديوان: فمن لؤلؤ تجلوه عند ابتسامها.

(4) ديوان المتنبي 3/ 210.

(5) الديوان: سكران من خمر طرفها ثمل.

(6) ديوان أبي العتاهية: 258، الدر الفريد 146/1.

(7) الديوان: فهل سبيل إلى طريق.

(8) البيتان لبشر بن المعتمر في الدر الفريد 5/ 390.

ذَمَّ رجلٌ الدنيا عند أميرِ المؤمنين عليه السلام، فقال: اسكتْ، فإنَّ الدنيا دارُ صِدْقٍ لِمَنْ صَدَقَها، ودارُ غِنى لِمَنْ تزَوَّدَ منها، ودارُ عافيةٍ لِمَنْ فَهِمَ عنها، مسجدُ أتقياءِ اللهِ، ومَهْبِطُ وحْيِهِ، ومَتْجَرُ أوليائهِ، فاكْتَسِبوا فيها الرحمةَ، وادَّخِروا منها الجَنَّةَ. [71 ب]

قال رسول الله صلى الله عليه وسلم : (إذا قال الرجلُ: لعَنَ اللهُ الدنيا، قالت الدُّنْيا: لعن اللهُ أعصانا لربِّهِ)[1].

جاء سُفيانُ إلى جعفر بن محمد عليهما السلام، فقال: علِّمْني مِمَّا علَّمَكَ اللهُ، فقال: إذا تظاهَرَتِ الذنوبُ، فعليكَ بالاستغفارِ، وإذا تظاهرتِ النِّعَمُ، فعليكَ بالشُّكْرِ، وإذا تظاهرتِ الغُمومُ، فقل: لا حولَ ولا قوَّةَ إلا باللهِ، فقال: ثلاثٌ وأيُّ ثلاثٍ.

قال رسولُ الله صلى الله عليه وسلم : (افصِلوا بين حديثكم بالاستغْفارِ).

وقال صلى الله عليه وسلم : (الاستغْفارُ مَمْحاةٌ للذنوب).

قال الحسنُ في قوله تعالى: (إِنَّ الْإِنْسَانَ لِرَبِّهِ لَكَنُودٌ)[2]، ينسى النِّعَمَ، ويذكرُ المصائبَ.

حكى سندُ بن داود قال: رأيتُ عفَّانَ بن مسلم يُمْضَى به ليُمْتَحَنَ، فقلتُ له: يا شيخُ، آمُرُكَ بكلماتٍ، فإنَّكَ لن ترى إلا خيراً، قلْ: حسبيَ اللهُ [72 أ] ونِعْمَ الوكيل، فإنَّ اللهَ يقولُ: (فَانْقَلَبُوا بِنِعْمَةٍ مِنَ اللَّهِ وَفَضْلٍ لَمْ يَمْسَسْهُمْ)[3]، وقُل: (وَأُفَوِّضُ أَمْرِي إِلَى اللَّهِ إِنَّ اللَّهَ بَصِيرٌ بِالْعِبَادِ (44) فَوَقَاهُ اللَّهُ سَيِّئَاتِ مَا مَكَرُوا)[4]. وقل: ما شاء الله لا قوةَ إلا بالله. قال عفَّان: فقُلْتُها فما رأيتُ إلا إلا خيراً.

([1]) لم أجد الحديث بهذا اللفظ.

([2]) العاديات 6.

([3]) آل عمران 174.

([4]) غافر 44 - 45.

قال بعضهم: في موقفٍ من مواقفِ الحَجِّ: اللهمَّ لا تُعَنِّيْني بطلبِ ما لم تُقدِّرْ لي، وما قَدَّرْتَهُ لي، فاجعَلْهُ مُيَسَّراً سَهْلاً، وكافِ عنِّي أَبَوَيَّ وكُلَّ ذي نعمةٍ عليَّ.

كان النبي صلى الله عليه وسلم إذا أُتِيَ بالباكورةِ[1] قبَّلَها ووضعَها على عينيه، ويقول: (اللهمَّ أريتَنا أوَّلَهُ، فأرِنا آخِرَهُ)[2].

وضع أعرابي يدَهُ على بابِ الكعبة وقال: يا ربِّ، سائلُك ببابِكَ، قد مضَتْ أيامُهُ، وبقيَتْ آثامُهُ، فارْضَ عنهُ، وإلاَّ ترضَ عنهُ، فاعْفُ عنهُ، فقد يعفو السَّيِّدُ عن العبدِ وهو عنهُ غيرُ راضٍ.

[72 ب]

كان بعضُهم يقول: استَغْفرُ اللهَ، والحمدُ لله، فقيل له في ذلك، فقال: ما رأيتُ أجمَعَ من هاتينِ الكلمتين بينَ ذَنْبٍ ونعمةٍ.

قال شقيق البلخي[3] رحمةُ الله عليه: عليكم بعملِ الأبطالِ؛ الاكتسابُ من الحلال، والإنفاقُ على العِيال.

قال الجُنَيْدُ[4] لرجلٍ كان يجلسُ إليه: ما حِرْفَتُكَ؟ فقال: التوكلُ على ربِّي، والثِّقةُ بما عندَهُ، فقال: الثقة بربك لم تُحَرِّم عليك إصلاحَ معيشَتِكَ، أوَ ما علِمْتَ أنَّ طلبَ ما تُعْفَى به من السؤال حَزْمٌ، والعَجَزُ عنهُ فَشَلٌ، وإنَّ الفَقْرَ مفْسَدَةٌ للتَّقي، مَتْهَمَةٌ للبَرِيّ، فلا يرضَى به إلا الدَّنِيُّ.

---

(1) الباكورة: أول ما يدرك من الثمر، والمعجل من كل شيء.

(2) الحديث في كنز العمال: 18219.

(3) شقيق بن إبراهيم بن علي الأزدي البلخي، زاهد صوفي من مشاهير المشايخ في خراسان، ولعله أول من تكلم في علوم الأحوال الصوفية، كان بكور خراسان، ومن كبار المجاهدين، استشهد في غزوة كولان (بما وراء النهر) سنة 194 هـ. طبقات الصوفية: 61 - 66، الوفيات 1/ 226، حلية الأولياء 58/8، تهذيب ابن عساكر 6/ 327، النجوم الزاهرة 2/ 21، 146.

(4) الجنيد بن محمد بن الجنيد البغدادي الخزاز، صوفي من العلماء بالدين، قال أحد معاصريه: ما رأت عيناي مثله، الكتبة يحضرون مجلسه لألفاظه، والشعراء لفصاحته، والمتكلمون == == لمعانيه، وهو أول من تكلم في علم التوحيد في بغداد، أثنى عليه كثير من العلماء، توفي سنة 297 هـ. وفيات الأعيان 117/1، حلية الأولياء 10/ 255، صفة الصفوة 2/ 235، تاريخ بغداد 7/ 241.

يُقال: خمسةٌ المالُ أحَبُّ إليهم من أنفُسِهم؛ المقاتِلُ بالأُجْرةِ، وراكِبُ البحرِ للتجارة، وحَفَّارُ الآبارِ، والفتى المُدِلُّ بالسباحةِ، والمخاطرُ على السَّمِ.

[73 أ]

قيلَ: لا يكسِدُ رئيسُ صناعةٍ إلا في شَرِّ زمانٍ، ومملكةِ أنذَلِ سُلطانٍ.

قال رسولُ الله صلى الله عليه وسلم: (مَنْ أسلَفَ فليُسْلِفْ في كيلٍ معلومٍ، وأجَلٍ معلومٍ)[1].

قال أنوشروان، وعندَهُ جماعةٌ: ليتَكَلَّمَ كلُّ واحدٍ منكم بكلمةٍ نافعة، فقال الموبذُ[2]: الصَّمْتُ المُصيبُ أبلغُ حكمةٍ، وقال مهبوذ: تحصينُ الأسرارِ أنفعُ رأيٍ، وقال مهادر: لا شيءَ أنفعَ للإنسان من المعرفة بقَدْرِ ما عندَهُ من الفَضْل وحسْنِ الاجتهادِ في طلبِ ما هو له مُسْتَحِقٌّ، وقال نرسي: الاحتراز من كلِّ أحَدٍ أحزَمُ رأيٍ، قال أنو شروانَ: كلٌّ حَسَنٌ، ولا صلاحَ لأحدٍ إلا بالتَّثَبُّتِ في الاختيار، والاعتقادِ للخِيَرَةِ.

قال رسول الله صلى الله عليه وسلم: (حِذْقُ المَرْءِ محسوبٌ من رزقِهِ). [73 ب]

قال رسول الله صلى الله عليه وسلم: (يأتي على الناسِ زمانٌ لا يبقى فيه أحدٌ إلا أكَلَ الرِّبا، فمَنْ لم يأكُلْهُ أصابَهُ من غُبارِهِ)[3].

وقال صلى الله عليه وسلم: (عملُ الأبرارِ من الرجال الخياطةُ، وعملُ الأبرارِ من النساءِ المِغْزَل)[4].

([1]) الحديث في: مسند أحمد بن حنبل 1/ 282، صحيح مسلم 1227. سنن ابن ماجة 2280 سنن الترمذي 1311، 1321، المعجم الكبير للطبراني 11/ 230.

([2]) الموبذ والموبذان: فقيه الفرس، وحاكم المجوس، فارسيته موبد، وجمعه: موبدان. معجم الألفاظ الفارسية: السيد آدي شير: 148.

([3]) الحديث في: الكامل في الضعفاء 1647/4، السنن الكبرى للبيهقي 5/ 275.

([4]) الحديث مع خلاف في اللفظ في: الحاوي للفتاوي للسيوطي 577/1، تذكرة الموضوعات: 137، كنز العمال: 9347، تاريخ بغداد 9/ 15، الحاوي للفتاوي 57/1.

قيل: ينبغي للعاقلِ أنْ لا يُرى إلا في إحدى ثلاثٍ؛ تزوُّدٍ لِمَعادٍ، أو مرمَّةٍ لمعاشٍ، أو لذَّةٍ في غيرِ مَحْرمٍ.

قال النبيُّ صلى الله عليه وسلم : (كُلٌّ مُيَسَّرٌ لِما خُلِقَ لهُ)[1].

والحمدُ لله.

([1]) سنن الترمذي:3111، سنن ابن ماجة: 78، 91، اللآلِيء المصنوعة 2/ 102، تغليق التعليق لابن حجر: 1912، الشريعة للآجري: 171، جامع مسانيد أبي حنيفة 183/1، مجمع الزوائد 187/7.

تمَّ المجموعُ بحمد اللـه تعالى، وحُسنِ توفيقِهِ، في رابعِ محرم الحرام من سنة خمسٍ وتسـعين وسـبعمائة للهجرة المحمدية.

كتبه أقلُّ عباد اللـه تعالى ناصرُ بن بزرجمهر، حامداً اللـه على جميع نِعَمِـهِ، ومُصَـلِّياً عـلى نبيـهِ محمـدٍ وآله وصحبه، ومسَلِّماً، بمدينة القاهرة حماها اللـه تعالى عن الآفات، بِمَنِّهِ وكَرَمهِ.

مصادر التحقيق ومراجعه

(أ)

* أخبار وأشعار - ياقوت المستعصمي، نسخة المتحف البريطاني ADD 23475.

* أخبار القضاة- وكيع: محمد بن خلف (306هـ). ط القاهرة 66- 1369 هـ و ط عالم الكتب، بيروت، د. ت.

* أسامة بن منقذ في ديوانه وحامد عبد المجيد، ط عالم الكتب، بيروت 1983.

* أشجع السلمي حياته وشعره، تحقيق خليل الحسون، ط دار المسيرة، بيروت.

* أشعار أبي الشيص الخزاعي، جمع وتحقيق عبد اللـه الجبوري، ط النجف 1967.

* أشعار أولاد الخلفاء وأخبارهم - الصولي: أبو بكر بن يحيى (335هـ).

(هو جزء من كتاب الأوراق)، عني بنشره ج. هيورث. د ن ط مصر 1936.

وط دار المسيرة بيروت 1979م.

* أشعار الخليع الحسين بن الضحاك، تحقيق عبد الستار فراج دارالثقافة، بيروت 1960.

* الإصابة في تمييز الصحابة- ابن حجر: أحمد بن علي السعقلاني (ت 852هـ).

(4 مجلدات) تحقيق على محمد البجاوي، ط القاهرة 1970م و(8 مجلدات)، ط دار الكتب العلمية، بيروت 1995م.

* الأعلام - الزركلي: خير الدين محمود بن محمد (ن 1392هـ/ 1972م). الطبعة الخامسة، ط دار العلم للملايين، بيروت 1980.

* أعلام النساء - كحالة: عمر رضا.

(3 مجلدات)، ط 1359هـ.

* الأغاني - الأصفهاني: أبو فرج علي ين الحسين (ت 356هـ).

ط دارالكتاب المصرية، وط دار الكتب العلمية، بيروت 1992.

* أمالي القالي (والذيل) - القالي: اسماعيل بن القاسم البغداداب (ت 356هـ).

دار الكتب المصرية، القاهرة 1953م.

* أمالي المرتضى (غرر الفوائد ردرالقلاند) – المرتضى: الشريف علي بن الحسين العلوي (ت 436هـ). (4 أجزاء) تحقيق محمد أبو الفضل إبراهيم ، دارالكتاب العربي بيروت 1967م، وط دارالفكر العربي/، بيروت 1998م.

* أمراء البيان – كرد علي: محمد بن عبد الرزاق بن محمد كرد علي (ت 1372هـ/ 1953م)، (جزآن) ط لجنة التأليف والترجمة والنشر، القاهرة 1355هـ/ 1937م.

* إنباه الرواة على أنباه النحاة، القفطي، تحقيق محمد أبو الفضل ابراهيم ، القاهرة 1950- 1973م.

* أنساب الأشراف – البلاذري: أحمد بن يحيى (ت 379هـ).
تحقيق محمد حميد اللـه، دار المعارف، مصر 1959

* الأوراق (أشعار أولاد الخلفاء، من كتاب الأوراق) – الصولي: محمد بن يحيى (ت 336هـ). تحقيق ج. هيورث د ن. (مصورة عن الطبعة المصرية)، بيروت 1982.

(ب)

* البخلاء – الجاحظ: أبو عثمان، عمرو بن بحر (ت 255هـ).
تحقيق طه الحاجري، دار المعارف/ مصر 1948.

* البخلاء – الخطيب البغدادي: أحمد بن علي بن ثابت (ت 464هـ)، تحقيق أحمد مطلوب وآخرين، بغداد 1964، وتحقيق سيد بن عباس الجليمي، ط مؤسسة الكتب الثقافية، بيروت 2000م.

* البداية والنهاية – ابن كثير: أبو الفداء الحافظ إسماعيل بن عمر (ت 774هـ). (14 جزءًا) ط مكتبة المعارف، بيروت 1974ن، وط دارالحديث، القاهرة 1992.

* البصائر والذخائر- أبو حيان التوحيدي: علي بن محمد بن العباس (ت 400هـ تحقيق وداد القاضي، ط دار صادر، بيروت 1984.

* بغداد عرض تاريخي مصور – ناجب معروف.

* بلوغ الأرب في معرفة أحوال العرب- الألوسي: محمود شكري، ط مصر 1924.

* بهجة المجالس وأنس المُجالس وشحذ الذهن والهاجس – القرطبي: يوسف بن عبد الله بن عبد البر النمري (ت 463 هـ). تحقيق محمد مرسي الخولي، ط الدار المصرية للتأليف والترجمة، مصر، د. ت . وط الكتب العلمية، بيروت 1982م.

* البيان والتبيين – الجاحظ: أبو عثمان عمرو بن بحر (ت 255هـ). تحقيق عبد السلام هارون، ط مكتبة القاهرة 1961.

(ت)

* تاريخ آداب اللغة العربية – زيدان: جرجي بن حبيب زيدان (ت 1332هـ/ 1914م) تعليق شوقي ضيف، ط دار الهلال، القاهرة 1963.

* تاريخ ابن الأثير للجزري، تحقيق تورنبرغ، ط دار صادر، بيروت 1965م.

* تاريخ الأدب العربي- بروكلمان (ت 1868 هـ/ 1956م)، الترجمة العربية لمجموعة من المترجمين، سنة 1961- 1983م.

* تاريخ الإسلام وطبقات المشاهير والأعلام – الذهبي: شمس الدين محمد بن أحمد (ت 748هـ). ط السعادة، مصر 67- 1969م.

* تاريخ بغداد- الخطيب البغدادي: أبو بكر أحمد بن علي بن ثابت (ت 463هـ). (14 مجلدًا) ط دار الكتاب العربي، بيروت، مصورة عن طبعة الخانجي الأولى، القاهرة 1349هـ/ 1931م.

* تاريخ التراث العربي - سزكين: محمد فؤاد، الترجمة العربية، ط الرياض 1404 هـ/ 1984م.

* تاريخ البيهقي: أبو الفضل البيهقي، محمد بن الحسين (ت 470هـ)، ترجمة يحيى الخشاب وصادق نشأت، ط مضر 1956م.

* تاريخ الطبري (تاريخ الأمم والملوك)- الطبري: محمد بن جرير (ت 310هـ). تحقيق محمد أبو الفضل ابراهيم، القاهرة 1960- 1969.

* التاريخ الكبير للبخاري (محمد بن اسماعيل ت 356 هـ)، ط حيدر أباد، الدكن 1959م. 1883م، و النتجف 1358هـ.

* تحسين القبيح وتقبيح الحسن - الثعالبي: أبو منصور، عبد الملك بن محمد النيسابوري (ت 429هـ). تحقيق شاكر العاشور، ط 2 دار الينابيع، دمشق 2006م.

* تحفة الوزراء - الثعالبي: أبو منصور، عبد الملك بن محمد النيسابوري (ن 429هـ) تحقيق سعد أبو دية، ط دارالبشير، عمان 1994م.

*تذكرة الحفظ- الذهبي: شمس الدين محمد بن أحمد (ت 748هـ). (4 أجزاء، ط دائرة المعارف العثمانية، حيدر أباد 75-1377هـ/ 55 - 1958م.

* التذكرة الحمدوينة - ابن حمدون: محمد بن الحسن بن محمد بن علي (ت 562هـ). (9 أجزاء) تحقيق إحسان عباس وبكر عباس ط دار صادر، بيروت 1996.

* تراجم خطاطي بغداد- وليد الأعظمي، ط مكتبة النهضة، بغداد 1977م.

* ترجمة الكتاب في آداب الصاحب- الثعالبي: أبو منصور، عبد الملك بن محمد النيسابوري (ت 429هـ)، تحقيق علي ذيب زياد، ط وزارة الثقافة، عمان 2001م.

* تشبيهات - ابن أبي عون: ابراهيم بن أحمد المنجم الأنباري (ت 322هـ). تحيق عبد المعيد خان، كمبردج 1950.

* الترغيب والترهيب، للمنذري: عبد العظيم بن عبد القوي (ت 656هـ)، ط مصطفى الحلبي، مصر، د . ت.

* التمثيل والمحاضرة- الثعالبي: ابو منصور عبدالملك بن محمد (ت 429هـ). تحقيق عبد الفتاح الحلو، ط دار إحياء الكتب العربية، القاهرة 1961م.

* التنبيه والإشراف - المسعودي: أبو الحسن علي بن الحسين (ت 364هـ). تصحيح عبد الله الصاوي، القاهرة 1938، و ط بيروت 1965.

* تهذيب تاريخ دمشق- ابن عساكر: ابو القاسم، علي بن الحسن بن هبة الله بن عبد الله (ت 571هـ). (7 أجزاء) ترتيب وتهذيب الشيخ عبد القادر بدران (ت 1346هـ)، مطبعة روضة الشام 1329هـ وط دار إحياء التراث، بيروت 1987م.

* تهذيب التهذيب - ابن حجر: أبو الفضل شهاب الدين أحمد بن على العسقلاني (ت 852هـ). (12 جزءًا)، ط حيدر آباد 25 - 1327 هـ

(ث)

* ثمار القلوب في المضاف والمنسوب- الثعالبي: أبو منصور، عبد الملك بن محمد (ت 429هـ) تحقيق محمد أبو الفضل إبراهيم، دار المعارف، القاهرة 1985.

* ثمرات الأوراق - ابن حجة الحموي: أبو بكر، تقي الدين، علي بن محمد (ت 837هـ) تحقيق محمد أبو الفضل ابراهيم، ط مكتبة الخانجي، مصر 1971.

(ج)

* جمهرة أنساب العرب – ابن حزم: علي بن أحمد بن حزم الأندلسي (ت 456هـ). تحقيق عبد السلام محمد هارون، ط دار المعارف، القاهرة، 1977.

* الجواهر المضية في طبقات الحنفية- القرشي: محي الدين عبد القاهر بن محمود (ت 775هـ). (مجلدان)، ط حيدر آباد 1332هـ

(ح)

* حكماء الاسلام – البيهقي، ط دمشق 1946 م.

* حلية الأولياء وطبقات الأصفياء – الأصفهاني: أبو نعيم ، أحمد بن عبد الله (ت 430 هـ). (12 مجلدًا)، ط مصر 1351هـ و ط دار الكتب العلمية، بيروت 1997 م.

* حماسة البحتري- البحتري: أبو عبادة، الوليد ين عبيد الطائي (ت 284هـ). تحقيق لويس شيخو، ط بيروت 1910م، و ط الرحمانية، مصر 1929م.

* الحماسة البصرية- البصري: صدرالدين علي ين أبي الفرج (ت 959هـ). تحقيق مختارالدين أحمد، حيدر آباد الدكن 1964.

* الحماسة- أبو تمام: حبيب بن أوس الطائي (ت 231هـ). تحقيق عبد الله عسيلان، الرياض 1981.

* حماسة أبي تمام (شرح التبريزي) – التبريزي: الخطيب، يحيى بن علي (ت 502هـ). ط بولاق،/ القاهرة 1296م.

* حماسة أبي تمام (شرح المرزوقي) - المرزوقي: أبو علي، أحمد بن الحسن (ت 421 هـ). تحقيق أحمد أمين وعبدالسلام هارون، القاهرة، 1951- 1953.

* حماسة ابن الشجري - ابن الشجري: أبو السعادات، هبة الـلـه بن علي بن حمزة العلوي (ت 542هـ). ط حيدر آباد الدكن 1354هـ وتحقيق عبد المعين الملوحي وأسماء الحمصي، ط وزارة الثقافة، دمشق 1970م.

* الحيوان (كتاب الحيوان)- الجاحظ: أبو عثمان، عمرو بن بحر (ت 255هـ).

(7 أجزاء) تحقيق عبد السلام هارون، ط البابي الحلبي، القاهرة 1945 م، صورّته دار إحياء التراث العربي.

(خ)

* خاص الخاص- الثعالبي: أبو منصور، عبد الملك بن محمد (ت 429هـ). ط مكتبة الخانجي، مصر 1326هـ ومكتبة الحياة، بيروت 1966م.

* خزانة الأدب - البغدادي: عبد القادر بن عمر (ت 1093هـ). (4 مجلدات) ط مصر، بولاق 1299 هـ و(13مجلدًا) تحقيق عبدالسلام هارون ط الخانجي، مصر 86 - 1989م. و ط دار الكتب العلمية، بيروت 1998م.

* الخط والكتابة العربية في الحضارة العربية، يحيى الجبوري، ط دار الغرب الاسلامي، بيروت 1994م.

(د)

* دائرة المعارف الإسلامية، نقلها إلى العربية محمد ثابت الفندي، وأحمد الشنتاوي، وابراهيم زكي خورشيد، وعبدالحميد يونس، طبع منها أحد عشر مجلدًا، في مصر 1933 - 1957.

* الدر الفريد وبين القصيد- محمد بن أيدمر (ت 710هـ).

(5 مجلدات) مخطوط، تصوير معهد تاريخ العلوم العربية والاسلامية، فرانكفورت 1988- 1989م.

* الدر المنثور في طبقات ربات الخدور - زينب فواز. ط مصر 1312هـ

* الدرر المنتثرة فب الأحاديث المشتهرة- السيوطي: جلال الدين بن عبدالرحمن (ت 911هـ)، ط الحلبي ، مصر.

* دمية القصر وعصرة أهل العصر – الباخرزي: أبو الحسن علي بن الحسن (ت 467هـ). ط دار الجيل، بيروت 1993م.

* دول الاسلام- الذهبي: شمس الدين، محمد بن أحمد (ت 748هـ). (جزآن)، ط . حيدر آباد 1364 هـ.

* ديوان بشار بن برد، تحقيق محمد الطاهر ابن عاشور، ط تونس 1976م.

ديوان أبي تمام، شرح الخطيب التبريزي، ط دار الكتاب العربي، بيروت 1994م.

* ديوان الثعالبي، جمع وتحقيق محمود الجادر، ط عالم الكتب ومكتبة النهضة العربية 1988م.

* ديوان ابن حيوس، تحقيق حليل مردم، ط مصادر 1984.

* ديوان الخريمي- الخريمي: أبو يعقوب، إسحاق بن حسان (ن 214هـ).

جمع وتحقيق علي جواد الطاهر، ومحمد جبار المعيبد، ط دار الكتاب الجديد، بيروت 1971م.

* ديوان الراعي النميري – النميري: عبيد بن حصين بن معاوية (ت 90هـ). تحقيق راينهرت فايبرت، فسبادن 1980.

* ديوان ابن الرومي- ابن الرومي علي بن العباس بن جريج (ت 283هـ). تحقيق حسين نصار، دار الكتب المصرية، القاهرة، 1973- 1981م، و ط دار الكتب العلمية، بيروت 1994.

* ديوان زهير بن أبي سلمى، صنعة أبي العباس ثعلب، ط دار الكتب المصرية.

ديوان الشافعي، ط عبد المنعم خفاجي، القاهرة 1985م.

* ديوان الصنوبري، تحقيق إحسان عباس، ط دار صارد، بيروت 1989.

* ديوان الصولي – الصولي ابراهيم بن العباس بن صول تكين (ت 247 هـ).

تحقيق عبدالعزيز الميمني، (ضمن الطرائف الأدبية) ط دار الكتب المصرية القاهرة 1950 م. وتصوير دار الكتب العلمية، بيروت، د. ت.

* ديوان العباس بن الأحنف، ط دار الكتاب العربي، بيروت 1997م.

* ديوان العباس بن مرداس، تحقيق يحيى الجبوري، ط مؤسسة الرسالة، بيروت1991.

* ديوان عروة بن الورد العبسي (ت 30ق. هـ - 594 م)، شرح ابن السكيت، تحقيق راجي الأسمر، ط دار الكتاب العربي، بيروت 1997م.

* ديوان علي بن الجهم – علي بن الجهم بن بدر القرشي (249هـ).

تحقيق خليل مردم، ط بيروت 1980م.

* ديوان ابي فراس – الحمداني: أبو فراس الحارث بن سعيد بن حمدان التغلبي (ت 357)هـ تحقيق بدر الدين الحاضري، ط دار الشرق العربي، بيروت 1992.

* تحقيق إحسان عباس، ط دار الثقافة، بيروت 1971 م، و ط دار الجيل، بيروت 1995 م.

* ديوان كشاجم. ط مجيد طرد، دار صادر 1997.

* ديوان لبيد بن ربيعة العامري (ت 40 هـ) . تحقيق احسان عباس، ط الكويت 1962 م.

* ديوان المتنبي شرح العكبري، تحقيق مصطفى السقا، وابرهيم الأبياري، وعبد الحفيظ شلبي، ط دار المعرفة، بيروت.

* ديوان محمود الوراق- الوراق: محمود بن الحسن البغدادي (ت 227هـ).

جمع وتحقيق وليد قصاب، ط دار صادر، بيروت 2001م.

* ديوان مسلم بن الوليد – مسلم بن الوليد الأنصاري (ت 208هـ).

(شرح ديوان صريع الغواني)، تحقيق سامي الدهان، ط دارالمعارف، مصر 1970 م.

* ديوان المعاني - العسكري: أبو هلال الحسن بن عبد الـلـه بن سهل (ت 395هـ). ط مكتبة القدسي، القاهرة 1352 هـ

* ديوان ابن المعتز - ابن المعتز عبد الـلـه بن محمد بن المعتز العباسي (296هـ). تحقيق يونس احمد السامرائي، عالم الكتب، بيروت 1997.

* ديوان ابن نباتة السعدي، تحقيق عبد الأمير الطائي، ط وزارة الاعلام، بغداد 1977م.

* ديوان ابي نواس - أبو نواس: الحسن بن هاني (ت 196 هـ). تحقيق أحمد عبد المجيد الغزالي، بيروت 1953.

(ذ)

* الذخيرة في محاسين أهل الجزيرة - ابن بسام أبو الحسن علي بن بسام الشنتريني (ت 542 هـ). تحقيق إحسان عباس، دار الثقافة بيروت 1979م.

* ذيل المذيل في تاريخ الصحابة والتابعين- بن جرير الطبري، طبع في مصر 1326 هـ في آخر كتابه "تاريخ الأمم والملوك".

(ر)

* ربيع الأبرار الزمخشري جار الـلـه محمود بن عمر (ت 538 هـ). (4 أجزاء) تحقيق سليم النعيمي، ط بغداد 1976 - 1982 م.

* رغبة الآمل من كتاب الكامل- سيد بن علي المرصفي (ت 1349 هـ). (8 أجزاء)، ط مصر 1346 - 1348.

(ز)

* زهر الآداب وثمر الألباب - الحصري: أبو اسحاق ابراهيم بن علي الحصري القيرواني (453 هـ). تحقيق علي محمد البجاوي، القاهرة 1970.

* الزهرة - الأصفهاني: أبو بكر محمد بن داود (ت 297 هـ). تحقيق ابراهيم السامراني، مكتبة المنار، الزرقاء - الأردن 1985م.

(س)

* سمط اللآلئ - البكري: أبو عبيد عبد اللـه بن عبد العزيز (ت 478هـ).

(مجلدان) تحقيق عبد العزيز الميمني، لجنة التأليف والترجمة والنشر، القاهرة 1354هـ/ 1936م.

* سير أعلام النبلاء - الذهبي: شمس الدين، محمد بن أحمد بن عثمان (ت 748هـ). تحقيق شعيب الارناؤوط وآخرين، ط مؤسسة الرسالة، بيروت 1981/ 1988م.

(ش)

* شذرات الذهب في أخبار من ذهب - الحنبلي عبد الحي بن العماد (ت 1089هـ) ط دار المسيرة، بيروت 1979 م.

* شرح الحماسة - التبريزي الخطيب أبو زكريا، يحيى بن علي (ت 502هـ). تحقيق محمد محي الدين عيد الحميد، ط بولاق 1296هـ.

* شرح ديوان الحماسة- المرزوقي أحمد بن محمد (ت 421هـ). تحقيق أحمد أمين وعبد السلام هارون، ط القاهرة 1953م.

* شعر أبو حية النميري - النميري: الهيثم بن الربيع بن زرارة (ت 183 هـ). جمع وتحقيق يحيى الجبوري، ط وزارة الثقافة، دمشق 1975 م.

* شعر عبد الله بن الزبير الأسدي – الأسدي عبد الله بن الزبير بن الأشيم (ت 75 هـ). جمع وتحقيق يحيى الجبوري، ط وزراة الاعلام سلسلة كتب التراث 30، بغداد 1974 م.

* شعر عروة بن أذينة – عروة بن يحيى (أذينة) بن مالك الليثي (ت 130هـ). تحقيق يحيى الجبوري، ط 3، دار القلم الكويت 1983م.

* الشعر والشعراء – ابن قتيبة: عبد الله بن مسلم بن قتيبة الدينوري (ت 276هـ). طبعة ليدن 1902م، وتحقيق أحمد شاكر، دار المعارف، مصر 1966م.

* شعر هدبة بن الخشرم العذري – هدبة بن الخشرم بن كرز (ت 50هـ). تحقيق يحيى الجبوري، ط دار القلم، الكويت 1986م.

* شعراء النصرانية – لويس شيخو اليسوعي (ت 1346 هـ/ 1927م).
ط الآباء اليسوعيين، بيروت 1926 م .

(ص)

* صحيح البخاري (الجامع الصحيح) – البخاري أبو عبد الله محمد بن اسماعيل (ت 256هـ). ط أوربا، و ط البابي الحلبي، القاهرة، د. ت.

* صحيح مسلم (الجامع الصحيح) مسلم بن الحجاج القشيري النيسابوري (ت 261 هـ). تحقيق محمد فؤاد عبد الباقي، القاهرة 1956م.

* الصداقة والصديق- التوحيدي أبو حيان، علي بن محمد بن العباس (ت 400هـ). تحقيق ابراهيم الكيلاني، دار الفكر، دمشق 1964م.

صفة الصفوة – ابن الجوزي أبو الفرج، عبد الرحمن بن علي (ت 597هـ). (جزآن)، ط دائرة المعارف العثمانية، حيدر آباد، الدكن 1355هـ

(ط)

* طبقات الشعراء – ابن المعتز عبد الله بن المعتز العباسي (ت 296هـ). تحقيق عبدالستار أحمد فراج، ط دار المعارف، القاهرة 1976 م.

طبقات فحول الشعراء – الجمحي محمد بن سلام (ت 231 هـ) نقطة محمود محمد شاكر، ط المدني، نصر 1972 .

* الطبقات الكبرى – ابن سعد محمد بن سعد بن منيع الزهر (ت 230 هـ). (9 مجلدات) ط ليدن 1321هـ و (9 مجلدات) تحقيق محمد عبد القادر عطا، ط دار الكتب العلمي، بيروت 90 – 1991م.

* الطرائف الأدبية - جمع وتحقيق عبد العزيز الميمني الراجكوتي . ط لجنة التأليف والترجمة والنشر، القاهرة 1937 م .

(ع)

* العقد الفريد - ابن عبد ربه أبو عمر، أحمد بن محمد الأندلسي (ت 327 هـ). تحقيق أحمد أمين، وأحمد الزين، وإبراهيم الأبياري، لجنة التأليف والترجمة والنشر، القاهرة 1965م، و ط درا الكتب العلمية، بيروت 1997م.

* العمدة في محاسن الشعر وآدابه – القيرواني أبو علي، الحسن بن رشيق   ت 456هـ). تحقيق محمد محي الدين عبد الحميد، ط القاهرة 1352 هـ و ط دار المعرفة بيروت 1988م.

* عيون الأخبار – ابن قتيبة عبد الله ين مسلم الدينوري (ت 276هـ). تحقيق محمد الإسكندراني، دار الكتاب العربي، بيروت 1997م.

(غ)

* غاية النهاية في طبقات القراء- ابن الجزري: شمس الدين محمد بن محمد (833هـ)، ط مصر 1932 م. و ط دار الكتب العلمية، بيروت 1980 م.

* الغزل العذري، يحيى الجبوري، ط دار البشير، عمان 2005م.

(ف)

* الفاضل – المبرد أبو العباس، محمد بن يزيد الثمالي (ت 286 هـ). تحقيق عبد العزيز الميمني، القاهرة 1956.

* الفاضل في صفة الأدب الكامل – الوشاء ابو الطيب، محمد بن أحمد بن اسحاق (ت 325 هـ). تحقيق يحيى الجبوري، ط دار الغرب الاسلامي، بيروت 1991م.

* الفهرست – النديم ابو الفرج، محمد بن اسحاق بن يعقوب (ت 385هـ). تحقيق فلوجل، طبعة مصورة، بيروت 1964م، وتحقيق رضا تجدد، ط طهران 1971م.

* فوات الوفيات- الكتبي محمد بن شاكر الحلبي (ت 764هـ). تحقيق احسان عباس، دار صادر بيروت 1973 م.

(ق)

* القاموس المحيط- الفيروز آبادي نجد الدين محمد بن يعقوب (ت 817هـ). ط مؤسسة الرسالة، بيروت 1986 ميلادي.

* القلامة من شعر ابي دلامة – محمد بن جنيب، ط الجزائر 1922م.

(ك)

* الكامل في اللغة والآداب – المبرد ابو العباس محمد بن يزيد الثمالي (ت 286هـ). تحقيق محمد أبو الفضل والسيد شحاته، ط القاهرة 1956م، وتحقيق محمد الدالي، مؤسسة الرسالة، بيروت 1997م.

* الكامل في التاريخ – ابن الأثير عز الدين علي بن محمد الجزري الشيباني (ت 630هـ). (12 جزءًا)، دار صادر، بيروت 1967، دار الكتب العلمية، بيروت 1995.

(ل)

* لباب الآداب – أسامة بن منقذ، أسامة بن مرشد بن علي بن مقلد بن نصر بن منقذ الكناني (ت 584هـ). تحقيق أحمد محمد شاكر، دار الجيل، بيروت 1991م.

* لبيد بن ربيعة العامري، يحيى الجبوري، ط الثالثة دار القلم، الكويت 1983 م.

* لسان العرب- ابن منظور جمال الدين أبو الفضل، محمد بن مكرم الأنصاري (ت 711هـ)، ط دار صادر، بيروت 1968م.

* لسان الميزان – ابن حجرالعسقلاني، ط حيدر آباد 1331م.

(م)

* المثل السائر – ابن الأثير ضياء الدين أبو الفتح، محمد بن محمد (ت 637هـ). تحقيق أحمد الحوفي، وبدوي طبانة، دار نهضة مصر، القاهرة 1973م.

* مجالس ثعلب – ثعلب أبو العباس احمد بن يحيى (ت 291 هـ). تحقيق عبد السلام هارون، ط دار المعارف، مصر 1960م.

المحاسن والمساوئ – البيهقي ابراهيم بن محمد (ت 320 هـ). تحقيق محمد أبو الفضل ابراهيم، ط نهضة مصر، القاهرة 1961 م.

* محاضرات الأدباء ومحاورات الشعراء- الراغب الأصفهاني أبو القاسم، حسين ابن محمد (ت 502هـ). (جزآن) ط مصر 1326هـ ط دارر مكتبة الحياة، بيروت 1961م.

* المُحَبَّر - ابن حبيب محمد بن حبيب البغدادي (ت 245هـ). تصحيح إليزا ليختم شتيتر، ط دائرة المعارف العثمانية، حيدر آباد، الدكن 1361هـ ت 768هـ

ط دائرة المعارف العثمانية، حيدر آباد، الدكن 1337هـ- 1918م.

* مروج الذهب- المسعودي أبو الحسن، علي بن الحسين بن علي (ت 346 هـ). تحقيق شارل بلا، ط الكاثوليكية، بيروت 1965 - 1979م، وط دار المعرفة، بيروت 1982م، مصورة عن الطبعة المصرية تحقيق محمد مُحيي الدين عبد الحميد.

* مصور الخط العربي- المصرف: ناجي زين الدين، ط مطبعة الحكومة بغداد 1968 م.

* المعارف لابن قتيبة عبد الله بن مسلم (ت 276هـ)، ط مصر 1934 م، وتحقيق ثروت عكاشة، ط دار المعارف، مصر 1969م.

* معاهد التنصيص على شواهد التلخيص- العباسي: عبد الرحيم بن أحمد (ت 963هـ). (4 أجزاء)، تحقيق محمد محي الدين عبد الحميد، ط السعادة، مصر 1947 م.

* معجم الأدباء - ياقوت الرومي الحموي (ت 626). (7 أجزاء)، تحقيق أحمد فريد رفاعي، دار المأمون، بيروت، 1955- 1957، وتحقيق احسان عباس، دار الغرب الاسلامي، بيروت، 1993م.

* معجم البلدان - ياقوت الرومي الحموي، تحقيق وستفيليد، ط ليبسك 66- 1970م و ط. دار صادر، بيروت 1957م.

* معجم الشعراء - المرزباني أبو عبيد الله محمد بن عمران (ت 384هـ). تحقيق عبد الستار احمد فراج، دار الكتب العربية، القاهرة 1960.

* معجم الألفاظ الفارسية المعربة- آدي شير. ت مكتبة لبنان 1980م.

* معجم ما استعجم من أسماء البلاد والمواضع - البكري أبو عبيد، عبد الـلـه بن عبد العزيز بن محمد (ت 487هـ)، تحقيق مصطفى السقا، لجنة التأليف والترجمة والنشر، القاهرة 1945.

* معجم المؤلفين - كحالة: عمر رضا. مؤسسة الرسالة، بيروت، 1993م.

* المعجم الوسيط، اعداد مجمع اللغة العربية، القاهرة 1961.

* المفضليات- الضبي المفضل بن محمد بن يعلى بن عامر الضبي (ت 178 هـ). تحقيق أحمد شاكر وعبد السلام هارون، دار المعارف، مصر 1976م.

* المنتخب والمختار في النوادر والأشعار - ابن منظور جمال الدين محمد بن مكرم (ت 711هـ). تحقيق عبد الرزاق حسين، ط دار عمار، عمان 1994م.

* المنتخل - الميكالي ابو الفضل عبيد الـلـه بن أحمد (ت 436هـ). تحقيق يحيى الجبوري، ط دار الغرب الاسلامي، بيروت 2000م.

* المنتظم - لابن الجوزي، ط حيدر آباد - الدكن 1357 هـ

* المؤتلف والمختلف - الآمدي الحسن بن بشر (ت 370هـ). تحقيق عبد الستار أحمد فراج، القاهرة 1961م، وتصحيح كرنكو، دار الجيل بيروت 1991.

* الموازنة - الآمدي أبو القاسم الحسن بن بشر (ت 370هـ). تحقيق أحمد صقر، ط دار المعارف، القاهرة 1961م.

* الموشح في مآخذ العلماء على الشعراء - المرزباني أبو عبيد الـلـه، محمد بن عمران (ت 384 هـ). ط السلفية، مصر 1385هـ وتحقيق علي محمد البجاوي، القاهرة 1965م.

(ن)

* نزهة الألباء في طبقات الأدباء – الأنباري أبو البركات كمال الدين عبدالرحمن بن محمد (ت 577هـ)، تحقيق محمد أبو الفضل إبراهيم، ط دار نهضة مصر، القاهرة 1967م.

* نسب قريش – المصعب الزبيري ابوعبد اللـه، المصعب بن عبد اللـه (ت 236 هـ). تحقيق ليفي بروفنسال، ط، دار المعارف، مصر 1976م.

* نَكْت الهميان في نُكْت العميان – الصفدي: صلاح الدين، خليل بن أيبك (ت 764هـ). تحقيق أحمد زكي، ط المطبعة الجمالية، القاهرة 1911م.

* نهاية الأرب في فنون الأدب – النويري شهاب الدين احمد بن عبد الوهاب (ت 733هـ) (طبع منه 18 جزءًا) ط دار الكتب المصرية، القاهرة 1374 هـ - 1955م ، صورته عنها المؤسسة المصرية العامة للتأليف والترجمة، القاهرة د. ت.

(هـ)

* هبة الأيام فيما يتعلق بأبي تمام – البديعي يوسف البديعي قاضي الموصل (ت 1073هـ) ط مصر 1352 هـ- 1934م.

* هدية العارفين – البابان البغدادي اسماعيل بن محمد (ت 1339هـ). ط وكالة المعارف، اسطنبول 1951م.

(و)

* الوزراء والكتاب- الجهشياري: محمد بن عبدون (ت 331هـ)، تحقيق مصطفى السقا وابراهيم الابياري، وعبد الحفيظ شلبي، ط الحلبي، مصر 1938 ميلادي.

* الوافي بالوفيات - الصفدي: صلاح الدين خليل بن أيبك (ت 764هـ)، طبعت أربعة أجزاء في استانبول سنة 1931 م. وصدر 27 جزءًا عن دار النشر فرانزشتاينر، فسبادن 61 - 1999م، وكل جزء بتحقيق محقق معروف.

* وفيات الأعيان ابن خلكان: أحمد بن محمد (ت 681هـ)، ط مصر 1310هـ وتحقيق احسان عباس، ط دار الثقافة، بيروت 1972م.

(ي)

* يتيمة الدهر - الثعالبي أبو منصور عبد الملك بن محمد (ت 429هـ). (4 أجزاء) تحقيق محمد محي الدين عبد الحميد، ط السعادة، القاهرة 1956م. ونشرة مفيد اقميحة، ط دار الكتب العلمية، بيروت 1983م.

فهرس الأعلام

بقراط: 27، 100، 113، 150

ابو بكر الصديق: 19، 33.

بهلول بن عمر الصيرفي: 51، 69.

(ت)

أبو تمام (حبيب بن أوس الطائي): 53، 76، 130، 139، 143.

(ث)

ثابت بن قرة (الحراني الصابئي): 35.

(ج)

جالينوس: 118، 148.

الجاحظ: 73.

جرير (جرير بن عطية الخطفي): 82.

جعفر بن سليمان: 82.

جفعر بن محمد: 129، 143.

جعفر بن المنصور: 37.

جعفر بن يحيى: 52، 74، 93، 146.

جميل بن معمر العذري: 130.

جندب بن جنادة (أبو ذر الغفاري): 34.

الجُنيد بن محمد البغدادي الجزار: 61، 83، 112، 153.

(ح)

حاجب بن زرارة التميمي: 69، 98.

الحارث بن أبي شمر الغساني: 133.

أبو حازم الأعرج: 17.

حبيب بن أوس الطائي = أبو تمام.

الحجاج بن يوسف الثقفي: 27، 28، 41، 89، 103، 108، 117، 119، 126.

حسان بن ثابت: 52، 133.

الحسن البصري (الحسن بن يسار): 44، 72، 82، 124.

الحسن بن رجاء: 43.

الحسن بن سهل: 52، 59، 74، 100، 119، 139.

180

الحسن بن علي بن أبي طالب: 114، 137.

الحسين بن مطير: 113.

الحطيئة (جرول بن أوس): 116.

الحكم بن أيوب الثقفي: 36.

الحكم بن أبي العاص: 36.

الحكم بن عبدل الأسدي: 55.

حكيم بن جبلة العبدي: 89.

ابن الحلاوي الموصلي: 77.

حماد الرواية: 37.

حماد عجرد: 37.

(خ)

خالد بن سالم: 99.

خالد بن صفوان: 19، 42، 114، 142.

خالد بن عبد الـلـه القسري: 22، 31.

خالد بن الوليد: 19.

الخبز أرزي: 148.

الخوارزمي (أبو بكر): 55، 147.

(د)

أبو الدرداء (عويمر بن مالك الأنصاري: 80

دريد بن الصمة: 21.

أبو دلامة: 102

ابن الدمينة: 131. ابن دوشاب الفقيه: 83.

(ذ)

أبو ذر الغفاري = جندب بن جنادة.

(ر)

أبو ربيعة الضبي: 27.

رسول الـلـه صلى الـلـه عليه وسلم= محمد بن عبد الـلـه.

ابن الرومي: 56، 79، 83، 98، 99، 132، 149.

الشيرازي (أبو إسحاق): 140.

أبو الشيص الخزاعي: 142.

(ص)

الصاحب بن عباد: 83.

صاعد بن مخلد: 93.

صالح بن عبد القدوس: 110، 133، 137.

صدر الدين علي بن النَيَّار: 95.

الصنوبري: 113، 148.

(ط)

طاهر بن الحسين: 28، 38، 132.

(ع)

عامر بن مالك (عم لبيد بن ربيعة): 150.

عباد بن الحصين التميمي: 88.

العباس بن الحسن الجرجراني: 40.

العباسي بن مرداس: 88، 103، 130.

عبد اللـه بن أحمد المهزمي (أبو هفَّان): 26.

عبد اللـه بن جعفر: 19، 37.

عبد اللـه بن الزبير: 88، 89.

عبد اللـه بن عباس بن عبد المطلب: 57، 72، 73، 81، 94، 104، 136.

عبد اللـه بن عمر بن الخطاب: 44.

عبد اللـه بن المبارك الحنظلي التميمي: 26.

عبد اللـه بن مسعود: 31، 94، 104.

عبد اللـه بن المعتز: 38، 39، 78، 84، 96، 105، 106، 120، 147

عبد اللـه بن المقفع: 26.

عبد اللـه بن يحيى: 36.

عبد اللـه بن يزيد بن معاوية: 22.

عبد الرحمن بن الأشعث: 119.

عبد الرحمن بن زيد بن أسلم: 27.

عمار بن حمزة بن ميمون: 36.

عمارة بن عقيل: 99.

عمر بن الخطاب: 23، 56، 57، 82، 81، 86، 92، 111.

عمر بن عبد العزيز: 30، 70.

عمران بن حطان: 24.

عمرو بن العاص: 92.

أبو عمر بن العلاء: 21.

عمرو بن حنظلة: 90.

عمرو بن كلثوم: 38، 56.

عمرو بن الليث الصفار: 93، 149.

عمرو بن مسعدة الصولي: 521، 75.

عمرو بن معديكرب: 90.

أبو العميثل (عبد الله بن خليد): 132.

عون بن عبد الله بن عتبة بن مسعود: 30.

عيسى بن جعفر المنصور: 122.

أبو العيناء (محمد بن القاسم الهاشمي): 25، 36، 54، 79، 93، 109.

ابن أبي عيينة: 57، 81.

(غ)

أبو الغطريف الأسدي: 53.

(ف)

فاطمة الزهراء: 116.

أبو فراس الحمداني: 36، 76، 101، 121، 145.

الفرزدق: 24، 30، 53، 76.

فرعون: 91.

الفضل بن الربيع: 39، 92، 134، 147.

الفضل بن سهل: 39، 42، 92، 106، 138.

الفضل بن مروان: 92، 125.

الفضل بن يحيى بن خالد البرمكي: 29، 92.

المهدي العباسي (محمد بن عبد الـلـه): 37، 42، 53، 118.

أبو موسى الأشعري: 23.

(ن)

ناصر بن بزر جمهر: 67.

ابن نباتة السعدي: 107، 127.

نصر بن سيار: 97.

نصيب بن رباح: 30، 76.

النعمان بن المنذر: 133، 150.

أبو نواس (الحسن بن هاني): 60، 84، 100، 122، 137.

(هـ)

هارون الرشيد: 29، 38، 90، 136.

هارون بن علي المنجم: 143.

هاني بن قبيصة بن هاني بن مسعود: 87.

ابن هبيرة (يزيد بن عمر بن هبيرة): 58، 118.

هدبة بن الخشرم: 107.

هرم بن سنان: 71.

أبو هريرة (عبد الرحمن بن صخر): 86.

هشام بن عبد الملك: 22، 27، 42.

أم الهيثم الأعرابية: 120.

(و)

الوليد بن عبد الملك: 22، 103.

الوليد بن يزيد: 22، 58.

وهب بن منبه الصنعاني: 32.

(ي)

ياقوت المستعصمي: 134.

يحيى بن أكثم: 33، 59، 60، 104، 108.

يحيى بن خالد البرمكي: 42، 105.

يزيد بن المهلب: 84، 123، 146.

الكتب الصادرة للمؤلف

1- الإسلام والشعر.	مكتبة النهضة، بغداد 1964
2- شعر المخضرمين وأثر الإسلام فيه.	مكتبة النهضة، بغداد 1964، مؤسسة الرسالة، بيروت 1981، 1983، 1998
3- ديوان العباس بن مرداس السلمي.	وزارة الإعلام، بغداد 1968 مؤسسة الرسالة، بيروت 1992
4- الجاهلية (مقدمة في الحياة العربية لدراسة الشعر الجاهلي)	مطبعة المعارف، بغداد 1968
5- شعر النعمان بن بشير الأنصاري.	مطبعة المعارف، بغداد 1968، دار القلم، الكويت 1985
6- شعر عروة بن أذينة.	مكتبة الأندلس بغداد 1970 دار القلم، الكويت 1981، 1983
7- لبيد بن ربيعة العامري.	مكتبة الأندلس، بغداد 1970، دار القلم، الكويت 1981
8- شعر المتوكل الليثي.	مكتبة الأندلس، بغداد 1971
9- شعر الحارث بن خالد المخزومي.	مطبعة النعمان، النجف 1972، دار القلم، الكويت 1983
10- الشعر الجاهلي خصائصه وفنونه.	دار التربية، بغداد 1972، مؤسسة الرسالة، بيروت 1997، 1985، 1990، 1995، 2000 جامعة قار يونس، بنغازي 1993
11- شعر عبدة بن الطبيب.	دار التربية، بغداد 1972.
12- شعر عبد اللـه بن الزِّبير الأسدي.	وزارة الإعلام، بغداد 1974.
13- شعر أبي حية النميري.	وزارة الثقافة، دمشق 1995.
14- شعر عمرو بن شأس الأسدي.	مطبعة الآداب، النجف 1976 دار القلم، الكويت 1983
15- شعر عمر بن لجأ التيمي.	مطبعة الحكومة، بغداد 1976 دار القلم، الكويت 1981
16- الحيرة ومكة وصلتهما بالقبائل العربية. (ترجمة عن الإنجليزية).	منشورات جامعة بغداد 1976.
17- ديوان الطغرائي (بالمشاركة).	مطبعة الحكومة، بغداد 1976 دار القلم، الكويت 1983.

18- شعر هدبة بن الخشرم العذري.	وزارة الثقافة، دمشق 1976 دار القلم، الكويت 1985
19- أصول الشعر العربي .د.س مرجليوث. (ترجمة عن الإنجليزية).	مؤسسة الرسالة، بيروت 1978، 1981، 1988 جامعة بنغازي 1994
20- عبد الله بن الزبعرى حياته وتحقيق شعره.	معهد المخطوطات العربية، القاهرة 1978 مؤسسة الرسالة، بيروت 1981
21- كتاب المحن - لأبي العرب التميمي (تحقيق).	دار الغرب الإسلامي، بيروت 1983، الطبعة الثانية 1988، الطبعة الثالثة 2006.
22- ديوان أحمد بن يوسف الجابر. (بالمشاركة) دراسة وتحقيق.	مركز الوثائق، جامعة قطر 1984.
23- الزينة في الشعر الجاهلي.	دار القلم، الكويت 1984.
24- قصائد جاهلية نادرة .(دراسة وتحقيق).	مؤسسة الرسالة، بيروت 1982، 1988.
25- شعر خداش بن زهير العامري. (دراسة وتحقيق).	مجمع اللغة العربية، دمشق 1976.
26- الأقوال الكافية والفصول الشافية (فــي الخيــل) للملك الرسولي (تحقيق).	دار الغرب الإسلامي، بيروت 1987.
27- الملابس العربية في الشعر الجاهلي.	دار الغرب الإسلامي، بيروت 1989.
28- كتاب الردة للواقدي. (تحقيق).	دار الغرب الإسلامي، بيروت 1990.
29- كتاب الفاضل في صفة الأدب الكامل. للوشاء (تحقيق).	دار الغرب الإسلامي، بيروت 1991.
30- منهج البحث وتحقيق النصوص.	دار الغرب الإسلامي، بيروت 1993.
31- الخط والكتابة في الحضارة العربية.	دار الغرب الإسلامي، بيروت 1993.
32- أمالي المرزوقي. (تحقيق)	دار الغرب الإسلامي، بيروت 1995.
33- المستشرقون والشعر الجاهلي (بين الشك والتوثيق).	دار الغرب الإسلامي، بيروت 1997.
34- الكتاب في الحضارة الإسلامية.	دار الغرب الإسلامي، بيروت 1998.
35- كتاب المنتخل للميكالي. (تحقيق).	دار الغرب الإسلامي، بيروت 2000.
36- محمد بن عبد الملك الزيات. سيرته.	دار البشير، عمان 2002.

أدبه. تحقيق ديوانه.

37- المحاضرات والمحاورات للسيوطي. (تحقيق)	دار الغرب الإسلامي، بيروت 2002.
38- محن الشعراء والأدباء وما أصابهم من السجن والتعذيب والقتل والبلاء.	دار الغرب الإسلامي، بيروت 2003
39- مسالك الأبصار في ممالك الأمصار. لأحمد بن فضل اللـه العمري (تحقيق). المجلد العاشر	المجمع الثقافي، أبو ظبي، الإمارات العربية المتحدة 2003
40- مسالك الأبصار في ممالك الأمصار. لأحمد بن فضل اللـه العمري (تحقيق). المجلد والرابع والعشرون.	المجمع الثقافي، أبو ظبي الإمارات العربية المتحدة 2004.
41- الشعر الإسلامي والأموي.	دار البشير، عمان 2005.
42- الغزل العذري.	دار البشير، عمان 2005.
43- المجموع اللفيف (تحقيق). للقاضي الأفطمي للحسيني.	دار الغرب الإسلامي بيروت 2005.
44- مجالس العلماء والأدباء والخلفاء. مرآة للحضارة العربية الإسلامية	دار الغرب الإسلامي بيروت 2005.
45- بيت الحكمة ونور العلم في الحضارة الإسلامية.	دار الغرب الإسلامي بيروت 2006.
46- الحنين والغربة في الشعر العربي.	دار مجدلاوي - عمان 2007.
47- مؤنس الوحدة لابن الأثير تحقيق.	دار مجدلاوي - عمان 2008.
48- كتاب التحف والأنوار من البلاغات والأشعار للثعلبي.	دار مجدلاوي - عمان 2008.
49- مع المخطوطات العربية.	دار مجدلاوي - عمان 2009.
50- في رحاب التراث.	دار مجدلاوي - عمان 2009.
51- أخبار وأشعار وآداب ونوادر وحكم.	دار مجدلاوي – عمان 2010.
52- النساء الحاكمات.	دار مجدلاوي – عمان 2010.

Printed in the United States
By Bookmasters